Sc. et arts n° 21780 B.

ALDROVANDUS
LOTHARINGIÆ,
OU
CATALOGUE
DES ANIMAUX,
QUADRUPEDES, REPTILES,
OISEAUX, POISSONS, INSECTES,
VERMISSEAUX ET COQUILLAGES
QUI HABITENT LA LORRAINE
ET LES TROIS-ÉVECHÉS;

Par M. PIERRE-JOSEPH BUC'HOZ, ancien Médecin Botaniste Lorrain, & de feu S. M. le Roi de Pologne, Membre de plusieurs Académies.

A PARIS,
Chez FETIL, Libraire, rue des Cordeliers, près de celle de la Comédie Françoise.

Avec Approbation & Privilege.
M. DCC. LXXI.

PRÉFACE.

LA connoissance des Animaux qui habitent la Lorraine & les Trois-Évêchés, n'est pas moins utile aux Habitans de ces contrées, que celle des végétaux; elle est même absolument nécessaire à quiconque veut s'attacher à l'Histoire naturelle, elle en est la principale base. Nous nous sommes servis de différens mémoires qui nous ont été communiqués : M. Lottinger, fameux Naturaliste & Médecin stipendié à Sarrebourg, M. le

Comte de Cuſtine d'Auxſlance, M. Chardin, Officier, & M. Bécœur, Apothicaire à Metz, ont bien voulu nous faire part de leurs découvertes; nous continuerons toujours à en faire uſage avec toute la reconnoiſſance poſſible. Nous ajouterons à la nomenclature des Animaux, les avantages que la Médecine peut en tirer pour les maladies des Hommes.

CATALOGUE

DES

ANIMAUX, QUADRUPEDES,

REPTILES, OISEAUX, POISSONS,

INSECTES, VERMISSEAUX ET COQUILLAGES

QUI HABITENT LA LORRAINE

ET LES TROIS-ÉVECHÉS.

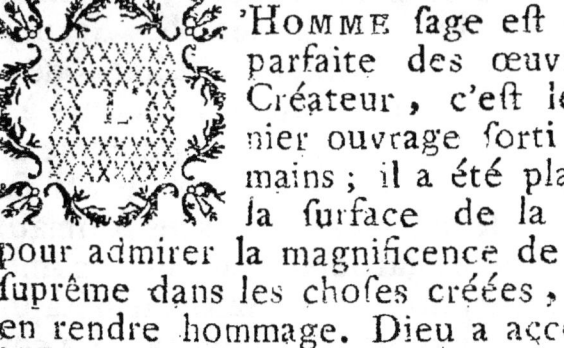'HOMME sage est la plus parfaite des œuvres du Créateur, c'est le dernier ouvrage sorti de ses mains; il a été placé sur la surface de la terre, pour admirer la magnificence de l'Etre suprême dans les choses créées, & lui en rendre hommage. Dieu a accordé à l'Homme un empire sur tous les animaux : les uns habitent la terre, les autres se trouvent dans les eaux; quelques-uns sont amphibies, c'est-à-dire, qu'ils se plaisent également sur la terre & dans

l'eau, & d'autres volent dans les airs. La nature de ces différens Animaux donnera lieu à la division de cet Ouvrage. Nous en ferons six classes : la premiere comprendra les Quadrupedes ; la seconde, les Oiseaux ; la troisieme, les Amphibies, Reptiles & Serpens ; la quatrieme, les Poissons ; la cinquieme, les Insectes ; & la sixieme enfin, les Vermisseaux, Limaçons & Coquillages, tant terrestres que fluviatils. Pour l'arrangement des Quadrupedes, nous suivrons celui de M^{rs}. de Buffon & d'Aubenton : les Oiseaux seront distribués suivant les ordres de M. de Brisson ; les Insectes, suivant le système de M. Geoffroy ; les Poissons étant en petit nombre dans la Province, nous n'embrasserons aucun système à leur égard, de même que pour les Amphibies & Serpens. Quant aux Vermisseaux, Limaçons & Coquillages, nous aurons recours à la méthode de M. d'Argenville, comme une des plus modernes. L'Homme est sans contredit le premier de tous les Animaux, nous ne le regarderons ici que comme Naturaliste, abstraction faite du métaphysique, du physique & du moral. La couleur blanche est le caractere distinctif du Lorrain, ainsi que de tous les Européens.

1. 1. 1. *Homo. Offic. Linn. syst. Nat.* 63. *& omnium Authorum. Opus mirificum sextæ diei. Nonnull.* l'Homme.

La Médecine, qui sait tirer avantage de tout ce qui existe dans la nature pour la conservation de notre espece, exerce plus particuliérement ses droits sur l'Homme : elle le considere sous deux états différens, ou vivant, ou mort; &, suivant ces deux points de vue, elle trouve en lui des médicamens.

L'Homme, considéré comme vivant, nous fournit, pour la matiere médicale, les cheveux, les ongles, la cire des oreilles, la salive, le sang, l'urine & les excrémens grossiers. La Femme nous donne le lait & l'arriere-faix.

Les cheveux ont une vertu antihystérique; leur odeur, en les brûlant, calme souvent les vapeurs. On tire des cheveux, par la distillation, un sel volatil qui est très-vanté dans les cas épileptiques, apoplectiques, léthargiques & soporeux; on prescrit ce sel à la dose de six grains, qu'on porte quelquefois jusqu'à seize, on le délaye dans quelques véhicules propres à ces maladies. On prétend que rien n'est meilleur contre la jaunisse que l'infusion d'un demi-gros & même d'un gros de cendre de cheveux dans un verre de vin : on ordonne pendant plusieurs jours, le matin à jeun, cette infusion, après l'avoir passée par un linge; comme nous avons d'autres remedes aussi efficaces & moins révoltans, nous nous garderons bien d'en conseiller l'usage. Les cheveux nous fourniſſent encore, par le moyen de la diſtillation, une huile qui, mêlée avec le miel & employée comme liniment ſur la tête, fait, à ce qu'on dit, croître & revenir les cheveux.

Les ongles des doigts des mains & des pieds ſont cathartico-émétiques ; c'eſt-à-dire, qu'ils purgent par haut & par bas. On doit rarement les preſcrire pour cet uſage ; encore quand on le fait, ce ne doit être qu'à des gens extrêmement robuſtes : la doſe eſt d'un ou de deux ſcrupules, infuſés pendant la nuit dans du vin. On prétend que c'eſt un bon remede contre l'épilepſie, ſans doute à cauſe de ſa vertu émétique.

La cire des oreilles eſt un baume naturel, dont le Créateur nous a pourvus pour y avoir recours dans mille occaſions, c'eſt un remede que nous portons toujours avec nous : il poſſede une qualité ſavonneuſe, abſtergente & déterſive ; il paroît être formé de cire & d'huile, ce qui le rend vulnéraire & très-propre dans les piquures des nerfs & des tendons : on l'applique pour-lors, ſoit ſeul, ſoit aſſocié avec le baume de ſoufre & celui du Pérou. On prétend que la cire des oreilles guérit très-promptement les petites écorchures qu'on ſe fait quelquefois autour de la racine des ongles. Pluſieurs Praticiens ont conſeillé intérieurement contre la colique la cire des oreilles ; nous rejettons dans ce cas entiérement ce remede, comme trop vil & trop abject.

On fait usage de la salive extérieurement pour différentes maladies : elle est bonne appliquée sur les dartres, démangeaisons & écorchures. Plusieurs personnes ont été guéries des hémorrhoïdes, en les frottant avec du papier mouillé de salive. L'expérience a prouvé que la salive d'un Homme sain, à jeun, guérit la morsure des bêtes venimeuses ; rien n'est si commun que de voir guérir les plaies en les suçant, ce qui provient autant de la vertu mondifiante de la salive que de la succion ; c'est même dans ces deux choses que consiste uniquement la prétendue méthode de guérir les plaies par le secret. On attribue encore à la salive beaucoup d'autres vertus médicinales, qui ne sont pas assez constatées pour les rapporter ici ; tout ce qui est à observer, c'est de ne faire usage que de la salive d'un Homme en parfaite santé ; car celle d'un malade, au lieu d'être profitable, deviendroit nuisible.

La médecine emploie le sang humain extérieurement pour les hémorrhagies, principalement pour celles du nez : on applique pour cet effet, sur le front, des linges trempés dans du sang & on les y laisse sécher, ou bien on souffle dans les narines du sang séché & réduit en poudre. Dans le premier cas, il agit en resserrant le calibre des vaisseaux qui s'ouvrent dans les narines; dans le second, c'est une espece de bouchon qui, par sa glutinosité, demeure adhérent aux vaisseaux ouverts. Pour ce qui est de l'usage intérieur du sang, il est actuellement rejetté des plus habiles Médecins.

On prescrit l'urine intérieurement & extérieurement ; prise intérieurement elle est apéritive, atténuante, résolutive & détersive : elle convient dans les obstructions & la jaunisse, elle est même emménagogue & antihystérique. Rien n'est plus commun en Italie que de voir les jeunes Filles attaquées des pâles couleurs, s'en guérir en bûvant pendant quelque temps à jeun un verre de leur propre urine ; on la prescrit aussi quelquefois intérieurement à jeun, à la dose de cinq à six onces, lorsqu'elle est encore tiede & récemment rendue, dans les hydropisies, les paralysies, les gouttes & les hypocondriacies ; on préfere dans ces cas l'urine d'un jeune Homme bien sain & à jeun. On l'emploie aussi en lavement contre la colique & la paresse du ventre, elle agit par ses sels, qui sont comme des aiguillons pour rendre les lavemens plus purgatifs. L'usage extérieur de l'urine est très-commun, on l'emploie avec succès dans les hémorrhoïdes ; on s'en sert aussi, soit en fomentation, soit pilée avec de l'absynthe en forme de cataplasme, pour adoucir & calmer les douleurs de la goutte. Rien n'est meilleur contre la teigne, la galle, la gratelle & les rhumatismes qui viennent de cause froide & d'épaississemens d'humeurs, que des lotions faites avec de l'urine, elle agit pour-lors à raison de l'huile & du sel volatil qu'elle contient.

Les excrémens de l'Homme, connus dans les Pharmacies sous les noms de soufre Occidental ou de matiere stercorale, sont émolliens, adoucissans, digestifs & maturatifs. Si on en croit Ettmuller, le cataplasme de soufre Occidental est celui qui a le mieux réussi en temps de peste, pour faire suppurer louablement les tumeurs malignes. Ce soufre pulvérisé, desséché & incorporé avec du miel, est très-bon appliqué sur la gorge pour guérir la squinancie. Il se trouve des personnes assez dégoûtantes pour prescrire intérieurement dans ces maladies la susdite poudre, tandis que nous avons une infinité d'autres remedes moins répugnans pour les guérir.

Le lait de Femmes est une liqueur qui contient une quantité médiocre de parties butyreuses & caséeuses, & beaucoup de sérosités ; c'est par ces principes qu'il est tempéré, restaurant & très-bien indiqué dans la phthisie, le marasme & toutes les fois qu'il s'agit de tempérer l'âcreté du sang. C'est la premiere nourriture de l'Homme, il est par conséquent plus analogue à son tempérament & doit l'emporter sur tout autre lait, pourvu que la Nourrice ne soit ni emportée, ni capricieuse, ni sujette au vin, ni déréglée dans ses mœurs; car ces vices diminuent beaucoup la qualité de cette liqueur. La difficulté que les Adultes ont à tetter, est aussi un grand obstacle, qui fait souvent préférer le lait d'ânesse & de chevre à celui de Femme.

La Médecine emploie l'arriere-faix à plusieurs usages, & pour-lors elle indique celui qui vient à la naissance d'un Garçon préférablement à celui d'une Fille, pourvu que la Femme soit d'ailleurs saine & vigoureuse; on le réduit en poudre après l'avoir fait secher, & on le prescrit depuis un scrupule jusqu'à deux, dans du bouillon, pour l'épilepsie & pour les accouchemens difficiles; nous ne sommes pas encore assez certains du fait pour l'assurer: tout ce qui est sûr, c'est que l'arriere-faix, lorsqu'il est encore chaud, efface les lentilles du visage & enleve les taches que les Enfans apportent en naissant. On tire, par la distillation, de cette substance un esprit volatil qui est très-efficace dans la plûpart des maladies des Femmes; il pousse les urines, facilite l'accouchement & provoque le flux menstruel.

Les médicamens que nous fournit le cadavre humain, ou l'Homme considéré comme mort, sont : la mumie, la graisse, le crâne, le calcul & l'usnée.

Les fragmens de mumie, ainsi qu'ils se trouvent dans les boutiques, sont des parties de cadavres de diverses personnes, que les Juifs & les Chrétiens embaument avec des aromates résineux & le bitume de Judée, après les avoir vuidés. Ils mettent sécher au four ces corps ainsi embaumés, jusqu'à ce qu'ils soient privés de toute humidité. Pour que la mumie soit bonne, elle doit être nette, belle, noire, luisante, d'une odeur assez forte & qui ne soit point désagréable. On lui attribue une vertu détersive, vulnéraire & résolutive ; on la recommande en médecine pour résoudre le sang coagulé après une chûte & pour faire renaître les chairs ; elle agit tant par ses parties bitumineuses & balsamiques, que par les sels volatils des cadavres, dont elle est tirée. On la prescrit aussi intérieurement pour purger la tête, dissiper l'enflure du corps, lever les obstructions de la matrice, & guérir les fleurs blanches : la dose est depuis un demi-gros jusqu'à deux scrupules. On tire de la mumie, par le moyen de l'esprit de vin, une teinture qui a toutes ces qualités, on l'ordonne dans les potions vulnéraires depuis douze jusqu'à vingt-quatre gouttes. On fait rarement usage de ce médicament dans la Province.

L'usage de la graisse humaine est de rendre les muscles souples, de faciliter la transpiration cutanée & la sortie des excrémens. On lui attribue une vertu anodine, émolliente & résolutive, quelques Médecins l'ont prescrite intérieurement, mais à présent elle n'est plus d'usage que pour l'extérieur; on s'en sert avec succès dans les rhumatismes, le tremblement des membres & les affections paralytiques; elle s'emploie aussi dans les fractures, les luxations, les entorses & les contusions des nerfs & des tendons. Elle est excellente pour calmer les douleurs de la goutte; on la prescrit aussi dans l'atrophie & le rachitis des Enfans: on en frotte l'épine du dos du malade suivant sa longueur. Rien n'est meilleur, suivant Schroder & Ettmuller, contre la sécheresse & l'aridité des membres, qu'un liniment composé de graisse humaine & de vitriol.

Les Anciens veulent que le crâne humain soit doué d'une vertu antiépileptique & céphalique, c'est en vertu de ses sels volatils qu'il agit; on réduit le crâne en poudre subtile, qu'on prescrit dans les cas épileptiques depuis douze grains jusqu'à deux scrupules, soit seul, soit mêlé avec les opiates ou potions appropriées. Galien prétend que le crâne humain n'a pas plus de vertu que les autres os pour guérir l'épilepsie. Fuller lui nie cette propriété. Eraste soutient que la corne de cerf lui est infiniment préférable, & Juncker prétend que si le crâne humain a produit quelques bons effets dans l'épilepsie, ce n'a été que par les autres remedes antiépileptiques qu'on y avoit associés. Quant à nous, nous pensons que le crâne humain n'agit que comme absorbant ; nous nous garderons bien de l'ordonner contre l'épilepsie.

On prétend que le calcul humain a une vertu apéritive capable d'atténuer les pierres des reins, nous n'en conseillons cependant pas l'usage.

L'usnée est une petite plante ou espece de mousse qui se trouve sur les crânes exposés à l'air pendant quelques années, on l'emploie pour les mêmes usages que le crâne humain.

2. 0. 2. Bébé. Nain, né en Lorraine sous le regne de Stanislas le Bienfaisant. Nous allons rapporter ici, au sujet de la mort & de la dissection de ce Nain, une lettre de M. le Comte de Tressan à M. Morand, Secretaire de l'Académie de Chirurgie. . . . . .

Nous venons, mon cher Confrere, de perdre Bébé, ce fameux Nain du Roi de Pologne, & je crois que quelques petits détails à son sujet pourront vous intéresser. Bebé naquit dans les Vosges, de deux Gens de Villages, sains, bien faits & travaillans à la terre. Sa Mere l'éleva avec beaucoup de peine ; sa petite bouche ne pouvant s'appliquer qu'en partie sur le mamelon. Un sabot lui servit long-temps de berceau : son accroissement fut proportionné à sa petitesse premiere jusqu'à l'âge de douze ans : à cet âge la nature parut faire un effort, mais cet effort n'étant pas uniformément soutenu, l'accroissement fut inégal dans quelques parties ; l'apophyse nasale surtout grandit en disproportion des autres os de la face ; l'épine du dos s'arma en cinq endroits, &, comme nous l'avons reconnu à la dissection, les côtes grandirent plus d'un côté que de l'autre.

Bebé n'a jamais donné que des marques très-imparfaites d'intelligence : il n'a reçu aucune notion de l'Etre suprême & de l'immortalité de l'ame ; ce qu'il a prouvé dans la longue maladie dont il est mort. Il paroissoit aimer la musique & battoit quelquefois la mesure assez juste : on étoit même parvenu à le faire danser ; mais en dansant il avoit sans cesse les yeux attachés sur son Maître, qui, par ses signes, dirigeoit tous ses mouvemens, ainsi qu'on le remarque dans tous les animaux dressés ; il étoit susceptible de quelques passions de l'espece de celles

qui

qui sont communes aux autres animaux, telles que la colere & la jalousie ; cependant il avoit tous les organes libres, & tout ce qui tient à la physiologie paroissoit exact & selon l'ordre ordinaire de la nature. A l'âge de dix-sept à dix-huit ans les signes de puberté furent très-évidens, & même très-forts pour sa petite structure,.... & l'on attribue aux excès de Bebé l'avancement de sa vieillesse.

Par toutes les observations que j'avois pu faire sur l'organisme de ce petit Etre, j'avois prévu, avec bien d'autres Observateurs, que Bebé mourroit de vieillesse avant trente ans ; en effet dès vingt-deux ans il a commencé à tomber dans une espece de caducité, & ceux qui en prenoient soin ont cru pouvoir distinguer une enfance marquée, c'est-à-dire, une augmentation de radotage.

La derniere année de sa vie il avoit peine à se soutenir, il paroissoit accablé par le poids des années, il ne pouvoit supporter l'air extérieur que par un temps chaud : on le promenoit au soleil, où il avoit peine à se soutenir après avoir fait cent pas ; une petite indigestion, suivie d'un rhume avec un peu de fievre, l'a fait tomber dans une espece de léthargie, d'où il revenoit quelques momens, mais sans pouvoir parler ; tout le larynx paroissoit affecté

B

de paralyſie. Il a cependant lutté contre la mort pendant trois jours, & ne s'eſt éteint que lorſque la nature, abſolument épuiſée, s'eſt arrêtée d'elle-même. J'ai obtenu du Roi de Pologne qu'il ne ſeroit point enterré ſans avoir été diſſéqué, & enſuite qu'on enterreroit ſeulement les chairs & tous les viſceres ; mais nous gardons le ſquelette, que M. Peret, premier Chirurgien du Roi de Pologne, prépare avec ſoin ; ce ſquelette ſera d'autant plus intéreſſant, qu'au premier coup d'œil il paroîtra être celui d'un enfant de trois ou quatre ans au plus, & qu'à l'examen on verra que c'eſt celui d'un adulte.

Dans la diſſection qu'on en a faite, on a trouvé un des os pariétaux un peu enfoncé, le lobe gauche du cervelet preſſé dans un endroit & un peu relevé dans d'autres, & hors de la poſition naturelle, la moëlle allongée comprimée de même ; ce qui doit vraiſemblablement avoir empêché la force végétative de s'étendre avec régularité, le cours des fluides n'ayant jamais été libre, la vie & l'action n'ayant point été portées d'une maniere uniforme dans toutes les parties ; c'eſt ce qui peut auſſi avoir occaſionné le dérangement des vertebres.

On a trouvé de l'eau dans la poitrine & les poumons adhérens ; les parties de la génération étoient d'une conformation parfaite ; le cœur, les entrailles, le diaphragme & le foie en très-bon état.

CLASSE PREMIERE.
Des Quadrupedes.

LEs Quadrupedes sont des animaux vivipares, couverts de poils, & qui conviennent avec l'homme, à ce qu'ils ont du sang, qu'ils respirent par les poumons, qu'ils ont deux ventricules au cœur, qu'ils allaitent leurs petits; ils marchent sur quatre pieds ou ongulés ou onguiculés, & analogues aux pieds & aux mains de l'homme. M^{rs}. de Buffon & d'Aubenton, ennemis déclarés des méthodes dans l'Histoire Naturelle, n'ont rangé les animaux qu'eu égard aux relations plus ou moins grandes qu'ils peuvent avoir avec l'homme.

3. 2. 1. *Equus caudâ undique setosâ.* *Linn. syst. nat. edit. x.* 73. *Caballus.* Le Cheval; animal domestique. On a établi depuis la mort du Roi de Pologne une espece de haras en Lorraine. On ne fait usage dans la médecine moderne que du lait de jument; il convient dans l'asthme, la phthisie & l'atrophie.

4. 0. 2. *Equus caudâ extremitate se-*

tosâ, cruce nigrâ supra humeros. Linn. *syst. nat. edit. x.* 73. *Asinus.* L'Ane, animal domestique. Le lait d'ânesse est léger, propre à adoucir les humeurs âcres, il soulage les goutteux & guérit quelquefois la phthisie.

5. 0. 3. *Mulus.* Mulet ; animal qui provient de l'accouplement du cheval avec une ânesse. On se sert en médecine de l'ongle, de l'urine & de la fiente de mulet. L'ongle du mulet pris intérieurement, depuis douze grains jusqu'à deux scrupules, est propre pour arrêter les regles trop abondantes & toutes les especes de flux ; on en fait aussi des fumigations. L'urine, avec son sédiment, guérit les cors des pieds & soulage la goutte ; on s'en sert en fomentation. La fiente de cet animal convient pour réprimer le flux de la dyssenterie & celui des menstrues ; elle est aussi sudorifique.

6. 3. 4. *Bos cornibus teretibus extorsum curvatis, palearibus laxis.* Linn. *syst. nat.* 71. *Taurus.* Taureau ; animal domestique. Le sang de taureau est utile dans la dyssenterie, les crachemens de sang & dans les potions vulnéraires astringentes ; on s'en sert à l'extérieur en liniment, lorsqu'il s'agit d'amollir & de dissoudre les tumeurs, d'effacer les taches de la peau & de dissiper les verrues. Son principal usage est lorsqu'il se trouve

quelque membre foible & atrophié : on fait alors plonger la partie affligée dans la gorge d'un taureau, ce qui la ranime, la rend plus souple & plus propre au mouvement.

7. o. 5. *Bos*. Bœuf ; espece de taureau, à qui on a fait l'opération de la castration. Le fiel de bœuf s'emploie dans les lavemens laxatifs, pour y servir d'aiguillons lorsque le ventre est dur & desséché. La fiente de bœuf a une vertu discussive & anodine, elle est très-bonne pour appaiser les inflammations & calmer les douleurs de la goutte.

8. o. 6. *Vacca*. Vache, femelle du taureau ; animal domestique, dont il y a en Lorraine deux variétés : l'une est connue sous le nom de vache des Vosges, dont le poil est pour l'ordinaire rougeâtre ; & l'autre est surnommée vache d'Ardennes, qui est très-petite & qu'on nourrit dans la partie septentrionale de la Lorraine. Le lait que nous donne la vache est une nourriture médicamenteuse qui convient dans toutes les maladies où il s'agit d'adoucir l'âcreté du sang ; employé extérieurement c'est un puissant anodin, propre à calmer les douleurs & à résoudre les tumeurs enflammées. La sérosité qu'on retire du lait, se nomme petit lait, il convient dans l'effervescence du sang. Le beurre est la partie huileuse du lait,

on l'emploie intérieurement contre le poison & extérieurement pour guérir les plaies. La crême, qui sert à faire le beurre, est très-bonne pour appliquer sur les dartres & les érésipelles. L'urine de vache est purgative, on l'appelle eau de mille fleurs : elle évacue les sérosités sans tranchées.

9. 4. 7. *Ovis cornibus compressis lunaris. Linn. syst. nat. 70. Aries.* Belier ; animal domestique. Le fiel de belier est purgatif ; on en imbibe de la laine qu'on applique en cataplasme sur le nombril des petits enfans pour leur lâcher le ventre. Le suif & la moëlle de belier font émolliens, anodins & résolutifs.

10. 0. 8. *Ovis.* Brebis. Celles qui habitent les Ardennes & les environs de Mirecourt sont les plus estimées. La graisse de brebis, ou suif, est émolliente & anodine : on la mêle dans les lavemens contre la colique & la dyssenterie. La laine surge, ou la laine grasse de cet animal, est chaude, émolliente & résolutive : on l'applique extérieurement sur les contusions & sur les luxations. La fiente de brebis est apéritive & discussive : on la recommande contre la jaunisse ; la dose est de deux scrupules ou un gros : on l'emploie extérieurement en cataplasme sur les tumeurs de la rate, les cors des pieds, les verrues & autres tubercules de la peau.

11. 5. 9. *Capra cornibus carinatis arcuatis.* Linn. *syst. nat.* 68. *Hircus.* Bouc; animal domestique. Le sang du bouc est sudorifique & résolutif, propre pour la pleurésie, pour dissoudre le sang grumelé, chasser les graviers, & exciter les urines & les mois aux femmes : la dose est depuis un scrupule jusqu'à quatre. Le suif du bouc est émollient, résolutif & discussif; il entre dans les compositions de quelques cérats, onguens ou emplâtres. On le mêle, à la dose d'une once, dans les lavemens antidyssentériques. On le vante aussi comme un spécifique contre la strangurie, si on l'emploie en liniment sur le nombril. L'urine de bouc passe pour un excellent remede pour guérir l'hydropisie.

12. 0. 10. *Capra.* Chevre; femelle du précédent. Son lait tient le milieu entre le lait de vache & d'ânesse : il est un peu astringent. On le conseille aussi aux enfans rachitiques pour les rétablir, & aux personnes extrêmement maigres pour leur redonner l'embonpoint.

13. 6. 11. *Sus dorso posticè setoso, caudâ longitudine pedum, umbilico cystifero.* Linn. *syst. nat.* 50. *Porcus.* Porc, Cochon; animal domestique. La graisse récente du cochon, appellée saindoux, est anodine & émolliente; & comme elle n'est pas fort chaude, on l'emploie dans les pommades & onguens rafraî-

chiffans. Le vieux lard fondu & coulé produit de bons effets, en liniment, pour déterger les pustules de la petite vérole. Le fiel du porc convient dans les affections des yeux & des oreilles. Sa fiente est discussive & résolutive; elle arrête par sa seule odeur l'hémorrhagie du nez.

14. 0. 12. *Sus dorso anticè setoso, caudâ pilosâ. Linn. syst. nat.* 49. *Aper.* Sanglier; animal sauvage qui se trouve dans les grands bois. Les dents de sanglier sont employées à faire des hochets pour aider la dentition.

15. 7. 13. *Canis familiaris. Canis caudâ sinistrosum recurvatâ. Linn. syst. nat.* 38. Chien familier; animal domestique. On applique les petits chiens vivans sur la région du bas ventre pour appaiser la douleur de la colique. On fait aussi avec les petits chiens un baume très-vanté en liniment contre les contusions, la débilité des nerfs, la paralysie & le rachitis. La graisse du chien est vulnéraire, consolidante & détersive : on s'en sert intérieurement & extérieurement. La fiente ou crotte de cet animal, connue dans les boutiques sous le nom d'*album græcum*, est détersive, atténuante & résolutive.

16. 0. 14. *Canis auriculis erectis, caudâ subtùs lanatâ. Linn. syst. nat.* 39. *Canis domesticus.* Variété.

17. 0. 15. *Canis pilo crispo longo, instar ovis.* Linn. syst. nat. 39. *Canis aquaticus.* Barbet. Il y a encore en Lorraine plusieurs autres variétés de chiens.

18. 8. 16. *Felis caudâ elongatâ, corpore fasciis nigricantibus, dorsalibus longitudinalibus tribus, lateralibus spiralibus.* Linn. syst. nat. 42. *Felis vulgò catus.* Chat; animal domestique. La graisse du chat est très-usitée en médecine : elle est chaude, émolliente, pénétrante & résolutive; on en fait un liniment sur le nombril des épileptiques, & l'on en frotte les membres atrophiés, tant pour les empêcher de maigrir davantage, que pour en faciliter la nutrition.

19. 0. 17. *Felis caudâ abbreviatâ, apice atrâ, auriculis apice barbatis.* Linn. syst. nat. 43. *Lynx.* Chat sauvage. Il habite les bois & les endroits déserts de la Lorraine. La graisse du chat sauvage est préférable à celle du domestique.

20. 9. 18. *Cervus cornibus ramosis teretibus incurvis.* Linn. syst. nat. 67. *Cervus Gesneri. Elaphus.* Cerf. Il habite les grands bois de la Lorraine, on en voit de temps en temps dans le Verdunois. La corne de cerf abonde en sel volatil, c'est un excellent alexipharmaque ; réduite en poudre, elle est propre pour arrêter les cours de ventre, les dyssenteries, les hémorrhagies. On fait avec la poudre de corne de cerf, rapée &

bouillie dans de l'eau, une gelée, dans laquelle on ajoute du sucre & de la canelle : cette gelée est propre à rétablir les forces, à arrêter les crachemens de sang & à chasser les humeurs par la transpiration. On trouve dans le cœur du cerf nouvellement tué, une matiere cartilagineuse qui se durcit en très-peu de temps & devient une substance osseuse, c'est ce qu'on appelle os de cœur de cerf. Il étoit autrefois très-recherché dans la pharmacie. Lemery dit que l'os du talon du cerf est propre pour la dyssenterie. Sa moëlle est nervale & convient dans les rhumatismes de même que sa graisse. On estime son sang desséché comme un puissant sudorifique dans la pleurésie, & son priape réduit en poudre, propre à exciter la semence.

21. 0. 19. *Cervus cornibus ramosis, teretibus erectis, summitate bifidâ.* Linn. *syst. nat.* 68. *Capra, capreolus.* Chevreuil. Il est fort commun dans les bois escarpés de la Province & du Verdunois. Sa chair convient dans les cours de ventre. Son fiel est bon pour empêcher les taches du visage, pour dissiper les nuages des yeux & les bruissemens d'oreilles, pour le mal des dents. Ses cornes sont propres pour arrêter le cours de ventre & l'épilepsie.

22. 10. 22. *Lepus caudâ abbreviatâ,*

auribus apice nigris. Linn. syst. nat. 57. *Lepus timidus.* Lievre. Il habite les campagnes & les bois. On en a tué un de couleur isabelle aux environs de Metz. Le sang de lievre dissipe les taches de rousseur & les boutons du visage. Les cendres de cet animal brûlé en entier, ou celles de la peau, sont recommandées dans la pierre, dans l'alopécie & les engelures. On prétend que si on frotte les gencives avec la cervelle du lievre, elle facilite la dentition. On ordonne aussi la fiente de lievre pour la dyssenterie. Ses poils arrêtent les hémorrhagies.

23. O. 21. *Lepus caudâ abbreviatâ, auriculis nudatis. Linn. syst. nat.* 58. *Cuniculus.* Lapin. Il y en a en Lorraine quatre garennes : une à Commercy, une à Lunéville, & deux à Nancy, dont l'une est auprès de la porte S. Nicolas & l'autre sur la côte de Malzéville. De toutes les parties du lapin il n'y a que la graisse qui soit utile en médecine, elle est nervale & résolutive : on en frotte les membres retirés, endurcis & atrophiés pour leur rendre leur état naturel ; elle est également bonne pour fortifier les articulations & pour résoudre les tumeurs schirreuses.

24. II. 22. *Canis caudâ incurvatâ. Linn. syst. nat.* 39. *Lupus.* Loup ; animal féroce très-commun dans la Lorraine, le Pays

Meſſin & le Verdunois. La chair, le cœur & le foie de loup, cuits enſemble ou ſéparément, & aſſaiſonnés avec du beurre en maniere de ragoût, ſont propres contre l'épilepſie, l'hydropiſie, l'accouchement difficile & la phthiſie. Les inteſtins du loup, deſſéchés & pulvériſés, ſont propres pour la colique venteuſe & néphrétique, la doſe eſt depuis un ſcrupule juſqu'à deux. La graiſſe de loup eſt chaude, réſolutive & nervale : elle convient en liniment dans l'atrophie, la paralyſie des membres, les rhumatiſmes & les maladies des articles. On l'emploie encore en collyre contre la chaſſie des yeux & les maladies des paupieres. Les os de cet animal ſont abſorbans, vulnéraires & déterſifs : on les pulvériſe, on les donne dans la pleuréſie, la ſciatique & les bleſſures & contuſions internes ; la doſe eſt depuis un ſcrupule juſqu'à un gros, ſoit ſeuls, ſoit mêlés dans des potions appropriées. La dent de loup ſert pour aider la dentition des enfans.

25. 12. 23. *Canis caudâ rectâ, apice albo*. Linn. *ſyſt. nat.* 40. *Vulpes*. Renard. Il habite les bois & s'y fait des tanieres. L'huile de renard, qu'on prépare en faiſant bouillir l'animal entier dans l'huile d'olive, eſt adouciſſante, nervine, réſolutive : on l'emploie avec ſuccès dans les rhumatiſmes, la rétraction

des membres, la dureté des tendons. Sa graisse a les mêmes vertus & est usitée dans les tremblemens, ainsi que dans les maux d'oreilles.

26. 13. 24. *Ursus caudâ abruptâ. Linn. syst. nat.* 47. *Ursus. Gesn.* Ours. On m'a assuré qu'on a tué, il y a quelques années, dans les bois des Vosges, deux ours noirs. La graisse d'ours s'emploie comme topique pour les hernies, les rhumatismes, &c. beaucoup de gens assurent en avoir ressenti de bons effets.

27. 14. 25. *Ursus caudâ concolore, corpore supra cinereo subtus nigro, facie longitudinali per aures oculosque nigrâ. Linn. syst. nat.* 48. *Meles.* Blaireau. Il habite les fentes des rochers; on en trouve beaucoup sur la côte de S^{te}. Génevieve près de Nancy, dans les rochers de la côte de S^{te}. Catherine, dans ceux de Chavigny, de Messein & de Marbache. La graisse de Blaireau est émolliente, chaude & pénétrante : on la mêle dans les lavemens pour calmer les douleurs de la néphrétique, & l'on en frotte les reins, en y joignant l'onguent d'althæa. On se sert encore de cette graisse en liniment, pour guérir les rétractions & les foiblesses des membres, & pour les crevasses des mamelles. Le sang de blaireau, séché & réduit en poudre, est propre pour guérir la galle, la lepre, & pour chasser les mauvaises humeurs

du corps par la transpiration ; la dose est depuis un scrupule jusqu'à un gros dans quelqu'eau sudorifique.

28. 15. 26. *Mustela plantis palmatis nudis, caule corpore dimidio breviore.* Linn. syst. nat. 45. *Lutra.* Loutre ; animal qui fréquente les rivieres, il est très-commun sur la Meuse. La graisse de la loutre est résolutive, digestive : on l'emploie pour la douleur des jointures & pour fortifier les nerfs.

29. 16. 27. *Mustela plantis fissis, corpore fulcro nigricante, gulâ pallidâ.* Linn. syst. nat. 46. Fouine ; animal qui habite les basses cours. Son cerveau & son foie sont propres pour l'épilepsie. Son fiel est très-bon pour guérir les cataractes : on le mêle avec de l'eau de fenouil. Son sang est très-bon pour adoucir la douleur de la goutte, appliqué extérieurement.

30. 0. 28. *Martes sylvestris, martes altera species nobilia.* Gesn. Marte. Cet animal habite les vieilles forêts : on en trouve beaucoup à la forêt de Mangiennes, à quatre ou cinq lieues de Verdun. La chair de marte est anodine, resolutive, propre pour fortifier les nerfs. Sa fiente a une forte odeur de musc : elle est aussi résolutive, & l'on s'en sert pour amollir & dissiper les glandes.

31. 0. 29. *Mustela plantis fissis, corpore flavo nigricante, ore auriculisque albis.* Linn. syst. nat. 46. *Putorices.* Gesn.

Putois; espece de fouine noirâtre des bois. Sa chair appliquée extérieurement est résolutive.

32. 0. 30. *Mustela plantis fissis, caudæ apice atro. Linn. syst. nat.* 46. *Mustela vulgaris. Gesn.* Belette; animal qui se trouve dans les maisons de campagne. On fait bouillir de la chair de belette dans de l'huile d'olive, & l'on s'en sert comme l'huile des petits chiens contre la débilité des nerfs.

33. 0. 31. *Mustela candida seu ermineum. Linn. syst. nat.* 47. *Mustela albida candida.* Variété de l'espece précédente. Hermine, roselet. Elle a aussi les mêmes vertus que la belette.

34. 17. 32. *Sciurus auriculis apice barbatis, palmis tetradactylis, plantis pentadactylis. Linn. syst. nat.* 63. *Sciurus vulgaris.* Ecureuil; animal qui saute d'arbres en arbres. Sa graisse est émolliente & propre pour adoucir les douleurs d'oreilles.

35. 18. 33. *Mus caudâ elongatâ subnudâ, palmis tetradactylis, cum unguiculo pollicari, plantis pentadactylis. Linn. syst. nat.* 61. *Mus domesticus major. Gesn. rattus.* Rat domestique. Il habite les granges & les vieilles masures.

36. 0. 34. *Mus caudâ elongatâ subnudâ, palmis tetradactylis, plantis pentadactylis. Linn. syst. nat.* 62. *Mus musculus.* Souris; petit animal du genre des

rats. On en trouve dans les vieilles maisons mal-propres. On fait cuire deux ou trois souris ou rats écorchés, dont on rejette la tête & les pieds, & on les donne à manger aux enfans qui laissent échapper leur urine pendant le sommeil. Les cendres de ces animaux brûlés, mises sur les verrues & engelures ulcérées, les guérissent promptement. Le sang du rat est discussif & résolutif ; on l'emploie pour résoudre les tumeurs scrophuleuses. La fiente de rat & de souris est purgative ; trois ou quatre crottes données aux petits enfans dans le lait de la mere, les lâchent fort bien. Quant à l'extérieur les crottes de rat dissoutes dans du vinaigre, guérissent la gratelle.

37. o. 35. *Mus caudâ longâ, palmis tetradactylis, plantis pentadactylis, corpore grifeo, pilis nigris, abdomine albido.* Linn. syst. nat. 63. *Mus domesticus medius* Raii. Mulot. Il habite les bois.

38. o. 36. *Mus caudâ mediocri subpilosa, palmis subtetradactylis, plantis pentadactylis, auriculis vellere brevioribus.* Linn. syst. nat. 61. *Mus campestris major.* Le grand rat des champs.

39. o. 37. *Mus caudâ elongatâ pilosâ, plantis palmatis.* Linn. syst. nat. 61. *Mus aquaticus.* Bell. Rat d'eau. Il habite les ruisseaux de la Lorraine ; on en voit de de deux variétés : l'une à longue queue & l'autre à courte.

40. 0. 38. *Mus agrestis, capite grandi.* *Klein.* Campagnol, poitrot des champs.

41. 19. 39. *Erinaceus Europæus. Linn. syst. nat.* 52. Hérisson; animal qui habite les bois. On fait avec le hérisson calciné & le gosier de coq desséché, une poudre qui est très-bonne contre l'incontinence d'urine, sur-tout celle qui suit quelquefois un accouchement difficile.

42. 20. 40. *Sorex caudâ corpore longiore. Linn. syst. nat* 53. *Mus araneus.* Musaraigne. Il y en a de deux especes: l'une qui habite les campagnes, & l'autre les lieux aquatiques.

43. 21. 41. *Talpa caudata, pedibus pentadactylis. Linn. syst. nat.* 52. *Talpa Europæa.* Taupe; cet animal trace sous terre. On estime le sang de la taupe pour rétablir les poils; il est aussi d'un usage merveilleux dans plusieurs sortes de maladies cutanées, comme pour guérir les ulceres qui se forment à la racine des ongles. Sa graisse, au contraire, contribue, dit-on, à faire tomber la trop grande quantité de cheveux.

44. 22. 42. *Vespertilio caudatus, naso oreque simplici, auriculis duplicatis capite majoribus. Linn. syst. nat.* 32. *Vespertilio auriculis majoribus.* Chauve-souris à grandes oreilles. Cette espece habite les bois. La chauve-souris est résolutive & propre pour la goutte, étant appliquée dessus après l'avoir écrasée.

C

45. 0. 43. *Vespertilio caudatus, naso oreque simplici, auriculis capite minoribus.* Linn. syst. nat. 32. *Vespertilio murinus.* Cette espece de chauve-souris se plaît aux environs des maisons.

46. 23. 44. *Mus avellanarum major*, hist. quadr. Le Lerot; il habite les jardins. Sa chair est propre pour la faim canine, pour l'incontinence d'urine. Sa graisse est très-bonne pour provoquer le sommeil : on en frotte la plante des pieds.

47. 0. 45. *Mus caudâ elongatâ pilosâ, corpore rufo, gulâ albicante.* Linn. syst. nat. 62. *Mus avellanarum minor. Mus sylvestris.* Briss. Le Muscadin. Il se retire dans le creux des vieux arbres, & il a les mêmes vertus que le précédent.

CLASSE SECONDE.

Des Oiseaux.

LEs Oiseaux sont des animaux bipedes, ovipares, qui ont des plumes & des ailes. Leurs plumes sont renversées en arriere & couchées les unes sur les autres dans un ordre régulier. Leur corps n'est ni extrêmement massif, ni également épais par-tout; mais bien disposé pour le vol, aigu par devant, groſſiſſant peu-à-peu : ce qui les rend plus propres à fendre l'air. Il eſt peu d'oiſeaux d'Europe qu'on ne voie en Lorraine, dit M. Lottinger, & c'eſt après lui que nous parlons ici : quelques-uns y ſont fixés pour toujours, d'autres y paroiſſent deux fois l'année, ſoit qu'ils y paſſent ſeulement, ſoit qu'ils viennent pour y établir leur ſéjour pendant quelque temps. On les voit les uns & les autres en très-grand nombre au commencement du printemps & pendant l'automne; leur marche ſe fait réguliérement chaque année dans ces deux ſaiſons ; mais il n'en eſt pas ainſi de la route qu'ils tiennent, ils la changent quelquefois, &, ſelon toute apparence, ils ſe reglent à cet égard ſur le plus ou le moins de nourriture qu'ils ont trouvée à leur paſſage précédent. Néanmoins c'eſt une choſe fort remarquable que les oiſeaux qui ont le bec en alêne, & ſur-tout les rouges-gorges, aient de tout temps préféré la Lorraine & les Evêchés aux contrées voiſines. Chacun ſait que, dans les mois de Septembre & d'Octobre, les marchés de Nancy, Metz, Toul & Verdun ſont couverts de cette eſpèce d'oiſeaux; qu'il y a des particuliers qui en font commerce, & qui en envoient même juſques dans la Capitale. Les forêts ſans nombre qui couvrent la ſurface de la Lorraine, les étangs qui y sont très-communs & dont la plûpart sont célebres par leur étendue, la quantité de vignes que l'on y cultive presque par-tout, enfin les sources vives que l'on rencontre dans toutes les forêts, tout cela contribue à attirer dans cette Province une infinité d'oiseaux de toutes especes.

Ce seroit ici le lieu de dire quelques choses des belles qualités de ces habitans de l'air, de leur dextérité à faire leurs nids, de leur tendresse incomparable pour leurs petits, de la beauté du chant des uns & de celle du plumage des autres, de la singularité de quelques-uns; mais la forme que l'on s'est prescrite, ne me permet pas ce détail. Je me contenterai donc de rapporter quelques traits relatifs à leur transmigration: j'aurois pu m'étendre un peu sur cette partie qui m'a paru la moins éclaircie; & peut-être, par les différentes recherches que j'ai faites à ce sujet, ai-je approché de la vérité. J'ai été aidé, dit M. Lottinger, par mon Frere, qui, depuis nombre d'années, réside en Italie; les différentes notes que j'ai reçues de lui sur cet objet, pourront jetter quelque jour sur une chose qui mérite non seulement notre attention, mais encore notre admiration: j'ai aussi trouvé, dans M. le Comte de Lutzelbourg d'Imeling, des secours que je pouvois attendre de quelqu'un qui aime les sciences & qui les cultive avec beaucoup de soins. Au surplus, quoique j'aie souvent consulté les Chasseurs, qui, par leurs longues expériences, devoient être les plus instruits, j'en ai tiré très-peu de chose : à peine connoissent-ils quelques oiseaux du nombre de ceux qui ne sont pas communs, encore ne les désignent-ils que par des noms impropres & barbares ; ils ignorent beaucoup de particularités intéressantes qui concernent ceux de passage. Rien cependant de plus remarquable & de plus curieux que les allures & les façons de faire de la plûpart d'entr'eux : quelques-uns de ceux qui vivent sur les eaux & sur les petits étangs sur lesquels ils ont élevé leurs petits, après un signal donné sans doute, partent tout à coup & abandonnent leurs habitations ; mais ce n'est pas pour se retirer au loin. Le rendez-vous général est sur un de ces grands étangs, qui ne sont pas rares en Lorraine : c'est-là qu'il faut chercher ceux que l'on a vus quelques jours auparavant, & même la veille, dans des endroits assez éloignés ; inutilement voudroit-on les trouver ailleurs. Ils font dans cette nouvelle demeure quelque séjour, sans doute pour attendre le rétablissement des infirmes & l'arrivée de quelques traîneurs, ou plutôt un temps favorable & propice pour le voyage résolu ; & alors toute la troupe prend l'effor & disparoît. Il me souvient qu'une certaine année je faisois la tendue aux rouges-gorges, c'étoit en Avril, le passage étoit des meilleurs ; content de mes prises, je continuai la chasse pendant trois jours avec le même succès. Le quatrieme, le soleil s'étant levé plus beau que jamais, & le jour étant très-doux, je comptois sur la meilleure chasse ; mais je fus bien trompé, l'on avoit sans doute sonné le tocsin pendant mon absence, & les rouges-gorges voulant profiter de la beauté du jour, avoient pris le parti de continuer route ; mes tendues furent faites à pure perte, & je n'en pris aucune. Le passage de quelques oiseaux, tels que la lavandiere, le traquet, la bécasse, le cujelier, la bécassine, l'alouette, la haute grive, commence en Mars & sur la fin de Février, si le froid n'est pas rigoureux. Il continue en Avril & même en Mai ; mais le plus grand se fait en Avril, & c'est dans ce mois qu'arrivent presque tous les oiseaux qui ont le bec menu & qui se nourrissent d'insectes. Il recommence sur la fin de Juillet, & déja dès ce temps les merles à collier, que l'on voit alors en très-grand nombre, quittent les hautes montagnes qui leur ont servi de retraite pendant la belle saison. Les becfigues partent aussi dès la fin de ce mois; quand on les rencontre dans leur passage, l'on en trouve une si grande multitude, qu'ils semblent pulluler de tous côtés: ils passerent, il y a deux ans, dans le bois des Sablons, forêt qui est à trois lieues de Sarrebourg. En Août, plusieurs especes de fauvettes, les rossignols, les bergeronnettes, les gobes-mouches & quelques autres sont des premiers à partir; le passage devient plus considérable, & augmente à mesure que l'on avance dans la saison: il est des plus nombreux en Octobre, enfin il finit en Novembre, ou au plus tard au commencement de Décembre, & l'on ne voit plus dans ce dernier mois que quelques especes, comme canards, encore faut-il que les grands froids ne se fassent pas sentir. Cependant si ces oiseaux nous quittent aux approches de l'hiver, d'autres viennent le passer avec nous: tels sont entr'autres la litorne, l'oie sauvage, les canards, la corneille mantelée, la petite bécassine, qu'on appelle aussi la sourde, le sisin ou petit chêne, qui paroît par troupes dans nos bois & dans nos campagnes, & principalement quand les hivers sont rigoureux. Les pinçons de montagnes, que l'on appelle mal-à-propos d'Ardennes, puisqu'ils ne se montrent dans cette contrée que dans le même temps que nous les voyons, viennent dès la fin de Septembre : on les voit en très-grand nombre quand nos hêtres font chargés de faines ; de jour ils fe répandent dans toutes les forêts de la plaine, & aux approches de la nuit ils fe retirent dans la montagne. Jamais l'on n'en vit davantage que l'hiver de 1765, c'eft-à-dire, l'hiver dernier ; l'on en prenoit chaque nuit plus de fix cens douzaines dans des forêts de fapins qui font à quatre ou cinq lieues de Sarbourg : on les tuoit à coup de perches ; & quoique le maffacre eut duré prefque tout l'hiver, cependant à la fin il ne paroiffoit guère qu'on eût entamé la troupe. On a fuivi dans cet Abrégé la méthode de M. Briffon, & on n'a pas craint de rendre mot à mot les caracteres tels qu'il les a décrits, lorfqu'on s'eft apperçu qu'ils étoient diftinctifs, & qu'on ne devoit ni retrancher ni ajouter. Cet Ornithologifte, le plus exact & le plus étendu de tous ceux qui l'ont précédé, a partagé fon hiftoire en vingt-fix ordres ; mais l'on n'en trouvera que vingt-trois dans cette nomenclature, attendu que les oifeaux qui forment quelques-uns, nous manquent abfolument. On a fait mention dans ce Catalogue des noms vulgaires, & notamment de ceux qui font en ufage dans la Province ; il feroit à fouhaiter que l'on s'accordât sur cet article, & que l'on eût toujours préféré les noms les plus caractéristiques & les plus significatifs, l'on eut évité une confusion que l'on ne rencontre que trop souvent dans les ouvrages de Bellon, d'Albin & de plusieurs autres. Albin appelle le chevalier, bécassine d'étang, & le courly de terre, outarde. Bellon donne au râle d'eau le nom de roi & de mere des cailles, & Albin nomme ainsi le râle de genet. Je pourrois citer beaucoup d'autres exemples pareils dans chaque ordre. Enfin on a presque toujours mis en tête les oiseaux qui sont les plus communs ou les moins rares, & on a placé de suite ceux du même genre, qui ont les mêmes inclinations, qui se nourrissent de même, & qui vivent & habitent les mêmes lieux: & l'on a donné quelques particularités sur les uns & les autres, lorsque l'occasion s'en est présentée; mais en peu de mots & avec sobriété.

ORDRE PREMIER.

LEs Oiseaux de cet Ordre ont le bec droit, le bout de la mandibule supérieure un peu réfléchi & courbé, les narines à demi-couvertes d'une membrane à demi-épaisse & molle; ils ont quatre doigts, trois devant, un derriere, tous séparés jusqu'à leur origine ou environ & dénués de membrane, les jambes couvertes jusqu'au talon. Ils vivent de graines & de semences, qu'ils avalent sans les casser. Ils élevent leurs nids & ne font d'ordinaire que deux œufs, lesquels ils couvent tour-à-tour. Ils volent souvent par troupes & ils ont lé vol fort rapide. L'on fait la chasse de quelques-uns avec beaucoup de succès & d'agrément dans les Provinces méridionales, & chacun connoît l'utilité que nous retirons de ceux qui vivent rassemblés sous nos toits. L'Ordre premier ne renferme qu'un genre. Quoique nous ayions un grand nombre de variétés de pigeons, nous ne ferons mention que des plus communs : tous paroissent ne former avec le biset qu'une seule & même espece.

48. 24. 1. *Columba domestica. Brisf. T. I. p.* 68. *sp.* 1. *Linn. syst. nat. edit. x. gen.* 92. *sp.* 81. Pigeon domestique. Un pigeon nouvellement tué, ouvert par le dos & appliqué tout chaud sur la tête ou à la plante des pieds d'un phrénétique, est capable de guérir cette maladie. Le sang de pigeon, tiede & tiré de dessous l'aile, est propre pour guérir les plaies récentes des yeux. Sa fiente est résolutive & apéritive. On la prend toute calcinée, ou en tisane ou en bol. On a des exemples que si cette

fiente fraîche tombe fur la vue, l'on en peut devenir aveugle, tant elle contient de parties cauftiques; c'eft par cette raifon que la peau rougit à l'endroit où l'on met pendant certain temps de la fiente de pigeon. On en mêle quelquefois dans les véficatoires, ou avec les cataplafmes farineux, pour réfoudre les tumeurs œdémateufes.

49. O. 2. *Columba Romana.* Brif. T. I. p. 71. fp. 2. Le Pigeon Romain. Mêmes propriétés que le précédent.

50. O. 3. *Columba dafypes.* Brif. T. I. p. 73. Le Pigeon patu. Mêmes propriétés.

51. O. 4. *Columba criftata.* Brif. T. I. p. 73. Le Pigeon hupé.

52. O. 5. *Columba gutturofa.* Brif. T. I. p. 78. Linn. fyft. nat. edit. x. gen. 92. fp. 2. Le Pigeon-grand gofier. On élève toutes ces efpeces dans des volieres ou colombiers.

53. 25. 6. *Palumbus.* Brif. T. I. p. 78. Linn. fyft. nat. edit. x. gen. 92. fp. 11. Le Ramier. Il habite les grands bois de la Lorraine. Le ramier eft apéritif, propre pour la difficulté d'uriner, pour la pierre & pour la gravelle, fuivant que le rapporte Lemery. Son fang, ainfi que celui du pigeon domeftique, récemment tiré & encore chaud, eft bon pour les plaies des yeux, appliqué extérieurement.

54. O. 7. *Columba livia.* Brif. T. I.

p. 82. *spec.* 3. *Cœnas. Linn. syst. nat.*
edit. x. gen. 92. *sp.* 1. Le Biset ou petit
Ramier; autre espece de pigeons sauvages qui habitent les bois. Mêmes propriétés que le précédent.

55. 26. 8. *Turtur nostras. Turtur. Bris.*
T. I. p. 92. *sp.* 7. *Columba turtur. Linn.*
syst. nat. edit. x. gen. 92. *sp.* 20. La Tourterelle. Elle habite les bois des deux Provinces. La chair de la tourterelle est propre pour resserrer le ventre & pour fortifier. Sa graisse est émolliente & adoucissante.

56. 0. 9. *Turtur torquatus. Bris. T. I.*
p. 95. *sp.* 8. *Columba risoria. Linn. syst.*
nat. edit. x. gen. 92. *sp.* 21. La Tourterelle à collier. On en voit beaucoup sur la partie de la Lorraine & des Trois-Evêchés, frontieres d'Alsace. Mêmes propriétés que l'espece précédente.

57. 0. 10. *Turtur hybridus. Bris. T. I.*
p. 97. La Tourterelle mulet.

ORDRE II.

LEs Oiseaux de cet Ordre ont le bec en cône courbé. Ils ont quatre doigts, trois devant, un derriere, tous séparés jusqu'à leur origine ou environ. Les trois antérieurs sont joints par un commencement de membranes, qui s'étend au plus jusqu'à la premiere articulation. Leurs jambes sont couvertes de plumes jusqu'au talon. Ils vivent de graines & d'insectes. Ils font leurs nids par terre, nombre de petits; & ceux-ci, encore couverts de duvet, quittent le lieu de leur naissance & suivent leur mere. Nous avons fait une espece de la perdrix de Damas, dont M. Brisson ne fait qu'une variété; nous nous y sommes crus autorisés, parce que les perdrix ne s'accouplent jamais avec d'autres especes différentes; à quoi nous ajouterons qu'elles s'expatrient & qu'elles volent par troupes de quarante à cinquante, ce que ne font pas les perdrix ordinaires. Le coq de Bruyeres, qui se trouve dans l'Ordre second, est un des plus gros oiseaux que nous ayions, & en même temps un des plus recherchés. Lorsqu'il chante, il s'écoute au point qu'il ne voit ni qu'il n'entend ceux qui s'approchent; aussi est-ce le moment favorable que les chasseurs saisissent pour les tirer avec succès. L'on a réuni sous un seul genre deux oiseaux très-différens, savoir, le paon & le faisan; on doit ici avouer que c'est véritablement trop donner à la méthode, & que le nombre de leurs ressemblances est bien au dessous de celui de leurs différences. On divise l'Ordre second en deux Sections.

SECTION PREMIERE.

LEs Oiseaux de cette Section ont la tête ornée de membranes charnues. Elle renferme trois genres.

Les Oiseaux du premier ont une crête membraneuse sur le front, deux membranes charnues, longitudinales, pendantes sous la gorge. Tous ceux de ce genre sont de la même espece. Nous ne ferons mention que des variétés les plus connues.

58. 27. 11. *Gallus domesticus. Gallina domestica.* Bris. T. I. p. 166. sp. 1. *Gallus.* Linn. syst. nat. edit. x. gen. 90. sp. 1. Le Coq & la Poule ; oiseaux de basse cour.

Le principal usage du coq est pour les bouillons & les gelées. Le coq le plus vieux est le meilleur. Ses bouillons sont apéritifs & détersifs, ils lâchent un peu le ventre, ils nourrissent, ils restaurent. Le jus du coq, qui est un puissant restaurant, se tire de la maniere suivante :

On prend un vieux coq, on le fatigue en le faisant courir dans une chambre, jusqu'à ce qu'il tombe de lassitude, on l'égorge, on le plume & on le vuide de ses entrailles. On le fait cuire enfuite au bain-marie pendant fept ou huit heures, dans un vaiffeau luté exactement avec de la pâte, jufqu'à ce que la chair quitte les os; puis on coule le tout avec une forte expreffion, & l'on met une cueillerée de ce jus dans chaque bouillon du malade qu'on veut fortifier : on y ajoute quelquefois de la chair d'une vipere; &, lorfqu'il s'agit de remplir différentes indications, dans une maladie, on farcit le ventre du coq des médicamens appropriés, comme des bois fudorifiques dans le rhumatifme, des plantes antifcorbutiques dans le fcorbut, & des béchiques dans la confomption. Ces confommés font d'un grand fecours dans les convalefcences après de longues maladies, & ils fuffifent fouvent pour rétablir la fanté. Le cerveau du coq eft recommandé pour arrêter le cours de ventre : on le prend dans du vin ; on en frotte auffi les gencives des enfans, pour en faciliter la dentition. Les parties génitales du coq augmentent & excitent la femence, fuivant quelques Auteurs, & difpofent à la génération ; on attribue les mêmes vertus à fon fang & à l'efprit volatil qu'on en tire par la diftillation. La tunique interne du gofier de cet oifeau, defféchée au foleil & pulvérifée, eft fpécifique pour raffermir &

fortifier l'estomac; on s'en sert aussi pour arrêter le vomissement, le cours de ventre & contre la colique néphrétique & la suppression des regles. Son fiel est bon en liniment pour emporter les taches des yeux. Sa graisse est émolliente, anodine, nervale & résolutive; on l'emploie en liniment pour les fissures des levres, les douleurs d'oreilles & les pustules des yeux.

La poule, qui est la femelle de cette espece, sert, de même que le coq, à faire des bouillons & des gelées; ces bouillons sont rafraîchissans, humectans & fournissent une bonne & saine nourriture : ce qui les rend convenables dans la phthisie, la maigreur & les convalescences. La membrane intérieure de l'estomac de la poule s'emploie, à la dose d'un demi-gros, pour exciter l'urine & pour arrêter les cours de ventre. La fiente de poule est vantée contre la colique, la jaunisse, le calcul & la suppression d'urine : la partie blanche de cette fiente est la meilleure; la dose est d'un demi-gros, soir & matin, quatre ou cinq jours de suite, soit en bol, soit en potion, dans une eau appropriée. On applique la poule entiere & encore toute chaude sur la tête dans les fievres malignes & les maladies du cerveau, telles que l'apoplexie, la léthargie, la phrénésie

&

& le délire. La graisse de poule est émolliente, adoucissante : on l'emploie aux mêmes usages médicinaux que celles de coq.

Les œufs sont de grand usage parmi les médicamens ; on emploie leur coque, le blanc, le jaune & la membrane qui couvre l'œuf sous la coquille. Les coquilles d'œufs sont diurétiques & apéritives ; on s'en sert dans les douleurs des reins & le calcul ; la dose est d'un demi-gros, pulvérisé, en bol ou en quelque potion appropriée ; c'est le principal ingrédient qui entre dans les remedes si vantés de Melle. de Stephens. Le blanc d'œuf est rafraîchissant, astringent & agglutinant : son usage principal est dans les collyres, contre la rougeur & l'inflammation des yeux. Le jaune d'œuf est anodin, maturatif, digestif & laxatif : on s'en sert dans les digestifs & dans les lavemens contre les coliques violentes, le tenesme & la dyssenterie ; mêlé avec un peu de sel & appliqué dans une coquille de noix sur le nombril des petits enfans, il lâche le ventre ; d'autres, pour la dureté de ventre des enfans, le mêlent avec un peu de fiel de taureau, & s'en servent de la même maniere. Personne n'ignore qu'un jaune d'œuf frais, battu dans de l'eau chaude avec un peu de sirop de capillaire, est très-bon contre la toux opiniâtre ; on le prend trois ou quatre jours de suite, le soir en se couchant. La membrane déliée, qui couvre l'œuf sous sa coquille, est diurétique : on l'emploie extérieurement pour les fievres intermittentes, on en enveloppe le bout du petit doigt au commencement de l'accès, elle y cause une grande douleur, & quelquefois même un panaris artificiel, qui est souvent suivi de la guérison. On recommande contre la diarrhée un œuf dur, mangé avec du vinaigre rosat.

On fait avec le poulet un bouillon fort léger, connu sous le nom d'eau de poulet : cette eau convient dans les cas qui exigent, de la part du malade, une diete sévere : on la prescrit dans la douleur d'entrailles & dans le *cholera morbus* : elle est aussi très-bien indiquée pour tempérer la bile.

Le chapon, qui n'est autre chose que le coq à qui on a fait l'opération de la castration, est d'usage dans les bouillons qu'on conseille aux convalescens : sa graisse est très-bonne en liniment contre les engelures, la goutte & les rhumatismes.

59. o. 12. *Gallus crystatus.* Briss. T. I. p. 169. Linn. syst. nat. edit. x. gen. 90. sp. 1. Le Coq & la Poule huppés.

60. o. 13. *Gallus Patavinus, Gallina*

Patavina. Briss. T. I. p. 170. Le Coq & la Poule de Padoue. Variété.

61. o. 14. *Gallus & Gallina pumilio.* Briss. T. I. p. 171. sp. 2. Le Coq nain & la Poule naine. Variété.

62. o. 15. *Gallus & Gallina plumipes.* Briss. T. I. p. 172. *Pusillus.* Linn. syst. nat. edit. x. gen. 90. sp. 1. Le Coq & la Poule patus.

63. o. 16. *Gallus crispus, Gallina crispa.* Briss. T. I. p. 173. sp. 3. Linn. syst. nat. edit. x. gen. 90. sp. 1. Le Coq & la Poule frisés.

64. o. 17. *Gallus uro pigio carens, gallus ecaudatus.* Briss. T. I. *Gallus ecaudatus.* Linn. syst. nat. edit. x. gen. 90. Le Coq & la Poule sans croupion. Tous ces oiseaux sont domestiques.

Les Oiseaux du second genre ont une membrane charnue, longitudinale, pendante sous la gorge.

65. 28. 18. *Gallo pavo.* Briss. T. I. p. 158. sp. 1. Linn. syst. nat. edit. x. gen. 88. sp. 1. Dindon; oiseau domestique qui nous a été apporté des Indes. La chair de dindon est indigeste.

Ceux du troisieme genre ont deux membranes charnues, longitudinales, pendantes à côté de l'ouverture du bec, une corne conique sur le front, point d'ergots.

66. 29. 19. *Meleagris.* Briss. T. I.

p. 176. *sp.* 1. *Linn. syst. nat. edit.* x. *gen.* 90. *sp.* 2. La Pintade; oiseau autrefois très-commun dans le pays: il s'y multiplioit beaucoup; mais on la bannit actuellement des basses-cours à cause de ses cris plaintifs. Ses œufs sont très-échauffans.

SECTION SECONDE.

LEs Oiseaux de cette Section ont la tête dénuée de membranes charnues. Elle renferme trois genres, dont les caracteres sont tirés des pieds & de la queue. Les Oiseaux du premier ont la tête dénuée de membranes, les pieds couverts de plumes, point d'ergots.

67. 30. 20. *Urogallus major. Briss.* T. I. *p.* 182. *sp.* 1. *Urogallus. Linn. syst. nat. edit.* x. *sp.* 1. Coq de Bruyeres. On appelle la femelle la Rousse. Il habite les Vosges; principalement les environs de Bruyeres, d'où il tire son nom. Sa graisse est émolliente, résolutive, fortifiante & nervale.

68. 0. 21. *Urogallus minor. Briss.* 186. Le Coq de Bruyeres à queue fourchue.

69. 0. 22. *Bonasa. Briss.* T. I. *p.* 192. *sp.* 3. *Linn. syst. nat. edit.* x. *gen.* 91. *sp.* 1. La Gelinotte; cet oiseau habite les bois des Vosges & de la Lorraine-Allemande. Sa chair est

d'une facile digestion. On lui attribue la vertu d'appaiser & de guérir les douleurs néphrétiques.

Les Oiseaux du second genre ont les pieds nuds, la queue courte.

70. 31. 23. *Perdrix cinereus. Briss.* T. I. p. 219. sp. 1. *Perdrix. Linn. syst. nat. edit.* x. gen. 91. sp. 9. La Perdrix grise; oiseau qui habite les campagnes. Le perdreau rôti & assaisonné d'un suc d'orange aigre convient dans les diarrhées, provenant du suc stomachal & du relâchement des intestins. On se sert du sang & du fiel de perdrix pour les plaies & les ulceres des yeux & pour les cataractes. On y instille ces liqueurs toutes chaudes au sortir de l'animal. Schroder recommande intérieurement la moëlle & le cerveau de perdrix pour guérir la jaunisse. Les plumes de perdrix brûlées servent contre l'épilepsie & pour dissiper par leur odeur les vapeurs des femmes. Quelques-uns se servent de ces mêmes plumes pour appaiser les tranchées des enfans. Ils les associent avec de la menthe & de l'aurone, & les mettent dans un sachet qu'ils appliquent sur le ventre.

71. 0. 24. *Perdrix Damascena. Briss.* T. I. p. 223. La Perdrix de Damas, la Raquette.

72. 0. 25. *Perdrix rufa. Briss.* T. I. p. 236. Perdrix rouge; oiseau très-

rare dans la Lorraine & de paſſage seulement. M. le Marquis du Châtelet dit en avoir vu en compagnie à quelques lieues de Sarrebourg.

73. 32. 26. *Coturnix. Briſſ. T. I. p.* 247. *ſp.* 14. *Linn. ſyſt. nat. edit. x. gen.* 91. *ſp.* 13. La Caille; oiſeau de paſſage. On fait avec la chair de caille des bouillons émolliens & qui procurent la liberté du ventre. Sa graiſſe s'emploie pour emporter les taches des yeux, & ſa fiente ſéchee & pulvériſée ſe donne avec ſuccès, à la doſe d'un demi-gros, contre l'épilepſie.

Les Oiſeaux qui ſuivent ont le pied nud & la queue longue; ils forment le troiſieme genre, ſuivant Briſſon.

74. 33. 27. *Phaſianus. Briſſ. T. I. p.* 262. *ſp.* 1. *Phaſianus colchicus. Linn. ſyſt. nat. edit. x. gen.* 90. *ſp.* 3. Le Faiſan; oiſeau de voliere dans la Lorraine.

M. Harmant, Conſeiller de la Nobleſſe de l'Hôtel-de-Ville de Pont-à-Mouſſon, en éleve. On prétend que le faiſan eſt ſalutaire aux épileptiques & à ceux qui ſont attaqués de convulſions. On ſe ſert de ſon fiel pour éclaircir la vue & pour diſſiper les taches de la cornée. Sa graiſſe appliquée extérieurement fortifie les nerfs, diſſipe les douleurs de rhumatiſmes & réſout les tumeurs.

75. 34. 28. *Pavo. Briſſ. T. I. p.*

281. *sp.* 7. *Pavo cristatus.* Linn. *syst. nat. edit. x. gen.* 81. *sp.* 1. Paon; oiseau de basse-cour. On estime la chair de paon contre le vertige, & les bouillons qu'on en fait sont recommandés dans la pleurésie, pour exciter l'urine & pour faire couler les graviers des reins & de la vessie. Sa graisse, mêlée avec le miel & le suc de rhue, guérit la colique. Son fiel est ophtalmique, propre pour déterger les ulceres des yeux & fortifier la vue. Sa fiente passe pour un spécifique contre l'épilepsie & le vertige. Elle se donne en poudre depuis un scrupule jusqu'à un gros, soit seule, soit mêlée avec un peu de sucre, soit en potion, infusée dans un verre de vin rouge. Les plumes de paon brûlées servent en fumigation aux suffocations de matrice; & les œufs de cet oiseau, pris intérieurement, passent pour remédier à la goutte vague & indéterminée.

ORDRE III.

Les Oiseaux de cet Ordre ont le bec court & crochu. Ils ont quatre doigts dénués de membranes, trois devant, un derriere, tous séparés environ jusqu'à leur origine, les jambes couvertes de plumes jusqu'au talon. Ils sont carnassiers

& vivent de rapines. Ils ont la tête groſſe, la langue large, épaiſſe & charnue, les jambes fortes & muſculeuſes, propres à frapper & renverſer leurs proies, & à la porter au loin. Leurs becs & leurs ongles ſont forts & crochus, moyennant quoi ils la ſaiſiſſent ſans peine & la déchirent facilement. Quoique ces oiſeaux ſe nourriſſent pour la plûpart des meilleurs mets, néanmoins ils ſont preſque toujours maigres. Ils ont la vue perçante & tombent promptement ſur leur proie; mais ils ne ſont pas aſſez hardis pour la pourſuivre. Si elle a gagné quelques haies ou buiſſons, ils attendent qu'elle en ſorte pour l'attaquer de nouveau. Je rencontrai un jour, dit M. Lottinger, un buſſard de marais, qui en ma préſence abandonna un râle d'eau qu'il avoit ſurpris. Cet oiſeau, quoique vivant encore, étoit plumé, comme ſi un Rôtiſſeur l'avoit préparé pour le mettre en broche. Chacun connoît les ruſes des oiſeaux de proie, combien ils ſont défians & attentifs de ſe mettre hors de la portée du fuſil. L'Ordre troiſieme eſt diviſé en deux Sections. Les Oiſeaux de la premiere ont la baſe du bec, couverte de plumes tournées en avant. Cette Section renferme deux genres. Une bonne partie des Oiſeaux, qui forment le premier, ne fait que paſſer, & il n'en reste pendant l'hiver que sept à huit especes. Ceux du genre second sont rares & passent de même. Les Oiseaux de la seconde Section sont ceux qu'on imite à la pipée. Ils sont tous nocturnes, & c'est à la haine que leur portent les oiseaux diurnes, que nous devons cette petite chasse qui ne manque pas d'agrémens.

SECTION PREMIERE.

LEs Oiseaux, qui composent le premier genre de cette Section, ont le bec courbé depuis son origine.

76. 35. 29. *Astur. Briss. T. I. p. 317. Falco palumbarius. Linn. syst. nat. edit. x. gen.* 41. *sp.* 25. L'Autour. Il habite les bois.

77. 36. 30. *Accipiter. Briss. T. I. p.* 314. *sp.* 1. *Falco nisus. Linn. syst. nat. edit. x. gen.* 4. L'Epervier. On se sert des serres de l'épervier, réduites en poudre, à la dose d'un demi-gros à un gros, dans la dyssenterie. On en fait une potion avec l'eau de plantain, ou un bol avec le sirop de grande consoude ou de guimauve. Les excrémens de cet oiseau, donnés dans un verre d'eau d'armoise, à la dose d'un scrupule, facilitent l'accouchement laborieux. On fait encore avec ces excrémens & du miel

un liniment pour diſſiper les taies des yeux. La graiſſe a, comme le prétendent quelques Auteurs, la même vertu: elle convient auſſi pour les vices de la peau.

78. 0. 31. *Accipiter minor.* Briſſ. T. I. p. 316. ſp. 2. Le petit Epervier.

79. 0. 32. *Accipiter maculatus.* Briſſ. T. I. p. 314. L'Epervier panaché.

80. 0. 33. *Accipiter alaudarius.* Briſſ. T. I. p. 379. L'Epervier des Alouettes. Ces eſpeces habitent les bois.

81. 37. 34. *Tinnunculus.* Briſſ. T. I. p. 393. Linn. ſyſt. nat. edit. x. gen. 41. ſp. 15. La Crecerelle. Cet oiſeau habite les tours & les édifices élevés, principalement la tour de la Cathédrale de Metz.

82. 38. 35. *Buteo Apivorus.* Briſſ. T. I. p. 410. ſp. 32. *Falco Apivorus.* Linn. ſyſt. nat. edit. x. gen. 41. ſp. 23. La Bondrée; elle habite les bois.

83. 0. 36. *Buteo.* Briſſ. T. I. p. 406. ſp. 32. *Falco buteo.* Linn. ſyſt. nat. edit. x. gen. 41. ſp. 14. La Buſe.

84. 39. 37. *Milvus Regalis.* Briſſ. T. I. p. 414. ſp. 35. *Falco milvus.* Linn. ſyſt. nat. edit. x. gen. 41. ſp. 10. Le Milan Royal.

85. 0. 38. *Milvus æruginoſus.* Linn. ſyſt. nat. edit. x. gen. 41. ſp. 24. *Circus paluſtris.* Briſſ. T. I. p. 401. ſp. 29. Le Buſard des Marais.

86. 0. 39. *Milvus niger. Briss. T. I.*
p. 413. *sp.* 34. Le Milan noir.

87. 40. 40. *Lanarius cinereus. Briss.*
T. I. p. 365. *sp.* 17. Le Lanier cendré.

88. 0. 41. *Lanarius. Briss. T. I.*
p. 363. *sp.* 16. *Falco lanarius. Linn. syst.*
nat. edit. x. gen. 41. *sp.* 20. Le Lanier.

89. 41. 42. *Gyrfalco. Briss. T. I.*
p. 370. *sp.* 19. *Falco gyrfalco. Linn. syst.*
nat. edit. x. gen. 41. *sp.* 22. Le Gerfaut.

90. 0. 43. *Lithofalco. Briss. T. I.*
p. 349. *sp.* 8. Le Faucon de Roche, le Rochier.

91. 0. 44. *Falco torquatus. Briss.*
T. I. p. 345. *sp.* 7. *Falco pygargus. Linn.*
syst. nat. edit. x. gen. 41. *sp.* 9. Le Faucon-à-collier. On en tue aux environs de Metz.

92. 0. 45. *Falco. Briss. T. I. p.* 321.
sp. 2. Le Faucon ordinaire. On se sert de sa graisse pour les maladies des yeux, pour résoudre les tumeurs, pour ramollir & fortifier les nerfs. Sa fiente est résolutive, appliquée sur la partie malade.

Les Oiseaux, qui composent le second genre, ont la tête couverte de plumes, & la courbure de leur bec ne commence qu'à quelque distance de son origine.

93. 42. 46. *Aquila stagnorum aut fluviorum.* L'Aigle des étangs ou des ri-

vieres, le Pêcheur, l'Ofrêne, le Voleur des étangs. L'on pourroit croire qu'il est ici question de . . . .

94. o. 47. *Haliatus, sive aquila marina.* Briss. *T. I. p.* 440. *sp.* 10. *Falco haliatus.* Linn. *syst. nat. edit. x. gen.* 41. *sp.* 21. L'Aigle de mer ou de riviere, l'Ofraie, l'Orfraie ; mais il faut remarquer que M. Brisson dit que l'Oiseau du n°. 94. a les pieds nuds ; que M. Linnæus assure qu'il mange les canards, tandis que celui du n°. 93. a les pieds couverts jusqu'aux doigts, & qu'il ne vit que de poissons, à ce qu'on prétend ; d'où il y a lieu de croire que cette espece est une troisieme, différente de celles mentionnées par ces deux Auteurs. M. Marionelle a tué en 1765 à Gorze une aigle d'étangs, tenant dans le bec un barbeau de quatre livres.

95. o. 48. *Pigargus.* Briss. *T. I. p.* 443. *sp.* 11. Le Jean-le-Blanc ; on en voit quelquefois dans ce pays.

96. o. 49. *Aquila albicilla.* Briss. *T. I. p.* 427. *sp.* 5. *Falco albicilla.* Linn. *syst. nat. edit. x. gen.* 41. *sp.* 8. L'Aigle à queue blanche. On a tué cet animal pendant l'hiver de 1765, à la côte de Delme & un pareil à Tomblaine près de Nancy.

La graisse d'aigle est émolliente & résolutive. Elle est propre en liniment contre les foulures de nerfs, pour les luxations & pour adoucir les accès de la goutte. Elle calme la douleur, fortifie les nerfs & dissipe promptement les tumeurs qui accompagnent les luxations. Les excrémens de cet oiseau sont incisifs & pénétrans. On les emploie en cataplasme dans la squinancie, mêlés avec le miel rosat : on les mêle encore avec le miel ordinaire, pour s'en servir en liniment contre les teignes des yeux : on en fait aussi des fumigations contre les vapeurs hystériques & la suppression des regles.

SECTION SECONDE.

ELLE comprend les Oiseaux du second Ordre, qui ont la base du bec couverte de plumes tournées en avant. Il y a dans cette Section deux genres. Les Oiseaux du premier ont la tête ornée d'un paquet de plumes, en forme d'oreilles.

97. 43. 50. *Bubo. Briss. T. I. p.* 477. *sp.* 1. Le grand Duc. Il est fort commun aux environs de S. Hubert. On en a tué un dans la forêt de Schnubuck, à une lieue de Sarrebourg.

98. 0. 51. *Asio. Briss. T. I. p.* 496. *sp.* 4. *Otus. Linn. syst. nat. edit. x. gen.* 42. *sp.* 4. Le Hibou ou le moyen Duc. Il est commun dans les bois de Moyeuvre.

99. 0. 52. *Scops. Briss. T. I. p.* 495.

sp. 5. *Linn. syst. nat. edit. x. gen.* 42.
sp. 5. Le petit Duc.

Le cerveau du duc est propre pour consolider les plaies, pour guérir la gratelle. On ne s'en sert qu'extérieurement. Son sang pris intérieurement est bon contre l'asthme.

Les Oiseaux qui suivent sont ceux du second genre. Ils n'ont pas de paquets de plumes sur la tête, en forme d'oreilles.

100. 44. 53. *Noctua major. Briss. T. I. p.* 541. *sp.* 4. *Ulula. Linn. sp. Plant. edit. x. gen.* 42. *sp.* 10. La grande Chouette des vieux édifices.

101. 0. 54. *Noctua urbica minor, Aluco. Briss. T. I. p.* 503. *sp.* 2. Le petit Chat-Huant, ou la petite Chouette des vieux édifices, la Fresaie ou Effraie.

102. 0. 55. *Noctua oculis nigricantibus, ulula. Briss. T. I. p.* 507. *sp.* 3. La Hulotte, ou la grande Chouette aux yeux noirs ou noirâtres.

103. 0. 56. *Noctua minima. Briss. T. I. p.* 514. *sp.* 5. *Passerina. Linn. syst. nat. edit. x. gen.* 42. *sp.* 11. La Cheveche ou la plus petite des Chouettes.

Plusieurs Auteurs assurent que la chair de l'oiseau, n°. 101. est résolutive & propre pour ceux qui sont attaqués ou menacés de paralysie. Le Docteur Paulini rapporte, qu'un jeune homme paralytique depuis plusieurs mois, fut guéri par l'usage extérieur d'un onguent fait avec le *caſtoreum* & la poudre de freſaie, ſéchée au four : on prend auſſi de cette poudre intérieurement, pour la même maladie, depuis un ſcrupule juſqu'à un gros. On s'en ſert encore mêlé avec du miel pour faire ſuppurer les amygdales enflammées. Le fiel de cet oiſeau emporte les taches des yeux. Sa graiſſe eſt un bon liniment ; elle eſt émolliente, réſolutive & convenable pour fortifier les nerfs.

ORDRE IV.

Les Oiſeaux de cet Ordre ont le bec en cône alongé, le doigt du milieu des trois antérieurs étroitement unis avec l'extérieur, depuis ſon origine juſqu'à la premiere articulation. Pluſieurs d'entr'eux ſont carnaſſiers & mis au nombre des oiſeaux de proie. Ils nichent ſur les arbres & font la plûpart quatre petits. Pluſieurs des oiſeaux de cet Ordre ſont voyageurs. Le geai lui-même s'expatrie ; lorſque les glands manquent dans nos forêts, il paſſe ailleurs. Cet oiſeau pipe auſſi parfaitement que la chouette, qu'il imite à s'y méprendre. Parmi les eſpeces, qui forment ces genres, cinq ou ſix ne paroiſſent dans ces cantons que d'années à autres.

L'Ordre quatrieme eſt diviſé en deux

Sections. Les Oiseaux de la premiere ont les plumes de la base du bec tournées en avant & couvrant les narines.

SECTION PREMIERE.

Cette Section renferme cinq genres. Les Oiseaux du premier ont le bec droit, le bouton peu tourné vers le bas, les plumes de la queue à-peu-près d'égale longueur.

104. 45. 57. *Corvus. Briss. T. II. p. 8. sp. 1. Corax. Linn. syst. nat. edit. x. gen. 48. sp. 1.* Le Corbeau; cet oiseau est solitaire & habite les campagnes. Les petits corbeaux & le cerveau des grands sont bons pour l'épilepsie & la goutte. Ettmuller donne pour spécifique contre le mal caduc la cendre des petits corbeaux calcinée au sortir du nid. La dose est d'un gros, à prendre deux fois le jour dans de l'eau distillée de *castoreum*. La graisse, le sang & les œufs de cet oiseau noircissent les cheveux, suivant Schroder. Gabelkoverus ordonne un ou deux œufs de corbeau dans la dyssenterie, & assure, & c'est contre l'expérience, que la fiente de cet oiseau, pendue au cou dans un petit sachet, appaise la toux & la douleur des dents.

105. 9. 58. *Cornix. Briss. T. II. p. 12.*

12. *sp.* 2. *Corona. Linn. syst. nat. edit. x. gen.* 48. *sp.* 2. La Corneille. L'excrément de la corneille, pris dans du vin, est bon contre la dyssenterie.

106. o. 59. *Corvus cinereus. Briss. T. II. p.* 19. *sp.* 4. *Cornix. Linn. syst. nat. edit. x. gen.* 48. *sp.* 4. La Corneille mantelée. Elle habite les campagnes.

107. o. 60. *Cornix frugilega. Briss. T. II. p.* 16. *sp.* 3. *Corvus frugilegus. Linn. syst. nat. edit. x. gen.* 48. *sp.* 3. La Corneille moissonneuse.

108. o. 61. *Monedula. Briss. T. II. p.* 24. *sp.* 6. *Linn. syst. nat. edit. x. gen.* 48. *sp.* 5. Le Choucas, la Corneille privée.

109. o. 62. *Monedula minor. Briss. T. II. p.* 28. *sp.* 7. Le Choucas noir.

Les Oiseaux du second genre ont le bec droit, le bout un peu tourné vers le bas, les plumes du milieu de la queue un peu plus longues que les latérales.

Chacun connoît la malice de ces oiseaux & leur inclination pour dérober principalement les choses qui brillent le plus à leurs yeux.

110. 46. 63. *Pica. Briss. T. II. p.* 35. *sp.* 1. *Linn. syst. nat. edit. x. gen.* 48. *sp.* 10. La Pie, Agasse. On regarde la pie comme propre contre l'épilepsie, la manie & la mélancolie hypocondriaque. La cendre de pie calcinée, mêlée avec de l'eau de fenouil & instillée dans l'œil, est un bon collyre contre la foiblesse de la vue.

E

Les Oiseaux du troisieme genre ont le bec tout-à-fait droit, les deux mandibules égales.

111. 47. 64. *Garrulus. Brif. T. II. p.* 47. *sp.* 7. *C. Glaudarius. Linn. syst. nat. edit. x. gen.* 48. *sp.* 7. Le Geai. Il habite les bois.

Les Oiseaux du genre quatrieme ont le bec en cône, un peu allongé & courbé en arc.

112. 48. 65. *Corracia cristata. Brif. T. II. p.* 6. *sp.* 2. Le Corracias hupé, Corneille de mer.

Les Oiseaux du cinquieme genre ont le bec tout-à-fait droit, la mandibule supérieure plus longue que l'inférieure, & obtuse.

113. 49. 66. *Nucifraga. Brif. T. II. p.* 59. *sp.* 1. *Caryocatactes. Linn. syst. nat. edit. x. gen.* 48. *sp.* 9. Casse-noix.

SECTION SECONDE.

LEs Oiseaux de cette Section ont les plumes de la base du bec tournées en arriere & laissant la narine à découvert. Ils forment le genre sixieme de l'Ordre quatrieme & l'unique de la Section seconde.

114. 50. 67. *Galgulus. Brif. T. II. p.* 64. *sp.* 1. *Linn. syst. nat. edit. x. gen.* 49. *sp.* 1. Le Rollier ou Geai verd.

ORDRE V.

Tous les Oiseaux de cet Ordre ont le bec comprimé horisontalement à sa base & presque triangulaire. Ils ont quatre doigts; celui du milieu des trois antérieurs est étroitement uni avec l'extérieur, depuis son origine jusqu'à la premiere articulation. Cet Ordre renferme trois genres. Les Oiseaux du premier ont le bec droit, convexe en dessus, aussi épais que large à sa base, les bords de la mandibule supérieure échancrés vers l'extrêmité & le bout de la même crochu. Tous ceux de ce genre font la guerre aux petits oiseaux. C'est la pie grieche cendrée que l'on imite en frouant. Quelque petite que soit la troisieme espece, c'est néanmoins une des plus hardies. Cet oiseau attaque, sans hésiter, ceux qui se mettent en devoir de dénicher ses petits. On a soupçonné que l'écorcheur varié n'étoit autre que la femelle du petit roussâtre. Quoiqu'on ait quelque vraisemblance de la fausseté de ce soupçon, il ne faut pas encore prononcer avec certitude, cela demande des observations qui sont encore à faire.

115. 51. 68. *Lanius cinereus.* Briss.

T. II. p. 141. sp. 3. *Collurio.* Linn.
syst. nat. edit. x. gen. 43. sp. 3. La
Pie-Grieche cendrée, Blanc-Pendart.

M. Lottinger dit avoir vu quelquefois en automne, sans oser l'assurer positivement, la suivante :

116. o. 69. *Lanius cinereus major.*
Briss. T. II. p. 146. sp. 2. *Lanius excubitor.* Linn. syst. nat. edit. x. gen.
43. sp. 2. La grande Pie-Grieche cendrée. Ce Naturaliste l'a souvent poursuivie inutilement, l'oiseau s'éloignoit de lui avec autant de précaution, qu'il en pouvoit prendre pour l'approcher.

117. o. 70. *Lanius capite rufo, lanius rufus.* Briss. T. II. p. 147. sp. 3. La
Pie-Grieche à tête rousse, le Pendart à tête rousse.

118. o. 71. *Lanius rufescens, Collurio.* Briss. T. II. p. 151. sp. 4. L'Ecorcheur rousseâtre.

119. o. 72. *Collurio varius.* Briss.
T. II. p. 154. sp. 5. L'Ecorcheur varié, le Gris-Pendart.

Les Oiseaux du second genre de l'Ordre quatrieme ont les bords de la mandibule supérieure, échancrés vers le bout, celui-ci presque droit. Tous les Oiseaux de ce genre passent l'hiver dans d'autres régions, à l'exception du merle à bec jaune, de la litorne & de quelques hautes grives. La petite ne fait que passer & ne niche jamais dans ces

LOTHARINGIÆ. 65

contrées. M. Linnæus lui a donné le nom de *Muficus*, qui dans ces cantons conviendroit à celle qu'il appelle *Iliacus*.

120. 52. 73. *Turdus major*. Briff. T. II. p. 200. fp. 2. *Turdus vifcivorus*. Linn. fyft. nat. edit. x. gen. 95. fp. 1. La groffe Grive, la haute Grive. On regarde dans la médecine la grive comme propre contre l'épilepfie, à caufe qu'on prétend qu'elle fe nourrit de chêne, mais je regarde cette vertu comme fabuleufe.

121. 0. 74. *Turdus communis*, *Turdus minor*. Briff. T. II. p. 205. fp. 2. *Turdus iliacus*. Linn. fyft. nat. edit. x. gen. 95. fp. 3. La Grive moyenne ou la commune.

122. 0. 75. *Turdus minimus*, *Turdus iliacus*. Briff. T. II. p. 208. fp. 3. *Turdus muficus*. Linn. fyft. nat. edit. x. gen. 95. fp. 4. Le Mauvis, ou la petite Grive, la Grivette, la Rouge-Aîle.

123. 0. 76. *Turdus vifcinorus capite cano*, *Turdus pilaris five Turdela*. Briff. T. II. p. 214. fp. 5. *Turdus pilaris*. Linn. fyft. nat. edit. x. gen. 95. fp. 2. La Litorne ou la Tourdelle.

124. 0. 77. *Turdus arundinaceus*. Briff. T. II. p. 219. Roufferole, Roffignol d'eau. Cet oifeau fe plaît dans les rofeaux des foffés des fortifications de Metz.

125. 53. 78. *Merula*. Briff. T. II. p. 227. fp. 10. Linn. fyft. nat. edit. x. gen. 95. fp. 12. Le Merle.

126. o. 79. *Merula nigro plumbea.* Le Merle de passage ou le Merle noir couleur de plomb.

127. o. 80. *Merula torquata, Merula montana.* Briss. T. II. p. . . . sp. 12. *Turdus torquatus.* Linn. syst. nat. edit. x. gen. 95. sp. 13. Le Merle-à-Collier. Ce merle porte véritablement un collier. Cependant M. Brisson ne lui donne que le nom de merle de montagnes, & il appelle merle-à-collier le suivant qui n'en a point.

128. o. 81. *Merula montana major, Nævia, tæniâ in pectore & collo transversâ albidâ. Merula torquata.* Briss. T. II. p. 235. sp. 12. M. Lottinger a cependant observé que le merle-à-collier de Brisson a la base du demi-bec inférieure blanche, & le merle du nôtre l'a jaune, la femelle brune ; au surplus cette dernière diffère du mâle, en ce qu'elle a les plumes qui forment la bande d'un gris moins clair & le contour des plumes du ventre d'un gris plus marqué. La bande du grand merle de montagnes a neuf lignes de hauteur. On le trouve sur la Roche-Pierre près du Donon.

Les merles cuits sont très-bons, pris intérieurement, dans le cours de ventre & les dyssenteries. Ceux qui sont sujets aux hémorrhoïdes, ou qui portent quelques ulceres, doivent s'abstenir d'en manger. L'huile, dans laquelle on a fait cuire des merles, est très-bonne dans la sciatique, & la fiente de ces oiseaux, dissoute dans du vinaigre, dissipe les rousseurs du visage & les taches de la peau, si on s'en sert en liniment.

129. o. 82. *Oriolus. Briss. T. II. p.* 320. *sp.* 1. *C. Oriolus. Linn. syst. nat. edit. x. gen.* 49. *sp.* 3. Le Loriot ou Merle jaune.

Les Oiseaux du genre troisieme du présent Ordre ont le bec comprimé horisontalement à la base & presque triangulaire, les bords de la mandibule supérieure échancrés vers le bout. Ils ont la base du bec environnée de petits poils roides & tournés en avant. L'espece, qui niche dans nos forêts, les quitte dès la fin de Septembre.

130. 54. 83. *Muscicapa. Briss. T. II. p.* 357. *sp.* 1. Le Gobe-mouche. Il est très-commun aux environs de Nancy. M. Becœur a trouvé aux environs de Metz le gobe-mouche cendré; suivant ce même Naturaliste, on y trouve aussi, mais très-rarement, le Tyran. *Tyrannus. Briss.*

ORDRE VI.

LEs Oiseaux de cet Ordre ont le bec droit & convexe, les deux mandibules entieres, le bout du bec est obtus & un peu plus large qu'épais; ils ont quatre doigts, celui du milieu des trois antérieurs est étroitement uni avec l'extérieur depuis son origine jusqu'à la premiere articulation. Nous n'avons d'Oiseaux de cet Ordre qu'une seule espece, mais qui est très-commune; on en voit souvent de grandes troupes suivre çà & là les troupeaux. Ces oiseaux sifflent très-bien & apprennent facilement. On les peut nourrir avec le chenevis.

131. 55. 84. *Sturnus. Briss.* T. II. p. 439. *sp.* 1. *Sturnus vulgaris.* Linn. *syst. nat. edit.* x. *gen.* 94. *sp.* 1. L'Etourneau. On prétend que sa chair est bonne contre l'épilepsie.

Les suivans ne sont que des variétés individuelles, auxquelles cet oiseau est fort sujet.

132. 0. 85. *Sturnus albus.* L'Etourneau blanc.

133. 0. 86. *Sturnus rufescens.* L'Etourneau roussêatre.

ORDRE VII.

Les Oiseaux de cet Ordre ont le bec un peu courbé en arc, ils ont la tête ornée d'une hupe qu'ils plient à leur volonté, quatre doigts, celui du milieu des trois antérieurs est étroitement uni avec l'extérieur depuis son origine jusqu'à la premiere articulation. Nous n'avons de cet Ordre qu'une seule espece, qui ne reste pas l'hiver, mais qui arrive en effet en grand nombre certaines années. Elle niche dans ces Contrées & s'en retourne en Août & Septembre. Ces Oiseaux dans cette derniere saison sont excellens à manger. Cependant quelques délicats que les Connoisseurs les trouvent, les Chats, quoique très-friands d'oiseaux, n'en mangent ni dans cette saison, ni en aucune autre.

134. 56. 87. *Upupa Briss. T. II. p.* 455. *sp.* 1. *V. Epops. Linn. syst. nat. edit. x. gen.* 58. *sp.* 1. La Hupe, ou Geai hupé, Boubou, Puput. Les Auteurs ne donnent à la hupe qu'une seule propriété notable, qui est d'être bonne contre la colique. On la mange pour cela en substance, ou bien l'on en fait des bouillons qui sont très-recommandés dans cette maladie.

ORDRE VIII.

LEs Oiseaux de cet Ordre ont le bec très-petit, comprimé horizontalement à sa base & crochu à son bout. Son ouverture est plus large que la tête. Ils ont quatre doigts dénués de membranes, tous séparés jusqu'à leur origine ou environ, trois devant & un derriere; les jambes couvertes de plumes jufqu'au talon. Ils vivent de mouches & d'autres infectes. Ils font tous de paffage, arrivent en Mars & Avril, s'en retournent en Septembre & Octobre, après avoir niché dans ces Contrées. Cet Ordre renferme deux genres d'Oifeaux, ceux du premier ont la queue fourchue.

135. 57. 88. *Hirundo. Brif. T. II. p.* 486. *fp.* 1. *Hirundo ruftica. Linn. fyft. nat. edit. x. gen.* 101. *fp.* 1. L'Hirondelle de cheminées. Elle eft propre pour l'épilepfie, contre la fquinancie & les autres inflammations de la gorge; pour éclaircir & fortifier la vue. On fait deffécher les hirondeaux à feu ouvert dans un vaiffeau de terre, & après les avoir réduits en poudre, on en fait prendre un gros, foit feul, foit mêlé avec d'autres médicamens appropriés contre l'épilefie, l'apoplexie, la paralyfie & les vapeurs hyftériques. On conferve dans les Pharmacies une eau d'hirondelle compofée, qui eft très-bonne contre toutes ces maladies. On la prefcrit depuis une demi-once jufqu'à trois onces. La fiente d'hirondelle eft extrêmement chaude, âcre & réfolutive. Elle entre dans les gargarifmes contre la fquinancie: on s'en fert encore contre la difficulté d'uriner, contre les graviers & la colique néphrétique; c'eft un puiffant incifif, qui atténue & déterge les glaires & les

graviers adhérens aux conduits de l'urine. Le nid d'hirondelle est un spécifique contre la squinancie & l'inflammation des amygdales. La vertu de ce remede vient en partie de la fiente, qui se trouve dans le nid, & en partie de la terre limoneuse dont il est construit. On l'applique seul, quelquefois on y ajoute des huiles, ou d'autres médicamens, pour le rendre plus efficace. On trouve dans l'estomac de quelques jeunes hirondelles une petite pierre de la grosseur d'une lentille, qu'on appelle pierre d'hirondelle. On s'en sert pour mettre dans les yeux, afin d'en faire sortir l'ordure qui y est entrée.

136. 0. 89. *Hirundo minor. Briss. T. II. p.* 490. *sp.* 3. *Hirundo urbica. Linn. syst. nat. edit. x. gen.* 101. *sp.* 3. Le Martinet blanc, ou la petite Hirondelle, Cul blanc, Matelot.

137. 0. 90. *Hirundo apos. Briss. T. II. p.* 512. *sp.* 5. *Hirundo apus. Linn. syst. nat. edit. x. gen.* 101. *sp.* 5. Le Martinet noir, grand Moutardier.

Les Oiseaux du second Ordre ont la queue simple.

138. 58. 91. *Caprimulgus. Briss. T. II. p.* 470. *sp.* 1. *Caprimulgus Europæus. Linn. syst. nat. edit. x.* Le Tette-Chêvre, ou Crapaud volant. Son fiel est détersif & propre pour consumer les cataractes des yeux.

ORDRE IX.

LEs Oiseaux de cet Ordre ont le bec en cône raccourci ; ils ont quatre doigts dénués de membranes, les jambes couvertes de plumes jusqu'au talon, le doigt du milieu des trois antérieurs étroitement uni avec l'extérieur depuis son origine jusqu'à la premiere articulation. Plusieurs Oiseaux de cet Ordre apprennent facilement à siffler & ont un ramage agréable. Quelques-uns sont remarquables par leur multitude, qui tient du prodige, d'autres par leur singularité. Ils vivent de graines, & l'Auteur de la Nature leur a donné un bec propre à les rompre. Ils ont à-peu-près les mêmes allures, à l'exception d'une espece néanmoins, laquelle, pour cette raison seule, j'ai appellée singuliere. Très-peu sont bons à manger, cependant il en est quelques-uns qui font honneur aux meilleurs tables. L'on comprend qu'il s'agit ici des Ortolans. L'ortolan paroît quelquefois dans ces Contrées, & l'on en voit depuis bien des années dans un petit Canton entre Dieuze & Mulcé ; ils y nichent, selon toute apparence, ils partent ensuite pour revenir au printemps. J'ai vu souvent celui des roseaux, dit M. Lottinger, mais presque toujours éloigné des lieux aquatiques, & je ne sai pourquoi il a été ainsi nommé. Nous ne le rencontrons nulle part plus souvent que dans les champs semés de gros grains, comme de feves : je pense même qu'il y niche, mais je n'oserois l'assurer.... Le Moineau noir n'est rien moins qu'une variété, si l'on m'a rapporté juste. Il paroît en hiver vers la Plaine, & en été il se tient avancé dans les hautes forêts ; mais quoique plus gros que celui de Ville, je ne le regarde que comme une variété individuelle, assez fréquente dans la Vosge qui nous avoisine, continue toujours M. Lottinger ; car c'est toujours d'après cet Auteur que je parle ici. J'ai grossi le nombre des especes de linottes, & j'estime que l'on ne peut raisonnablement ne faire qu'une seule & même espece de quelques oiseaux qui se ressemblent assez à la vérité, mais qui d'ailleurs ne se mêlent point dans l'accouplement & qui font leurs nids différemment. J'ai encore donné le nom de linotte de Lorraine & de Sarrebourg, à une espece que l'on trouve dans cette Province, & dont aucun Ornithologiste n'a parlé, suivant la connoissance de M. Lottinger.

Les Oiseaux, qui forment le genre de la la troisieme Section, ne sont pas rares dans une partie de la Lorraine-Allemande :

il en paroît même à quatre ou cinq lieues de Sarrebourg. Le plus grand nombre des Oiseaux de l'Ordre neuvieme volent par troupes; ils se rassemblent sur l'arriere-saison, & vont, ainsi attroupés, chercher dans les campagnes les graines qui leur servent de nourriture. L'Ordre neuvieme renferme trois Sections.

SECTION PREMIERE.

Les Oiseaux de cette Section ont les deux mandibules droites. Elle renferme quatre genres. Les Oiseaux du premier ont la pointe du bec grêle & allongé.

139. 59. 92. *Carduelis. Briss. T. III. part.* 1. *p.* 53. *F. Carduelis. Linn. syst. nat. edit.* x. *gen.* 98. *sp.* 9. Le Chardonneret. Les Auteurs regardent cet Oiseau comme un très-bon aliment, propre à guérir les coliques qui proviennent de mauvaise digestion: il est aussi bon contre la galle & les maladies de la peau.

140. 0. 93. *Ligurinus. Briss. T. III. p.* 65. *sp.* 4. *F. Spinus. Linn. syst. nat. edit.* x. *gen.* 98. *sp.* 19. Le Tarin, Térin.

Les Oiseaux du genre second ont la pointe du bec grosse & courte, la base moins large que la tête.

141. 60. 94. *Passer domesticus. Briss.*

T. III. p. 72. *sp.* 1. *F. Domestica. Linn. syst. nat. edit. x. gen.* 98. *sp.* 27. Le Moineau franc. La fiente de moineau, donnée à la dose de deux ou trois grains dans de la bouillie, lâche le ventre aux petits Enfans. Cette même fiente, mêlée avec du sain-doux & employée en liniment sur la tête, rend la chevelure plus garnie. Si on la dissout dans de l'eau chaude, & si on s'en lave les mains, elle les blanchit & adoucit la peau.

142. o. 95. *Passer candidus oculis rubris. Briss. T. III. p.* 77. *V.* 4. Le Moineau blanc aux yeux rouges.

143. o. 96. *Passer campestris. Briss. T. III. p.* 82. *sp.* 3. Le Moineau de campagne, le Friquet.

144. o. 97. *Passer sylvestris. Briss. T. III. p.* 88. *sp.* 6. Le Moineau des Bois.

145. o. 98. *Passer montanus. Briss. T. III. p.* 79. *sp.* 2. *F. Montana. Linn. syst. nat. edit. x. gen.* 98. *sp.* 28. Le Moineau de Montagnes.

146. o. 99. *Passer montanus, totus niger.* Le Moineau noir de montagnes; il est un peu plus gros que le domestique; il est entiérement noir & ses yeux sont couleur de noisette.

147. 61. 100. *Querculus. Linaria rubra minor. Briss. T. III. p.* 193. *sp.* 31. Le petit Chêne ou Sisin. M. Lottinger rapporte cet Oiseau au premier genre.

Ceux qu'il a pris, dit-il, & qu'il a nourris assez long-temps, avoient les pieds & les doigts exactement noirs & très-courts. Ces petits Oiseaux ne mangent ni chenevis, ni navette; en quoi ils different de tous ceux de cet Ordre. Ils fréquentent les bois & se tiennent volontiers sur les chênes; ce qui a engagé M. Lottinger à leur donner le nom de *querculus*. Ils se suspendent & s'accrochent, ainsi que les mésanges, aux branches des arbres & des plantes qui portent leur nourriture, comme au chêne, à l'ortie.

148. 62. 101. *Linaria. Briss. T. III. p.* 29. *sp.* 29. La Linotte ordinaire; cet oiseau, pris en bouillon ou mangé, passe pour être bon contre l'épilepsie.

149. 0. 102. *Linaria minor, Linaria grisea.* La petite Linotte ou la Linotte grise. Les plumes de cette linotte sont beaucoup moins rousseâtres que celles de la grande; d'ailleurs celle-ci commence à nicher dès le mois de Mars, c'est-à-dire, un mois avant l'autre.

150. 0. 103. *Linaria rubra major. Briss. T. III. p.* 135. *sp.* 30. *F. Cannabina. Linn. syst. nat. edit. x. gen.* 98. *sp.* 22. La grande Linotte des vignes.

151. 0. 104. *Linaria rubra minor. Briss. T. III. p.* 138. *sp.* 31. *F. Linaria. Linn. syst. nat. edit. x. gen.* 98. *sp.* 23. La petite Linotte des vignes.

152. o. 105. *Linaria montana. Briſſ.*
T. III. p. 145. ſp. 33. La groſſe Linotte
de montagnes.

153. o. 106. *Linaria minima. Briſſ.*
T. III. p. 142. ſp. 33. Le Cabaret.

154. o. 107. *Linaria Lotharingica vel*
Sarburgenſis. Linaria ſylvatica pedibus nigris, pectore, vertice & veropigio rubris,
maculâ in gutture nigrâ, mas. Lottinger. La
Linotte de Lorraine, ou la Linotte de Sarrebourg, la Linotte des bois aux pieds
noirs. Cet oiſeau a les pieds très-courts &
foibles. Son bec eſt noir, petit, propre
néanmoins à rompre des menues graines,
comme le bled de ſerin de Canarie. Il s'accroche & ſe tient ſuſpendu aux branches
des arbres & aux plantes. Nous penſons
que cette variété de linottes eſt celle que
M. Lottinger appelle petit Chêne ou Siſin, dont nous avons parlé, n°. 147.

155. 63. 108. *Fringilla. Briſſ. T. III.*
p. 148. ſp. 36. Fringilla cœlebs. Linn.
ſyſt. nat. edit. x. gen. 98. Le Pinçon;
on l'eſtime propre pour l'épilepſie.

156. o. 109. *Montifringilla. Linn. ſyſt.*
nat. edit. x. gen. 99. ſp. 3. Briſſ. T. III.
p. 155. ſp. 37. Le Pinçon étranger, dit
d'Ardennes, ou de Danemarck.

157. 64. 110. *Chloris. Briſſ. T. III.*
p. 190. ſp. 54. Fringilla chloris. Linn.
ſyſt. nat. edit. x. gen. 98. ſp. 20. Le
Verdier, Rutant, Verdun; les Anciens
lui attribuent une vertu antiépileptique.

F

158. 65. 111. *Serinus Canarinus. Brif.* T. III. p. 182. *fp.* 52. *Fringilla canaria. Linn. fyft. nat. edit. x. gen.* 98. *fp.* 18. Le Serin de Canarie. On fait nicher cet oifeau dans le pays. On croit auffi que le ferin eft antiépileptique. Il faut obferver que nos Anciens, quand ils ne connoiffoient pas une propriété réelle dans une chofe, ils penfoient qu'elle étoit propre contre l'épilepfie : les Modernes doivent prendre garde de donner dans une pareille faute.

159. 0. 112. *Serinus hybridus. Brif.* T. III. p. 187. Le Serin-Mulet.

160. 0. 113. *Fringilla ferinus. Brif.* T. III. p. 179. *fp.* 5. Le Serin; oifeau rare dans ce pays & feulement de paffage.

Les Oifeaux du genre troifieme ont la bafe du bec auffi large que la tête, les deux mandibules droites & entieres.

161. 66. 114. *Coccothrauftes. Brif. T. III.* p. 219. *fp.* 1. *Loxia coccothrauftes. Linn. fyft. nat. edit. x. gen.* 96. *fp.* 2. Le Gros-Bec. On prétend, fans cependant aucune raifon, qu'il guérit de l'épilepfie, mangé ou pris en décoction ; il eft propre pour exciter l'urine.

Les Oifeaux du genre quatrieme ont les mandibules droites, leurs bords rentrans en dedans ; ils ont un tubercule offeux, placé en dedans du demi-bec fupérieur.

162. 67. 115. *Emberiza. Brif. T. III.* p. 258. *fp.* 1. *Citrinella. Linn. fyft. nat.*

édit. x. gen. 91. *sp.* 4. Le Bruant, Verdiere, ou Sérant.

163. 0. 116. *Emberiza sepiaria. Brif.*
T. III. p. 263. *sp.* 2. Le Bruant de Haie.
Il n'y a point de bruans dans ces contrées, qui nichent par préférence dans les prairies; & l'espece suivante, si c'en est une, n'est pas connue à M. Lottinger.

164. 0. 117. *Emberiza pratensis. Brif.*
T. III. p. 226. *sp.* 3. Le Bruant des prés.

165. 68. 118. *Hortulanus. Brif. T. III.*
p. 269. *sp.* 4. *Fringilla hortulanus. Linn.*
syst. nat. edit. x. gen. 98. *sp.* 3. L'Ortolan.
On en voit auprès de Metz & de Verdun. Sa graisse est émolliente, résolutive & adoucissante.

166. 0. 119. *Hortulanus arundinaceus.*
Brif. T. III. p. 274. *sp.* 5. *Fringilla schœnicus. Linn. syst. nat. edit. x. gen.* 98. *sp.* 26.
L'Ortolan des roseaux, ou l'Ortolan-à-collier.

167. 69. 120. *Cenchramus. Brif. T. III.*
p. 29. *sp.* 10. *Fringilla calandra. Linn.*
syst. nat. edit. x. gen. 98. *sp.* 2. Le Proyer, Traquet-blanc, Terits.

SECTION SECONDE.

LEs Oiseaux de cette Section ont le bec convexe au dessus & en dessous, la mandibule supérieure crochue.

168. 70. 121. *Pyrrhula. Brif. T. III.*
p. 308. *fp.* 1. *Loxia pyrrhula. Linn. fyft. nat. edit. x. gen.* 96. *fp.* 4. Le Bouvreuil, la Pione, le Siffleur. Le fuivant n'eſt peut-être qu'une variété.

169. o. 122. *Pyrrhula major feu montana.* Le Bouvreuil de montagnes; il reſſemble à l'autre, mais il eſt plus gros & ne paroît que dans les plaines.

SECTION TROISIEME.

LEs Oifeaux de la troiſieme Section de l'Ordre neuvieme ont les mandibules crochues & croiſées.

170. 71. 123. *Loxia. Brif. T. III. p.* 329. *fp.* 1. *Loxia curvi roſtra. Linn. fyft. nat. edit. x. gen.* 96. Le Bec-croiſé.

ORDRE X.

LEs Oifeaux de cet Ordre ont le béc en alêne; ils ont quatre doigts dénués de membranes, trois devant & un derriere, tous féparés juſqu'au talon. Ils fe nourriſſent preſque tous de vermiſſeaux, de mouches & autres inſectes. Ils font des meilleurs à manger; & il y en a dans le genre fecond qui valent les ortosans, si même ils ne les surpassent : tels sont les Moteux, les Traquets, les Rouges-gorges, les Rossignols & les Becfigues. Presque tous font leurs nids fort près de terre, & quelques-uns multiplient beaucoup. Ils n'habitent pas les mêmes lieux ; les uns se tiennent dans les forêts, les autres dans les campagnes. Beaucoup nous quittent aux approches de l'hiver. Comme dans cette saison leur nourriture ordinaire leur manqueroit, ils vont la chercher ailleurs. L'on a donné au gorge-bleue le nom de Strasbourg, cependant il n'est pas plus commun dans cet endroit que dans tous ces cantons. J'observerai seulement ici que jamais M. Lottinger ne l'a vu sur les grands chemins, mais toujours le long des haies qui avoisinent les eaux. Les trois sortes d'alouettes qui se perchent, semblent n'avoir rien de commun avec les Oiseaux de ce genre, que la figure extérieure. Leurs allures sont très-différentes, leur chant n'a rien qui se ressemble, & la farlouse a l'ongle extérieur peu long & presqu'aussi courbé que celui des Oiseaux du second genre. Cette espece est celle qui mérite, à plus juste titre, le nom d'alouette de bois. En effet il n'en est aucune qui les fréquente comme la farlouse. Elle y niche, elle s'y tient non seulement en été, mais encore en automne, & elle habite jusques dans le centre ; ce que ne fait aucune autre, sans excepter le cujelier.

L'Ordre dixieme est divisé en deux Sections.

SECTION PREMIERE.

ELLE renferme deux genres. Les Oiseaux du premier ont les narines découvertes, l'ongle du doigt de derriere presque droit.

171. 72. 124. *Alauda. Brif. T. III. p.* 335. *sp.* 1. *Alauda arvensis. Linn. syst. nat. edit. x. gen.* 93. L'Alouette ordinaire. On estime le sang d'alouette propre à faire passer les urines & à guérir les coliques venteuses & néphrétiques. On en mêle depuis un gros jusqu'à un gros & demi dans un verre de vin chaud, qu'on avale le matin à jeun ; ce qui se continue pendant quelque temps. D'autres se contentent, pour la colique venteuse, de prendre des bouillons d'alouette ; ce qui leur réussit assez bien. Pline assure que pour le même mal on trouve un souverain remede dans la poudre d'alouette calcinée, avec leurs plumes, & prise à la dose d'une demi-once dans un verre d'eau chaude le matin à jeun.

172. 0. 125. *Alauda campestris. Brif. T. III. p.* 349. *sp.* 5. *Linn. syst. nat. edit. x. gen.* 93. *sp.* 4. Alouette des friches.

LOTHARINGIÆ.

173. O. 126. *Alauda criftata.* Brif. T. III. p. 334. *fp.* 8. Linn. *fyft. nat. edit. x. gen.* 93. Alouette hupée.

174. O. 127. *Alauda campeftris minor.* La petite Alouette des champs, ou Alouette paffagere. Elle n'a que huit pouces de vol.

175. O. 128. *Alauda fepiaria, Alaudæ pratorum & ftipularum, Alauda fepiaria.* Brif. T. III. p. 347. *fp.* 4. *Alauda trivialis.* Linn. *fyft. nat. edit. x. gen.* 93. *fp.* 5. L'Alouette de buiffon, ou l'Alouette des prés & des éteules.

Cette efpece fe tient également dans les prés, dans les champs, dans les forêts & fur les marais. Elle vole par troupes & fouvent nombreufes; elle ne fe pofe guère que fur les buiffons, au lieu que la fuivante fe perche prefque toujours fur les arbres : au refte ces deux efpeces fe reffemblent tellement, qu'on les a fouvent confondues.

176. O. 129. *Alauda hortenfis, Alauda fylvaria, Alauda pratenfis.* Brif. T. III. p. 343. *fp.* 3. La Farloufe, l'Alouette des jardins, l'Alouette des taillis. L'efpece dont il s'agit ici, nonobftant la reffemblance extérieure qu'elle a avec la précédente, en differe abfolument. La farloufe n'arrive qu'en Avril, & elle ne vole jamais que par de petites troupes, foit au printemps, foit en automne.

177. O. 130. *Alauda arborea.* Brif.

T. III. p. 340. *sp.* 2. *Linn. syst. nat. edit. x. gen.* 93. *sp.* 3. Le Cujelier, l'Alouette de bois.

Les Oiseaux du second genre ont les narines découvertes, l'ongle du doigt de derriere courbé en arc.

178. 73. 131. *Rubecula. Brisf. T. III. p.* 418. *sp.* 21. *Motacilla rubecula. Linn. syst. nat. edit. x. gen.* 99. *sp.* 28. Le Rouge-gorge, Rubeline. Il est fort commun aux environs de Nancy, de Metz, de Verdun, de Toul & dans le pays de Bourmont. C'est l'oiseau le plus délicat de la Province en fait d'aliment.

179. 0. 132. *Phœnicurus. Brisf. T. III. p.* 408. *sp.* 17. *Motacilla critachus. Linn. syst. nat. edit. x. gen.* 99. *sp.* 22. Le Rouge-queue.

180. 74. 133. *Luscinia. Brisf. T. III. p.* 397. *sp.* 13. *Motacilla luscinia. Linn. syst. nat. edit. x. gen.* 99. *sp.* 1. Le Rossignol. Le fiel de cet oiseau est très-bon pour la vue.

181. 0. 134. *Ruticilla. Brisf. T. III. p.* 403. *sp.* 15. *Motacilla phœnicurus. Linn. syst. nat. edit. x. gen.* 99. Le Rossignol de murailles.

182. 75. 135. *Curruca. Brisf. T. III. p.* 372. *sp.* 13. *Motacilla hippolaïs. Linn. syst. nat. edit. x. gen.* 99. *sp.* 7. La Fauvette vulgaire, Mousse-en-Haie, proprement la Babillarde. Sa chair est apéritive.

183. 0. 136. *Curruca cineraria. Brisf.*

T. III. p. 376. sp. 4. Motacilla sylvia. Linn. syst. nat. edit. x. gen. 99. sp. 4. La Fauvette grise.

184. o. 137. *Curruca cineraria minima pedibus plumbeis, gutture niveo.* La petite Grise ou Cendrée, aux pieds couleur de plomb. Il paroît que c'est celle que M. Brisson appelle la Babillarde. *Curruca garrula.* Brisf. T. III. p. 384. sp. 7. Cependant il donne à celle-ci des pieds & des ongles bruns.

185. o. 138. *Curruca sylvestris.* Brisf. T. III. p. 393. sp. 4. *Motacillla schœnobœnus.* Linn. syst. nat. edit. x. gen. 99. sp. 4. La Fauvette de bois, la Roussette.

186. o. 139. *Curruca atricapilla.* Brisf. T. III. p. 380. sp. 6. *Motacilla atricapilla.* Linn. syst. nat. edit. x. gen. 99. sp. 19. La Fauvette à tête noire.

187. o. 140. *Curruca sepiaria.* Brisf. T. III. p. 394. sp. 3. *Motacilla modularis.* Linn. syst. nat. edit. x. gen. 99. sp. 3. La Passebuse, la Fauvette plombée, le Mouchet.

188. o. 141. *Curruca arundinacea.* Brisf. T. III. p. 398. gen. 99. sp. 8. *Motacilla salicaria.* Linn. syst. nat. edit. x. gen. 99. sp. 8. La Fauvette des roseaux.

189. 76. 142. *Regulus.* Brisf. T. III. p. 378. sp. 5. *Motacilla troglodites.* Linn. syst. nat. edit. x. gen. 99. Le Roitelet.

190. 77. 143. *Asilus.* Brisf. T. III. p. 479. sp. 45. *Motacilla trochilus.* Linn.

syst. nat. edit. x. gen. 99. *sp.* 31. Le Chantre, Pouliot, Sidiritinchop.

191. 78. 144. *Motacilla*. Brisſ. T. III. p. 461. *sp.* 38. *Motacilla alba*. Linn. *syst. nat. edit. x. gen.* 99. *sp.* 12. La Lavandiere, ou Hoche-queue.

192. 79. 145. *Motacilla verna*. Brisſ. T. III. p. 468. *sp.* 46. *Motacilla flava*. Linn. *syst. nat. edit. x. gen.* 99. *sp.* 13. La Bergeronette du printemps.

Cette espece, telle que nous la voyons dans nos contrées, n'est pas exactement ressemblante à celle de M. Brisson. La description, que nous donne cet Auteur de la bergere jaune, convient assez à la femelle de notre bergeronette aux plumes de la queue près.

193. 80. 146. *Ficedula*. Brisſ. T. III. p. 369. *sp.* 11. *Motacilla ficedula*. Linn. *syst. nat. edit. x. gen.* 99. *sp.* 11. Le Becfigue, vulgairement petit Pinçon des bois.

194. 81. 147. *Rubicola Lotharingiæ*. Le Traquet de Lorraine ou le Meurier de Sarrebourg. Cet oiseau est d'une grande beauté. Il a le sinciput blanc & le reste de la tête noir. La partie supérieure du cou est traversée par un bon nombre de plumes blanches, qui forment une sorte de collier, lequel, lorsque l'oiseau est en repos, n'a guère moins de trois lignes de hauteur. Le dos & la queue sont noirs & le croupion est varié de cette couleur, ainsi que de

blanc. L'on voit fur la plume de la queue la plus extérieure, pas loin de fon origine, un petit trait blanc peu marqué, & qui a au plus quatre ou cinq lignes de longueur fur une de largeur. Les ailes qui font très-grandes, font compofées de dix-fept plumes d'un brun foncé, ou plutôt de couleur de maron. La troifieme & les quatre fuivantes font terminées par un brun beaucoup plus clair; ce qui fait un très-bel effet, lorfque l'aile eft repliée. Toutes, à l'exception des deux premieres, ont une tache blanche, qui augmente dans les plumes qui approchent du corps, de maniere que la derniere eft entiérement de cette couleur du côté extérieur. La gorge du cou inférieur, la poitrine & le ventre font blancs, le bec, les pieds & les ongles font noirs. Le traquet de Lorraine a huit pouces, onze lignes de vol. M. Lottinger en envoya un le 25 Avril 1767 à M. Becœur, Apothicaire à Metz, qui poffede une très-belle collection d'oifeaux. Cette efpece, comme on a pu le remarquer, approche de la fuivante, laquelle, felon M. Briffon, fe trouve dans la Province de Dévonshire.

195. O. 148. *Rubetra Anglicana. Brif.* T. III. *fp.* 27. Le Traquet d'Angleterre. Cependant celui-ci differe du traquet de Lorraine en plufieurs chofes, & notamment en ce qu'il n'y a pas de collier; en

ce que les plumes de la queue sont blanches à leur origine & en ce que celle qui est le plus au dehors est entiérement de cette couleur du côté extérieur. La fauvette à dos noir de M. Frisch, table 24. est beaucoup plus grosse & elle manque de collier, ainsi que le traquet d'Angleterre; d'ailleurs M. Brisson trouve l'oiseau représenté dans M. Frisch si peu ressemblant à celui de Dévonshire, qu'il n'en fait aucune citation. Comme la description & la figure que nous ont laissées ces deux Ornithologistes, ainsi qu'Edward, ne s'accordent pas avec celles de l'oiseau, que j'ai appellé le traquet de Lorraine, & attendu que les différences qui se trouvent dans celui-ci ne paroissent rien moins qu'accidentelles, je l'ai regardé comme une espece séparée, & je lui ai donné le nom de la Province dans laquelle il se trouve. Notre traquet tient beaucoup pour la façon d'agir du becfigue.

196. 0. 149. *Rubetra. Brisf. T. III. p. 428. sp. 35.* Le traquet, le Groulard, le Tarier, le Semetro.

197. 0. 150. *Rubicola. Brisf. T. III. p. 432. sp. 26. Motacilla rubetra. Linn. syst. nat. edit. x. gen. 99. sp. 18.* Le grand Traquet, ou Tarier.

198. 82. 151. *Vitiflora. Brisf. T. III. p. 449. sp. 33. Motacilla œnanthe. Linn. syst. nat. edit. x. gen. 99. sp. 187.* Le Vitrec, Moteux, ou Cul-blanc.

199. o. 152. *Vitiflora rufescens.* Brif. T. III. p. 452. fp. 36. Le Moteux roufseâtre.

200. o. 153. *Vitiflora grifea.* Brif. T. III. p. 464. fp. 35. Le Moteux ou Cul-blanc gris. Ce moteux eft moins commun que les deux autres.

201. 83. 154. *Cyanecula.* Brif. T. III. p. 412. fp. 19. *Motacilla Suecia.* Linn. fyft. nat. edit. x. gen. 99. fp. 24. Le Gorge-bleu. L'On en voit quelques-uns aux environs de Nancy.

SECTION SECONDE.

LEs Oifeaux de cette Section ont le bec en alêne & les narines couvertes de plumes ; elle renferme deux genres. Les Oifeaux du premier ont les pieds menus & le bec très-effilé, foible & tout-à-fait impropre à rompre des graines.

202. 84. 155. *Calendula.* Brif. T. III. pag. 579. fp. 12. *Parus regulus.* Linn. fyft. nat. edit. x. gen. 100. fp. 3. Le Souci, le Petit-Doré ou l'Empereur.

Les Oifeaux du genre fecond ont les pieds affez forts, ils font prefque tous granivores & ils ont le bec propre à rompre les menues graines.

203. 85. 156. *Parus major.* Brif. T. III. pag. 539. fp. 1. Linn. fyft. nat. edit. x. gen. 100. fp. 2. La groffe Méfange noire,

ou la Charbonnière. Cet oiseau réduit en poudre est céphalique, diurétique : la dose est depuis un scrupule jusqu'à un gros.

204. o. 157. *Parus cæruleus. Brisf. T. III. pag. 544. sp. 2. Linn. syst. nat. edit. x. gen.* 100. La Mésange bleue.

205. o. 158. *Parus cinereus occipite nigro. Parus palustris. Brisf. T. III. Linn. syst. nat. edit. x. gen.* 100. *sp.* 5. La Mésange cendrée, la Nonette. Elle n'a pas de tache blanche à l'occiput, sans quoi on pourroit croire que c'est la même que celle à tête noire, qui suit.

206. o. 159. *Parus longicaudus. Brisf. T. III. pag.* 570. *sp.* 13. *Parus caudatus. Linn. syst. nat. edit. x. gen.* 100. *sp.* 1. La Mésange à longue queue.

207. o. 160. *Parus barbatus. Brisf. T. III. pag.* 567. *sp.* 12. *Parus biarmicus. Linn. syst. nat. edit. x.* La Moustache ou la Barbue.

208. o. 161. *Parus cristatus. Brisf. T. III. pag.* 558. *sp.* 8. *Linn. syst. nat. edit. x. gen.* 100. *sp.* 1. La Mésange hupée.

ORDRE XI.

TOUS les Oiseaux de cet Ordre ont le bec en forme de coin; ils ont quatre doigts, trois devant & un derriere, celui du milieu étroitement uni avec l'extérieur, les jambes couvertes de plumes jufqu'au talon. Ils fe nourriffent de vermiffeaux qu'ils trouvent en grimpant le long des arbres, ils paffent l'hiver dans ces contrées.

209. 86. 162. *Sitta. Brif. T. III. pag.* 588. *fp. 1. Sitta Europæa. Linn. fyft. nat. edit. x. gen. 55. fp. 1.* Le Torchepot, vulgairement Maçon.

ORDRE XII.

LEs Oifeaux de cet Ordre ont le bec effilé & courbé en arc ; ils ont quatre doigts, trois devant, un derriere, celui du milieu étroitement uni avec l'extérieur depuis fon origine jufqu'à la premiere articulation, ou environ, les jambes couvertes de plumes jufqu'au talon. Ils fe nourriffent comme ceux de l'Ordre onzieme Ces oifeaux attendent les plus grands froids pour fe retirer plus loin.

210. 87. 163. *Certhia. Brif. T. III. p. 603. fp. 1. Certhia familiaris. Linn. fyft. nat. edit. x. gen. 69. fp. 1.* Le Grimpereau.

211. 0. 164. *Certhia cinerea. Brif. T. III. pag. 607. fp. 2.* Le Grimpereau de murailles. Cet oifeau eft rare ; on en a tué un dans la fauffe braye de la porte

des Allemands de Metz, & l'on en voit quelquefois aux environs de Sargue-mines.

ORDRE XIII.

Les Oiseaux de cet Ordre ont les uns le bec droit comme ceux de la premiere Section, les autres l'ont convexe en dessus, un peu courbé en bas & comprimé par les côtés, les jambes couvertes jusqu'au talon; tels sont ceux de la seconde. Ceux de la troisieme ont le bec crochu, plus épais que large, convexe en dessus; tous ont quatre doigts dénués de membranes, deux devant & deux derriere. Les Oiseaux de la Section premiere se nourrissent de vermisseaux qu'ils trouvent le long des arbres, qu'ils grimpent avec beaucoup de facilité & dans lesquels ils font des creux considérables. Tous ceux du genre premier nichent dans ces contrées; mais ils passent l'hiver ailleurs, ainsi que ceux de la seconde Section; quoiqu'on dise de ceux-ci qu'ils se retirent dans le creux des arbres & qu'ils y passent l'hiver approvisionnés de bled, c'est déja assez de croire qu'ils ne font pas de nids, & qu'ils se contentent de déposer un œuf dans celui de la fauvette, qui se charge de le couver &

d'élever

d'élever le petit qui en provient. Ce dernier fait, quoique peu vraisemblable, paroît cependant certain; il est rapporté par des Auteurs graves & il m'a été assuré vrai, dit M. Lottinger, par des personnes raisonnables. Quant à leur retraite d'hiver, il y a tout lieu de croire que c'est un être de raison. L'on voit cette espece d'oiseaux arriver au printemps, ainsi que toutes celles qui sont passageres. Tous les Oiseaux de l'Ordre treizieme nichent dans ces contrées, à l'exception de ceux de la troisieme Section, & tous ceux du genre douzieme de la premiere y passent l'hiver; ils sont remarquables, ainsi que ceux du premier genre, par la longueur & la forme de leur langue. Les perroquets nous viennent de l'étranger, cependant plus d'une espece nous est devenue propre en quelque façon; en conséquence on a placé ici ces Oiseaux, mais sans désigner les especes qui se trouvent dans la premiere.

SECTION PREMIERE.

Elle renferme deux genres. Les Oiseaux du premier ont le bec droit, la langue comme un ver de terre, dix plumes flexibles à la queue.

212. 88. 165. *Torquilla. Brif. T. III.* pag. 4. sp. 1. *Linn. syst. nat. edit. x. gen.* 53. sp. 1. Le Torcou, vulgairement Torticou.

Les Oiseaux du genre second ont le bec en forme de coin, dix plumes roides à la queue & aussi en forme de coin, le bout de leur langue est dur & osseux.

213. 89. 166. *Picus niger. Brif. T. IV.* p. 21. sp. 6. *Picus Martius. Linn. syst. nat. edit. x. gen.* 54. sp. 1. Le Pic noir, le Piquebois.

214. 0. 167. *Picus viridis. Brif. T. IV. Linn. syst. nat. edit. x. gen.* 54. sp. 7. Le Pic verd. La poudre de ses os est diurétique, depuis demi-gros jusqu'à un gros.

215. 0. 168. *Picus varius major. Brif. T. IV.* sp. 13. p. 34. Le grand Pic varié.

216. 0. 169. *Picus varius minor vel medius. Picus varius. Brif. T. IV.* p. 38. sp. 14. *Picus medius. Linn. syst. nat. edit. x. gen.* 54. sp. 11. Le Pic varié moyen. Le suivant n'est qu'une variété accidentelle.

217. 0. 170. *Picus medius totus albus.* Le Pic moyen tout blanc.

218. 0. 171. *Picus varius minimus. Picus varius minor. Brif. T. IV.* sp. 15. p. 41. *Picus minor. Linn. syst. nat. edit. x. gen.* 54. sp. 12. Le petit Pic varié.

SECTION SECONDE.

Les Oiseaux de cette Section ont le bec, comme il a été dit, convexe en dessus, courbé en arc & comprimé par les côtés, les jambes couvertes jusqu'au talon.

219. 90. 172. *Cuculus. Brif. T. IV. p.* 105. *sp.* 1. *Cuculus canorus. Linn. syst. nat. edit. x. gen.* 52. *sp.* 2. Le Coucou. Le bouillon du Coucou est céphalique, adoucissant; la fiente en infusion, à ce que prétendent les Anciens, est bonne contre la rage, prise depuis la dose d'un demi-gros jusqu'à un gros.

SECTION TROISIEME.

Les Oiseaux de cette Section sont de grosseur fort inégale, les uns sont comme une poule, les autres comme un merle ou une alouette. Cette Section renferme les perroquets, les perruches, &c. M. Brisson fait mention de quatre-vingt-dix-huit espèces.

ORDRE XIV.

Les Oiseaux de cet Ordre ont les uns le bec droit & assez long, les autres le bec courbé en arc; ils ont quatre doigts, trois devant, un derriere, celui du milieu des trois antérieurs extrêmement uni au doigt extérieur jusqu'à la troisieme articulation, & à l'intérieur jusqu'à la premiere; leurs jambes sont couvertes de plumes jusqu'au talon. Ceux qui forment le premier genre sont assez communs en hiver. Ces oiseaux passent pour avoir une vertu qui vraisemblablement n'est qu'imaginaire; l'on prétend que suspendus dans des boutiques ils garantissent les étoffes des teignes. L'Ordre quatorzieme est divisé en deux Sections.

SECTION PREMIERE.

Les Oiseaux de cette Section ont le bec droit & assez long.

220. 91. 173. *Ispida. Brif. T. IV. p.* 471. *sp.* 1. *Alexon Ispida. Linn. syst. nat. edit. x. gen.* 56. *sp.* 1. Le Martin-Pêcheur. Cet oiseau desséché & mis en poudre est céphalique, à la dose d'un scrupule.

SECTION SECONDE.

LEs Oiseaux de la seconde Section ont le bec courbé en arc; ils paroissent rarement. M. Lottinger dit n'en avoir vu qu'en automne.

221. 92. 174. *Apiaster. Bris. T. IV. p. 532. sp. 1. Merops apiaster. Linn. syst. nat. edit. x. gen.* 52. *sp.* 1. Le Guêpier, oiseau rare.

ORDRE XV.

LEs Oiseaux de cet Ordre ont les doigts dénués de membranes, trois devant, point derrière; ils ont la partie inférieure des jambes sans plumes, les ailes assez grandes & propres pour le vol. On divise cet Ordre en deux Sections. Les Oiseaux de la premiere Section sont rares dans cette Province, excepté ceux de la premiere espece, qui arrivent en grand nombre dans certains temps de l'année, comme au printemps & en automne, ils passent même encore sur la fin de Novembre & au commencement de Décembre, si les grands froids ne sont pas venus.

SECTION PREMIERE.

Les Oiseaux de cette Section ont le bec droit, court & renflé vers le bout.

222. 93. 175. *Pluvialis aurea*. Brif. T. V. p. 47. sp. 2. *Charadrius pluvialis*. Linn. syst. nat. edit. x. gen. 79. sp. 8. Le Pluvier doré.

223. 0. 176. *Pluvialis minor*. Le petit Pluvier, la Gravelotte.

224. 0. 177. *Pluvialis major*. Brif. T. V. p. 77. sp. 3. *Charadrius œdinemus*. Linn. syst. nat. edit. x. gen. 79. sp. 9. Le grand Pluvier ou Courli de terre; oiseau rare.

225. 0. 178. *Pluvialis minor*. Brif. T. V. p. 54. sp. 5. *Charadrius morinellus*. Linn. syst. nat. edit. x. gen. 79. sp. 6. Le Guignard; rare.

SECTION SECONDE.

Les Oiseaux de cette Section ont le bec en cône courbé.

226. 94. 179. *Otis major*. Brif. T. V. p. 18. sp. 1. *Otis tarda*. Linn. syst. nat. edit. x. gen. 85. sp. 1. L'Outarde; on emploie

sa graisse extérieurement, elle est anodine; sa fiente est résolutive.

227. o. 180. *Otis minor. Brif. T. V. p. 24. sp. 2. Otis tetrax. Linn. syst. nat. edit. x. gen.* 85. *sp.* 3. La petite Outarde, la Cannepetiere; oiseau rare.

ORDRE XVI.

Les Oiseaux de cet Ordre ont quatre doigts dénués de membranes; trois devant, un derriere; la partie inférieure des jambes dénuée de plumes; les ailes assez grandes & propres pour le vol. Nous voyons fréquemment plusieurs especes d'oiseaux de cet Ordre. Ceux de la premiere Section nichent dans ces contrées, à l'exception de la seconde espece; & ceux qui composent le genre premier de la seconde Section passent tout l'été dans nos campagnes. Les especes du genre second de la Section troisieme, à l'exception de la grosse bécassine, y nichent aussi quelquefois. Quoique je fasse mention d'un grand nombre d'oiseaux de cet Ordre, il y a apparence qu'il y en passe encore d'autres, dit M. Lottinger, qui ne sont pas parvenus à ma connoissance; il y en a qui ne font que paroître rapidement, ou qui s'éloignent assez des lieux fréquentés, pour qu'on ne puisse les distinguer : cette note regarde les hérons, les burges, les butors & principalement quelques chevaliers, les maubeches, qu'on ne voit que très-rarement. Tous les Oiseaux de l'Ordre seizieme sont grands voyageurs; cependant quelques-uns, comme les bécassines sourdes, passent l'hiver dans nos marais ; d'autres, comme les moyennes, ne s'absentent que pour trois ou quatre mois au plus. L'Ordre seizieme est divisé en huit Sections.

SECTION PREMIERE.

Les Oiseaux de cette Section ont le bec droit & renflé vers le bout ; ils ont les ongles très-courts.

228. 95. 181. *Vanellus. Brif. T. II. p.* 49. *sp.* 1. Linn. *syst. nat. edit. x. gen.* 18. *sp.* 2. Le Vanneau huppé. Il est antiépileptique, diurétique en poudre, ou mangé rôti ou bouilli.

229. 0. 182. *Vanellus griseus. Brif. T. V.* p. 100. *sp.* 2. *Tringa quatarola.* Linn. *syst. nat. edit. x. gen.* 78. *sp.* 13. Le Vanneau gris, le Pluvier gris de Bellon.

SECTION SECONDE.

Les Oiseaux de la seconde Section ont le bec droit, comprimé par les côtés, & le corps aussi applati par les côtés.

230. 96. 183. *Rallus genistarum. Ortigometra. Briss. T. V. p. 159. sp. 3. Rallus crex. Linn. syst. nat. edit. x. gen. 83. sp. 1.* Le Râle de genêt, le Roi des cailles.

231. 0. 184. *Rallus aquaticus. Brisf. T. V. p. 151. sp. 1. Linn. syst. nat. edit. x. gen. 83. sp. 2.* Le Râle d'eau.

232. 0. 185. *Marvetta. Brisf. T. V. p. 155. sp. 2.* Le petit Râle d'eau, la Marouette.

SECTION TROISIEME.

Les Oiseaux de cette Section ont le bec menu; elle renferme trois genres. Ceux du premier ont le bec long, tout-à-fait droit, le bout en est obtus & raboteux.

233. 97. 186. *Scolopax major. Scolopax. Brisf. T. V. p. 293. sp. 1. Numenius rusticola. Linn. syst. nat. edit. x. gen. 77. sp. 7.* La Bécasse.

234. 0. 187. *Scolopax minor.* La petite Bécasse ; elle est non seulement moins grosse que l'autre, mais elle a encore le ventre plus tacheté de gris.

235. 98. 188. *Gallinago major.* La grosse Bécassine ; elle est beaucoup plus grosse que la suivante, cependant elle a le bec moins long, la poitrine & le ventre plus tachetés de gris ; elle ne crie pas en s'élevant, ou elle crie différemment des autres ; elle n'a pas à beaucoup près le vol aussi rapide que les bécassines communes, & en quelque saison que ce soit on la trouve toujours grasse. Elle passe dans les mois d'Avril, d'Août & de Septembre. Elle est rare.

236. 0. 189. *Gallinago minor. Gallinago.* Bris. T. V. p. 298. sp. 2. *Numenius gallinago.* Linn. syst. nat. edit. x. gen. 77. sp. 11. La Bécassine moyenne.

237. 0. 190. *Altera Gallinago media.* Celle-ci a seize pouces huit lignes de vol ; celle qui est décrite par M. Brisson, n'a que quinze pouces six lignes.

238. 0. 191. *Gallinago minima. Gallinago minor.* Bris. T. V. p. 304. sp. 3. La petite Bécassine, la Sourde.

Les Oiseaux du genre second ont le bec très-long ; mais ils l'ont plutôt recourbé que droit, le bout en est obtus & lisse.

239. 99. 192. *Limosa grisea major.* Bris. T. V. p. 272. sp. 3. *Numenius glottis.*

Linn. ſyſt. nat. edit. x. gen. 77. *ſp.* 9. La grande Barge griſe, Bécaſſe de mer. Oiſeau rare.

240. 0. 193. *Limoſa griſea. Briſ. T. V. p.* 267. *ſp.* 2. *Numenius limoſa. Linn. ſyſt. nat. edit. x. gen.* 77. *ſp.* 10. La Barge griſe ; rare.

Les Oiſeaux du troiſieme genre ont le bec de moyenne longueur, droit, le bout en eſt obtus & liſſe.

241. 100. 194. *Cinclus. Briſ. T. V. p.* 211. *ſp.* 10. L'Alouette de mer.

242. 101. 195. *Merula aquatica. Briſ. T. V. p.* 252. *ſp.* 19. Le Merle d'eau. Cet oiſeau, qui n'eſt pas rare dans la montagne, s'y tient toute l'année, quoiqu'il ne vive que d'inſectes ; il place volontiers ſon nid ſous quelque chûte d'eau.

243. 102. 196. *Tringa. Briſ. T. V. p.* 177. *ſp.* 1. *Tringa ochropus. Linn. ſyſt. nat. edit. x. gen.* 75. *ſp.* 8. Le Bécaſſeau, Cul-blanc.

244. 103. 197. *Guinetta. Briſ. T. V. p.* 183. *ſp.* 2. *Tringa hypoleucos. Linn. ſyſt. nat. edit. x. gen.* 75. *ſp.* 9. La Guignette ; aſſez rare.

245. 104. 198. *Totanus. Briſ. T. V. p.* 188. *ſp.* 1. *Numenius totanus. Linn. ſyſt. nat. edit. x. gen.* 77. *ſp.* 4. Le Chevalier.

246. 0. 199. *Totanus ruber. Briſ. T. V. p.* 192. *ſp.* 2. *Totanus gombetta. Linn. ſyſt. nat. edit. x. gen.* 78. *ſp.* 3. Le Chevalier rouge.

247. 0. 200. *Totanus striatus. Brif. T. V. p.* 196. *sp.* 5. Le Chevalier rayé.

248. 0. 201. *Totanus nævius. Brif. T. V. p.* 203. *sp.* 12. Le Chevalier tacheté.

249. 0. 202. *Totanus cinereus. Brif. T. V. p.* 203. *sp.* 7. *Totanus littorea.* Linn. *syst. nat. edit. x. gen.* 78. *sp.* 12. Le Chevalier cendré.

250. 105. 203. *Calidris grisea. Brif. T. V. p.* 223. *sp.* 16. La Maubeche grise.

251. 0. 204. *Calidris grisea minor. Brif. T. V. p.* 236. *sp.* 17. La petite Maubeche grise.

SECTION QUATRIEME.

Les Oiseaux de cette Section ont le bec convexe en dessus, comprimé par les côtés vers le bout.

252. 106. 205. *Glareola. Brif. T. V. p.* 114. *sp.* 1. La Perdrix de mer.

253. 0. 206. *Glareola torquata. Brif. T. V. p.* 145. *sp.* 2. La perdrix de mer à collier.

SECTION CINQUIEME.

Les Oiseaux de cette Section ont le bec courbé en bas; ils ont tous le bout du bec obtus.

254. 107. 207. *Numenius. Brif. T. V.* p. 311. *fp.* 1. Le Courlis.

255. 0. 208. *Numenius minor. Brif. T. V. p.* 317. *fp.* 2. *Numenius phæopus. Linn. fyft. nat. edit. x. gen.* 77. *fp.* 6. Le petit Courlis, ou Courlieu.

SECTION SIXIEME.

CEtte Section renferme les Oiseaux de l'Ordre seizieme qui ont le bec gros & long; il forme deux genres. Les Oiseaux du premier ont le bec long, droit, pointu & lisse.

256. 108. 209. *Ciconia. Brif. T. V.* p. 365. *fp.* 2. *Ardea Ciconia. Linn. fyft. nat. edit. x. gen.* 76. *fp.* 7. La Cicogne. Le sang de cet oiseau en poudre est alexitere, à la dose depuis un scrupule jusqu'à un gros. Sa fiente est adoucissante, calmante, depuis douze grains jusqu'à un scrupule. Extérieurement la Cicogne cuite & consommée dans de l'huile d'olive est fortifiante, nervine : son fiel est ophtalmique.

257. 0. 210. *Ciconia fufca. Brif. T. V.* p. 362. *fp.* 1. *Ardea nigra. Linn. fyft. nat. edit. x. gen.* 76. *fp.* 8. La Cicogne brune.

258. 109. 211. *Grus. Brif. T. V. p.* 375. *fp.* 6. *Ardea grus. Linn. fyft. nat. edit. x. gen.* 76. *fp.* 4. La Grue. Cet oiseau mangé,

de quelque façon qu'on l'apprête, est nervin & carminatif. La tête & le gésier réduits en poudre sont détersifs; extérieurement on emploie sa graisse au même usage que celle de l'oie, son fiel est ophtalmique.

Les Oiseaux du second genre ont le bec gros, long, pointu, droit & une rainure longitudinale de chaque côté sur la mandibule supérieure; ils ont aussi l'ongle du milieu des trois doigts antérieurs dentelé comme une scie, les deux mandibules un peu dentelées de chaque côté vers le bout; celui de la mandibule supérieure a de chaque côté une petite échancrure; ils ont tout le corps applati par les côtés.

259. 110. 212. *Ardea. Brif. T. V. p.* 392. *sp.* 1. *Ardea cinerea. Linn. syst. nat. edit. x. gen.* 76. *sp.* 10. Le Héron. On en voit de temps en temps dans le Verdunois pendant l'hiver. Sa graisse est émoliente & résolutive.

260. 0. 213. *Ardea cryftata. Brif. T. V. p.* 396. *sp.* 2. Le Héron gris hupé.

261. 0. 214. *Ardea grifea. Brif. T. V. p.* 412. *sp.* 9. Héron gris, non hupé.

262. 0. 215. *Ardea candida. Brif. T. V. p.* 428. *sp.* 15. *Ardea alba. Linn. syst. nat. edit. x. gen.* 76. *sp.* 17. Le Héron blanc.

263. 0. 216. *Ardea cryftata albâ egrettâ. Brif. T. V. p.* 431. *sp.* 16. L'Aigrette, ou le Héron blanc hupé.

264. 111. 217. *Botaurus*. Brif. T. V. p. 444. fp. 24. *Ardea Stellaris*. Linn. fyft. nat. edit. x. gen. 76. fp. 16. Le Butor.

265. 0. 218. *Botaurus major*. Brif. T. V. p. 455. fp. 28. Le grand Butor.

266. 0. 219. *Botaurus minor*. Brif. T. V. p. 452. fp. 26. Le petit Butor.

267. 112. 220. *Ardeola*. Brif. T. V. p. 497. fp. 46. Le Blongios.

268. 113. 221. *Nicticorax*. Brif. T. V. p. 493. fp. 45. *Ardea nicticorax*. Linn. fyft. nat. edit. x. gen. 76. fp. 9. Le Bihoreau, vulgairement petit Héron.

SECTION SEPTIEME.

LEs Oiseaux de cette Section ont le bec en cône applati par les côtés. Ils ont le front chauve.

269. 114. 222. *Porphyrio fuscus*. Brif. T. V. p. 531. fp. 4. La Poule-Sultane brune.

270. 0. 223. *Porphyrio rufus*. Brif. T. V. p. 534. fp. 6. La Poule-Sultane rousse.

271. 0. 224. *Porphyrio punctulatus*. Brif. T. V. p. 536. fp. 7. La Poule-Sultane mouchetée.

ORDRE XVII.

LEs Oiseaux de cet Ordre ont quatre doigts, trois devant, un derriere, garnis dans toute leur longueur de membranes fendues ou ouvertes. Ils sont tous assez communs dans ces contrées, & notamment ceux de la seconde Section. Ce sont les Oiseaux de cette espece, dont on a parlé dans le Discours préliminaire de ce Recueil. Il s'en trouve un si grand nombre dans l'arriere-saison, sur certains étangs, que l'on en tue plusieurs centaines dans une seule chasse. Cet Ordre est divisé en deux Sections.

SECTION PREMIERE.

LEs Oiseaux de cette Section ont le bec droit & pointu, les doigts garnis de membranes simples, le corps comprimé par les côtés, la partie inférieure des jambes dégarnie de plumes, ainsi que leur sinciput, qui est seulement couvert d'une membrane fort épaisse.

272. 115. 225. *Gallinula major nostras, Gallinula. Brif. T. VI. p. 3. sp. 1. Salica chloropus. Linn. syst. nat. edit. x. gen. 82. sp. 2.* La Poule d'eau.

273. 0. 226. *Gallinula*. Brif. *T. VI.* p. 7. *fp*. 2. La petite Poule d'eau, Poulette d'eau.

274. 0. 227. *Gallinula media*. La Poule d'eau moyenne.

SECTION SECONDE.

Les Oifeaux de cette Section ont le bec en cône applati par les côtés; quatre doigts, trois devant, un derriere, garnis dans toute leur longueur de membranes fendues & feftonnées. Ils ont les jambes dégarnies de plumes, ainfi que le front qui eft couvert d'une membrane épaiffe.

275. 116. 228. *Fulica major*. Brif. *T. VI. p.* 28. *fp*. 2. La grande Foulque ou la Macroule, la Morelle, Baffon, Diable de mer. Les Chaffeurs difent qu'ils voient quelquefois l'efpece fuivante.

276. 0. 229. *Fulica*. Brif. *T. VI.* p. 23. *fp*. 1. *Fulica atra*. Linn. *fyft. nat. edit. x. gen.* 82. *fp*. 1. La Foulque ou Morelle, Jodelle, Joudarde.

277. 0. 230. *Fulica minor*. La petite Morelle. Elle fe trouve avec la grande; mais ces deux efpeces ne fe mêlent pas, fi on en croit les Chaffeurs.

ORDRE XVIII.

Tous les Oiseaux de cet Ordre ont le bec droit & pointu; quatre doigts, dont les trois antérieurs sont joints ensemble par des membranes demi-fendues, & le postérieur séparé. Ils ont les jambes placées tout-à-fait derriere & cachées dans l'abdomen; ils n'ont pas de queues, & leurs pieds sont très-applatis par les côtés. Les écailles, dont ils sont couverts, forment à la partie postérieure une double dentelure, comme celle d'une scie. Leurs ongles sont plats & ressemblent assez à ceux de l'homme. Ces Oiseaux sont pour la plûpart communs sur nos étangs, & sont communs sous le nom de Dames.

278. 117. 231. *Colymbus cristatus*. *Brist. T. VI. p. 38. sp.* 2. La Grepe hupée, la Dame. Elle se plaît aux environs d'un ruisseau qui est auprès du village de Mogéville dans le Verdunois.

279. 0. 232. *Colymbus cornutus*. *Brist. T. VI. p.* 45. *sp.* 4. *Colymbus cristatus. Linn. syst. nat. edit. x. gen.* 68. *sp.* 2. La Grepe cornue.

280. 0. 233. *Colymbus cornutus minor. Brist. T. VI. p.* 50. *sp.* 5. *Colymbus aurizus. Linn. syst. nat. edit. x. gen.* 68. *sp.* 3. La petite Grepe cornue.

281. 0. 234. *Colymbus auritus.* Briſ. T. VI. p. 54. ſp. 6. La Grebe à oreille.

282. 0. 235. *Colymbus fluviatilis.* Briſ. T. VI. p. 59. ſp. 9. La Grebe de riviere, ou le Caſtaigneux.

ORDRE XIX.

Les Oiseaux de cet Ordre ont le bec droit & pointu ; ils ont quatre doigts ; les trois antérieurs ſont joints enſemble par des membranes entieres, & le poſtérieur eſt ſéparé. Ils ont les jambes placées tout-à-fait derriere & cachées dans l'abdomen, les pieds très-applatis par les côtés, une petite membrane tout le long du côté intérieur du doigt intérieur.

283. 118. 236. *Mergus minor.* Briſ. T. VI. p. 108. ſp. 2. Le petit Plongeon.

ORDRE XX.

Les Oiseaux de cet Ordre ont le bec ſans dentelures ; quatre doigts, les trois antérieurs joints enſemble par des membranes entieres, & le poſtérieur ſéparé ; les jambes avancées vers le milieu du corps & hors de l'abdomen, plus courtes que le corps. Cet Ordre est divisé en deux Sections.

SECTION PREMIERE.

CETTE Section renferme deux genres. Les Oiseaux du premier ont le bec presque cylindrique, le bout de la mandibule supérieure crochu, & celui de l'inférieure comme tronqué. Ils ont la partie inférieure des jambes dégarnie de plumes, une petite membrane tout le long du côté intérieur du doigt intérieur. Il est bon de se souvenir que dans cet Ordre, ainsi que dans tous les autres, j'ai presque toujours mis en tête les especes qui sont ou les plus communes ou les moins rares. Quelques-unes de cette Section ne paroissent que très-rarement.

284. 119. 237. *Procellaria. Briss. T. VI. p.* 140. *sp.* 1. *Procellaria pelagica. Linn. syst. nat. edit.* x. *gen.* 64. *sp.* 1. Le Petrel, le petit Pierrot.

Les Oiseaux du second genre ont le bec comprimé par les côtés & crochu vers le bout, le dessus de la mandibule inférieure anguleux, la partie inférieure des jambes dégarnie de plumes.

285. 120. 238. *Larus varius sive Skua.* Le Goiland varié, ou le Grisard, Colin ou le Caniard.

286. o. 239. *Larus cinereus.* Briss. T. VI. p. 160. sp. 2. Le Goiland cendré.

287. o. 240. *Larus fuscus.* Briss. T. VI. p. 160. sp. 2. Le Goiland brun.

288. 121. 241. *Gavia grisea minor.* Briss. T. VI. p. 173. sp. 7. La petite Mouette grise.

289. o. 242. *Gavia cinerea nævia.* Briss. T. VI. p. 185. sp. 11. La Mouette cendrée tachetée.

290. o. 243. *Gavia cinerea minor.* Briss. T. VI. p. 178. sp. 9. La petite Mouette cendrée.

291. o. 244. *Gavia cinerea.* Briss. T. VI. p. 175. sp. 8. *Larus canus.* Linn. syst. nat. edit. x. gen. 69. sp. 2. La Mouette cendrée.

292. o. 245. *Gavia ridibunda phœnicopos.* Briss. T. VI. p. 196. sp. 14. La Mouette rieuse à pattes rouges.

SECTION SECONDE.

Les Oiseaux de cette Section ont le bec droit & applati par les côtés, les deux mandibules d'égale longueur. Tous ont la queue fourchue & les jambes dégarnies de plumes. Les plus grands restent souvent jusqu'en Novembre, les autres partent en Septembre.

293. 122. 246. *Sterna major.* Briss.

T. VI. p. 203. sp. 1. *Sterna hirundo*. Linn. syst. nat. edit. x. gen. 70. sp. 62. La grande Hirondelle de mer. On en voit beaucoup sur un ruisseau, qui est auprès du village de Mogéville à trois lieues de Verdun.

294. o. 247. *Sterna minor*. Briss. T. VI. p. 206. sp. 2. *Sterna nigra*. Linn. syst. nat. edit. x. gen. 70. sp. 3. La petite Hirondelle de mer.

295. o. 248. *Sterna nævia*. Briss. T. VI. p. 217. sp. 6. *Sterna lariformis*. Linn. syst. nat. edit. x. gen. 70. sp. 3. L'Hirondelle de mer tachetée.

296. o. 249. *Sterna cinerea*. Briss. T. VI. p. 210. sp. 3. L'Hirondelle de mer cendrée.

297. o. 250. *Sterna nigra*. Briss. T. VI. p. 212. sp. 4. L'Hirondelle de mer noire, l'Epouventail.

ORDRE XXI.

Les Oiseaux de cet Ordre ont le bec dentelé; quatre doigts, les trois antérieurs joints ensemble par des membranes entieres, & le postérieur séparé; les jambes avancées vers le milieu du corps, & hors de l'abdomen plus courtes que le corps. Nous avons un grand nombre d'Oiseaux de cet Ordre & sur-tout de

LOTHARINGIÆ. 115

ceux de la seconde Section. Ceux de cette Section, qui ne nichent pas dans ces contrées, arrivent de très-bonne heure, soit au printemps, soit en automne, & ils ne partent que lorsque les grandes gelées les y obligent; mais à peine les grands froids sont-ils passés, qu'ils paroissent de nouveau. Les Chasseurs n'ignorent pas combien ces oiseaux sont vigilans & avec quelles précautions ils approchent du rivage; combien est remarquable l'ordre qu'ils observent, soit lorsqu'ils voyagent, soit lorsqu'ils se tiennent sur les eaux. L'Ordre vingt-unieme est divisé en deux Sections.

SECTION PREMIERE.

LEs Oiseaux de cette Section ont le bec dentelé comme une scie presque cylindrique, la mandibule supérieure crochue vers le bout. Ils ont tous la partie inférieure des jambes dégarnie de plumes, une petite membrane tout le long du côté intérieur du doigt intérieur.

298. 123. 251. *Merganser. Brif. T. V. p. 231. sp. 1.* L'Harle.

299. 0. 252. *Merganser cristatus minor, seu albellus. Brif. T. VI. p. 243.* Le petit Harle hupé, la Piete.

300. O. 253. *Merganser stellatus.* Brisf. T. *VI.* p. 252. *sp.* 6. *Mergus minutus.* Linn. *syst.* nat. edit. *x.* gen. 62. *sp.* 5. L'Harle noir.

301. O. 254. *Merganser cinereus.* Brisf. T. *VI.* p. 235. *sp.* 7. L'Harle cendré ou le Bievre.

302. O. 255. *Merganser cristatus.* Brisf. T. *VI.* p. 231. *sp.* 1. *Merganser cristatus.* Brisf. T. *VI.* p. 231. *sp.* 1. L'Harle hupé; très-rare.

SECTION SECONDE.

Les Oiseaux de cette Section ont le bec convexe en dessus & applati en dessous, onguiculé & obtu; la dentelure ressemble à celle d'une lime. Ils ont une petite membrane tout le long du côté intérieur du doigt intérieur, les jambes dégarnies de plumes. La Section seconde comprend deux genres d'Oiseaux; ceux du premier ont le bec aussi épais que large.

303. 124. 256. *Anser versicolor, Anser domesticus.* Brisf. T. *VI.* p. 262. *sp.* 1. *Anser domesticus.* Linn. *syst.* nat. edit. *x.* gen. 61. *sp.* 7. L'Oie domestique. Nous avons une espece plus grosse que l'ordinaire, mais qui ne me paroît qu'une variété. La graisse de l'oie est laxative à la

grosseur d'une noix. Le sang en poudre est alexipharmaque à la dose d'un ou de deux gros. La fiente est incisive, pénétrante, atténuante, diurétique & hystérique. La dose en poudre est un gros. La premiere peau des pieds est astringente en poudre à la dose d'un demi-gros. Extérieurement la graisse est émolliente, incisive & résolutive. On emploie la fiente distillée dans l'eau ophtalmique de l'Empereur Maximilien.

304. O. 257. *Anser sylvestris.* Bris. T. VI. p. 268. sp. 2. *Anser ferus.* Linn. syst. nat. edit. x. gen. 61. sp. 7. v. 1. L'Oie sauvage.

305. 125. 258. *Cygnus.* Bris. T. VI. p. 288. sp. 11. *Anas mansuetus.* Linn. syst. nat. edit. x. gen. 61. sp. 1. 2. Le Cygne. Il y en avoit dans le canal de Lunéville du vivant du Roi de Pologne. On en voit encore à Friscati auprès de Metz.

306. 126. 259. *Bernicla minor.* Bris. T. VI. p. 302. sp. 15. La petite Bernache. Cet oiseau, qui n'est pas commun, paroît quelquefois sur nos grands étangs. On en a tué une en 1766. à Custine.

Les Oiseaux du second genre ont le bec plus large qu'épais.

307. 127. 260. *Anas domestica.* Bris. T. VI. p. 308. sp. 1. Linn. syst. nat. edit. x. gen. 61. sp. 34. Le Canard domestique.

308. o. 261. *Anas fera.* Brif. T. VI. p. 318. fp. 4. *Anas bofchas.* Linn. fyſt. nat. edit. x. gen. 61. fp. 34. Canard fauvage. Son foie eſt déſobſtruant, hépatique. Son fang eſt alexitere, depuis la doſe d'un gros juſqu'à deux. Extérieurement la graiſſe eſt anodine, émolliente, réſolutive.

309. o. 262. *Bofchas major.* Brif. T. VI. p. 326. Le grand Canard fauvage.

310. o. 263. *Bofchas major nævia.* Brif. T. VI. p. 327. Le grand Canard fauvage tacheté.

311. o. 264. *Penelope.* Brif. T. VI. p. 384. fp. 19. *Anas ferina.* Linn. fyſt. nat. edit. x. gen. 61. fp. 27. Le Millouin, Canard de Hongrie.

312. o. 265. *Clangula.* Brif. T. VI. p. 416. fp. 24. *Anas clangula.* Linn. fyſt. nat. edit. x. gen. 61. fp. 20. Le Garrot, Canard de Hongrie.

313. o. 266. *Anas faſtularis.* Brif. T. VI. p. 391. fp. 24. *Anas penelope.* Linn. fyſt. nat. edit. x. gen. 61. fp. 24. Le Canard-Siffleur.

314. o. 267. *Anas Clypeata.* Brif. T. VI. p. 330. fp. 6. Linn. fyſt. nat. edit. x. gen. 61. fp. 16. Le Souchet.

315. o. 268. *Anas longicauda.* Brif. T. VI. p. 369. fp. 16. *Anas acuta.* Linn. fyſt. nat. edit. x. gen. 61. fp. 25. Le Canard à longue queue.

316. 128. 269. *Glaucium.* Brif. T. VI.

p. 466. sp. 25. *Anas glaucium. Linn. syst. nat. edit. x. gen.* 61. *sp.* 22. Le Morillon.

317. o. 270. *Glaucium minimum. Brist. T. VI. p.* 411. *sp.* 26. *Anas fuligula. Linn. syst. nat. edit. x. gen.* 61. *sp.* 39. Le petit Morillon.

318. 129. 271. *Querquedula. Brist. T. VI. p.* 427. *sp.* 31. *Anas querquedula. Linn. syst. nat.* edit. *x. gen.* 61. *sp.* 28. La Sarcelle.

319. o. 272. *Querquedula minor. Brist. T. VI. p.* 436. *sp.* 32. *Anas creca. Linn. syst. nat. edit. x. gen.* 61. *sp.* 29. La petite Sarcelle.

320. o. 273. *Querquedula æstiva. Brist. T. VI. p.* 445. *sp.* 33. *Anas circia. Linn. syst. nat. edit. x. gen.* 61. *sp.* 32. La Sarcelle d'été.

Les Canards de l'espece suivante ont un tubercule charnu à l'origine du bec supérieur.

321. o. 274. *Anas nigra. Briss. T. VI. p.* 28. *Linn. syst. nat. edit. x. gen.* 61. *sp.* 6. La Macreuse à tubercule rouge; oiseau rare qu'on a tué sur la riviere de Nied.

322. o. 275. *Anas nigra major. Briss. T. VI. p.* 423. *sp.* 29. *Anas fusca. Linn. syst. nat. edit. x. gen.* 61. *sp.* 5. La grande Macreuse à tubercule noir.

ORDRE XXII.

Les Oiseaux de cet Ordre ont le bec droit & presque cylindrique; quatre doigts joints ensemble par des membranes entieres; les jambes avancées vers le milieu du corps, & hors de l'abdomen plus courtes que le corps, l'ongle de celui du milieu des trois antérieurs dentelé intérieurement comme une scie. Nous n'avons de cet Ordre que la plus petite espece, laquelle se voit quelquefois sur l'étang de Lindre, si l'on en croit les Chasseurs de Tarquinpolis.

323. 130. 276. *Phalacrocorax minor. Briss. T. VI. p.* 516. *sp.* 2. Le petit Cormoran.

ORDRE XXIII.

Les Oiseaux de cet Ordre ont le bec très-long, menu, comprimé horizontalement, courbé en arc en haut & sans dentelure. Ils ont quatre doigts, les trois antérieurs sont joints ensemble par des membranes entieres, le postérieur séparé. Ils ont les jambes avantées vers le milieu du corps, & hors de l'abdomen plus longues que le corps. Ce n'eſt que très-rarement qu'il en paroît dans ces contrées.

324. 131. 277. *Avocetta. Briſſ. T. VI.* Linn. *ſyſt. nat. edit. x. gen.* 80. *ſp.* 1. L'Avocette.

CLASSE TROISIEME.

Des Amphibies, Reptiles & Serpens.

LEs Amphibies ſont des animaux qui habitent tantôt ſur la terre, tantôt dans l'eau. Les Reptiles n'ont point de pieds & rampent ſur la ſurface de la terre. Les Serpens ſont de vrais Reptiles.

325. 132. 1. *Anguis fragilis. Linn. ſyſt. nat.* 229. Serpent. On lui attribue les mêmes vertus qu'à la vipere.

326. 0. 2. *Coluber vipera. Linn. ſyſt. nat.* 216. La Vipere. On en trouve aux environs d'Ars, de Gorze & de Châté; Chaumont en Baſſigny en fournit auſſi beaucoup. On attribue à la vipere une vertu cordiale, diaphorétique, alexitere : la doſe en poudre eſt depuis douze grains juſqu'à deux ſcrupules; on l'emploie auſſi en bouillons. Le cœur & le foie pulvériſés de la vipere ſe don-

nent depuis huit grains jusqu'à un scrupule. Extérieurement la graisse des intestins & l'huile sont détersives, ophtalmiques.

327. 133. 3. *Lacerta palustris, Lacerta caudâ ancipiti mediocri, pedibus muticis, fissis, palmis tetradactylis.* Linn. syst. nat. edit. x. p. 201. *Salamandra aquatica. Raii quadr.* 273. Salamandre aquatique. On en trouve dans les eaux dormantes & croupissantes de la Lorraine. On se sert extérieurement de la cendre de cet animal, elle est détersive.

328. 0. 4. *Lacerta caudâ verticillatâ longiuscula squamis acutis, collari subtus squamis constructo.* Linn. syst. nat. edit. x. p. 203. *Lacertus vulgaris ventre nigro maculato. Raii quadr.* 264. Lézard commun à ventre maculé.

329. 0. 5. *Lacertus viridis. Raii quadr.* 264. Lézard verd. Variété de l'espece précédente. Ces lézards habitent les masures, les buissons, les broussailles & les bruyeres. Le sieur Becœur, Apothicaire & Naturaliste à Metz, en a découvert une espece qui est vivipare.

330. 0. 6. *Lacerta caudâ tereti brevi, digitis muticis, corpore poroso nudo.* Linn. syst. nat. edit. x. p. 204. *Salamandra terrestris. Raii quadr.* 173. Salamandre.

331. 0. 7. *Lacerta caudâ tereti mediocri, palmis tetradactylis, pedibus muti-*

*e*ls. *Linn. syst. nat. edit. x. p.* 206. *Lacerta vulgaris. Raii quadr.* 264. Lézard vulgaire; il habite en Lorraine. Les différentes especes de lézards ont toutes les mêmes vertus; on préfere cependant le lézard verd. Les lézards sont fortifians, résolutifs : on s'en sert fort peu intérieurement. Leur huile est détersive & résolutive; leur fiente est ophtalmique. Le lézard verd entre dans l'huile de lézards de la Pharmacopée de Paris. Avec ce lézard on compose à Nancy un baume souverain contre toute sorte de ruptures. On le trouve chez le sieur Willemet, Doyen des Apothicaires de ladite ville.

332. 134. 8. *Rana corpore ventricoso, verrucoso, lurido fuscoque. Linn. syst. nat. edit. x. p.* 210. *Bufo seu Rubeta. Raii quadr.* 252. Crapaud. On en trouve dans les marais & endroits humides. La poudre & les cendres de crapauds sont diurétiques, sudorifiques : la dose est depuis douze grains jusqu'à un demigros. Extérieurement l'huile, c'est-à-dire, l'infusion de crapauds dans l'huile de lin, est anodine, détersive.

333. 135. 9. *Rana dorso planiusculo subangulato. Linn. syst. nat. edit. x. p.* 212. *Rana aquatica. Raii quadr.* 247. Grenouille. Cet animal est fort commun en Lorraine.

334. 0. 10. *Rana dorso angulato, trans-*

verso gibbo, abdomine fasciâ replicatâ inguinali intercepto. Linn. syst. nat. p. 213. Rana gibbosa. 4. 5. Gesn. pisc. 809. Espece de grenouilles qui vit communément hors de l'eau; dans les nuits fraîches, elle retourne dans la fange du fond des eaux dormantes.

335. O. 11. *Rana corpore angulato, dorso transversè gibbo, abdomine marginato.* Linn. syst. nat. edit. x. p. 212. *Rana viridis aquatica.* Roes. ran. 51. T. XIII. Grenouille verde. Elle se plaît dans les fontaines.

336. O. 12. *Rana corpore levi, subtus punctis contiguis tuberculato, pedibus fissis, unguibus orbiculato dilatatis.* Linn. syst. nat. edit. x. 213. *Rana arborea.* La Grenouille d'arbre, ou la Raine, Grenouille S. Martin. Elle habite sous les feuilles des arbres, où elle se cache pour attraper les mouches. Les grenouilles sont humectantes, incrassantes, béchiques; on en fait des bouillons. Le foie est céphalique : on le prend en poudre. Extérieurement le frai de grenouilles est détersif, un peu répercussif ; l'huile est anodine, adoucissante; le fiel est ophtalmique. Le sang de la grenouille S. Martin est vulnéraire dans les plaies récentes ; sa cendre arrête le sang.

CLASSE QUATRIEME.

Des Poissons.

LEs Poissons sont des animaux la plûpart couverts d'écailles & armés de nageoires, qui habitent les eaux & qui périssent presqu'aussi-tôt qu'ils en sont sortis & qu'ils respirent le grand air.

337. 136. 1. *Alburnus*. Ablette. Poisson blanc, commun dans la Moselle, avec l'écaille duquel on contrefait les perles.

338. 137. 2. *Anguilla*. Anguille. On en trouve dans les ruisseaux, principalement dans la Seille. Le foie & le fiel d'anguille, mêlés ensemble & réduits en poudre, sont diurétiques, hystériques, ainsi que la peau: la dose est depuis un scrupule jusqu'à deux. Extérieurement la peau est astringente; la graisse est émolliente, adoucissante, résolutive, bonne contre la surdité.

339. 138. 3. *Clupea lateribus nigro maculatis, rostro bifido.* Linn. syst. nat. 318. *Alosa*. Alose; Poisson de mer qui remonte dans la Moselle. On en voit beaucoup dans la petite riviere d'Orne. La poudre de l'os pierreux qu'on trouve

dans sa tête, est apéritive, absorbante: la dose est depuis un demi-scrupule jusqu'à un gros.

340. 139. 4. *Cobitis fluviatilis.* Loche; poisson qui se trouve dans la riviere qui arrose Bar. On estime beaucoup ce poisson parmi les alimens.

341. 140. 5. *Cottus lævis, capite spinis duabus.* Linn. syst. nat. 265. Chabot; petit poisson commun dans les rivieres & ruisseaux rapides.

342. 141. 6. *Cyprinus pinna ani radiis septem, cirrhis quatuor, pinna dorsi radio secundo utrinque serrato.* Linn. syst. nat. 320. *Cyprinus barbus.* Barbeau; poisson du genre des carpes. On en trouve dans la Moselle. Horace estimoit très-fort un barbeau de trois livres.

343. 0. 7. *Cyprinus pinna ani radiis novem, cirrhis quatuor, pinnæ dorsalis radio secundo portice serrato.* Linn. syst. nat. 320. *Carpio.* Carpe; elle habite les rivieres & les étangs. On trouve au haut du palais de la carpe un os pierreux, triangulaire, large & blanc, comme aussi deux petites pierres ovales au dessus des yeux; on réduit le tout en poudre. Cette poudre est diurétique, absorbante: la dose est depuis un scrupule jusqu'à un gros. Extérieurement le fiel est détersif, ophtalmique.

344. 0. 8. *Cyprinus pinna ani radiis viginti quinque, caudâ integrâ corpore mu-*

eofo. Linn. syst. nat. 321. *Tinea.* Tanche. Elle se plaît dans l'eau vive. On trouve dans sa tête deux petites pierres qu'on réduit en poudre. Cette poudre est absorbante, détersive, diurétique : la dose est depuis douze grains jusqu'à deux scrupules. Le fiel s'emploie pour la surdité.

345. 0. 9. *Cyprinus pinnâ ani radiis viginti septem, pinnis fuscis. Linn. syst. nat.* 328. *Brama.* Brême; poisson du genre des carpes, qui habite les rivieres.

346. 0. 10. *Cyprinus oblongus.* Meûnier; poisson qui habite les rivieres près des moulins, d'où il tire son nom.

347. 141. 11. *Esox rostro depresso subæquali. Linn. syst. nat.* 314. *Esox lucius.* Brochet. Il habite les rivieres & les étangs. Son fiel est apéritif, fébrifuge : la dose est de sept à huit gouttes; extérieurement il est ophtalmique. On emploie aussi sa graisse extérieurement : elle est résolutive, adoucissante. La mâchoire inférieure pulvérisée est absorbante, alkaline, détersive : la dose est depuis douze grains jusqu'à un demi-gros. Elle entre dans l'opiate béchique de Marquet. Sa cendre est extérieurement dessicative. Les petites pierres, qui se trouvent dans sa tête, sont hystériques, diurétiques, céphaliques : la dose est depuis un demi-scrupule jusqu'à deux.

348. 143. 12. *Gobius pinna dorsi secunda radiis quatuordecim. Gobius niger. Linn. syst. nat edit. x. gen.* 262. Goujon d'eau douce. Ce petit poisson se plaît dans les eaux courtes & les ruisseaux. C'est un excellent manger, fort léger en fritures.

349. 144. 13. *Lampetra pinna dorsali posteriore lineari, labio oris superiore, latere lobato. Linn. syst. nat. edit. x. p.* 230. *Lampetra minor. Salv. pisc.* 63. Lamproie. On en trouve dans le petit ruisseau de Sexey-aux-Forges, vis-à-vis le village de Maron.

350. 145. 14. *Perca pinnis dorsalibus distinctis, secunda radiis sexdecim. Perca fluviatilis. Linn. syst. nat.* 289. Perche ; poisson de rivieres & d'étangs. Les petits os qu'on trouve dans sa tête, vers l'origine de son dos, réduits en poudre, sont apéritifs, absorbans : la dose est depuis douze grains jusqu'à deux scrupules. Extérieurement ils sont dessicatifs.

351. 146. 15. *Salmo rostro ultrà inferiorem maxillam præminente. Linn. syst. nat. edit. x.* 308. *Salmo salari.* Saumon. Il remonte dans la Moselle jusqu'à Thionville & Metz. Son fiel s'emploie dans les maladies des yeux & des oreilles.

352. 0. 16. *Salmo ocellis nigris, iridibus brunneis, pinnâ pectorali punctis. Linn. syst. nat.* 308. *Truitta.* Truite. On en trouve dans les ruisseaux d'eau vive.

On trouve dans un ruisseau aux environs d'Epinal une espece de truite saumonée qu'on nomme René. Les mâchoires & les dents de la truite réduits en poudre sont absorbantes, diurétiques : la dose est depuis un gros jusqu'à deux. Extérieurement la graisse est adoucissante, résolutive.

CLASSE CINQUIEME.

Des Insectes.

Les Insectes sont des Animaux dont le corps est composé de plusieurs sections ou parties jointes ensemble par des especes d'étranglemens ou intersections. Parmi les Insectes les uns sont composés d'anneaux ou de lames écailleuses, qui rentrent les unes sous les autres, & ce sont ceux qu'on appelle Insectes proprement dits, puisque leur corps est réellement composé de plusieurs portions : les autres, qu'on pourroit appeler Insectes Testacés, n'ont point de pareils anneaux, mais sont recouverts d'une espece de croûte entiere, ferme, souvent assez dure, comme on le voit dans les crabes & les araignées,

&c. On remarque néanmoins dans ces derniers quelques intersections ou étranglemens semblables à ceux qui se rencontrent dans les autres insectes. Un caractere des Animaux de cette Classe, dit M. Geoffroy, est donc d'avoir leur corps divisé & comme séparé en plusieurs parties par des étranglemens minces ; mais ce caractere n'est pas unique, il en est un autre qui n'est pas moins essentiel dans les insectes & qui est constant dans tous, c'est d'avoir à la tête ces especes de cornes mobiles, composées de plusieurs pieces articulées ensemble, plus ou moins nombreuses, que les Naturalistes ont appellées antennes. Ces antennes varient infiniment pour la grandeur & la figure, & servent à déterminer les différens genres.

M. Geoffroy divise tous les Insectes en six Sections. La premiere renferme tous les Coléopteres ou Insectes à étui. La seconde Section comprend les Hémipteres ou Insectes à demi-étui. Dans la troisieme sont tous les Insectes Tétrapteres à ailes farineuses, ou les Insectes à quatre ailes couvertes de cette poussiere écailleuse qu'on apperçoit sur les ailes des papillons. Nous renfermons dans la quatrieme Section tous les Tétrapteres ou Insectes à quatre ailes nues. La cinquieme est composée des Dipteres, ou Insectes qui n'ont que deux ailes;

enfin on range sous la derniere Section tous les Insectes Apteres ou sans ailes.

SECTION PREMIERE.

Des Coléopteres.

353. 147. 1. *Platycerus fuscus, cornubus duobus mobilibus, apice bifurcis, intus ramo denticulisque instructis.* Geoffr. 61. Cerf-volant de la grande espece. Le sieur Becœur, Apothicaire à Metz, a un cerf-volant de la petite espece non décrit dans Geoffroy. Cet Insecte se trouve communément sur les chênes. On lui attribue une vertu diurétique, depuis la dose de quatre grains jusqu'à huit; extérieurement il est nervin.

354. 0. 2. *Platycerus fuscus, elytris lævibus, capite lævi.* Geoff. 62. La grande Biche. On trouve dans la Lorraine & les Trois-Evêchés une espece de Biche non décrite dans Geoffroy, que nous nommons moyenne Biche, parce qu'elle tient le milieu entre la grande Biche & la petite Biche, dont il sera parlé dans le numéro suivant. On voit la grande Biche aux environs des vieux frênes à demi-pourris.

355. 0. 3. *Platycerus niger, elytris lævibus, capitis puncto duplici prominente.*

Geoff. 62. La petite Biche. Elle se plaît dans les troncs d'arbres pourris.

356. 0. 4. *Platycerus violaceo cæruleus, elytris lævibus. Geoff.* 63. La Chevrette bleue.

357. 0. 5. *Platycerus fuscus, elytris striatis. Geoff.* 64. La Chevrette brune.

358. 148. 6. *Ptilinus atro fuscus, thorace convexo, pedibus antennisque pallidis. Geoff.* 65. La Panache brune. Cet insecte réside dans les vieux troncs de saule.

359. 0. 7. *Ptilinus niger, subvillosus, thorace plano marginato, elytris flavis mollioribus. Geoff.* 66. La Panache jaune.

360. 149. 8. *Scarabæus capite unicorni recurvo, thorace gibbo, abdomine hirsuto. Linn. Fauna Suec.* n°. 340. Le Moine, ou Rhinoceros. Cet insecte se trouve dans les couches de jardins & potagers, & dans les bois pourris.

361. 0. 9. *Scarabæus testaceus, thorace villoso, abdominis incisuris lateralibus albis, caudâ inflexâ. Linn. Faun. Suec.* 345. Le Hanneton. On en trouve au mois de Mai sur les cerisiers, prûniers & charmes. On attribue au hanneton une vertu apéritive & diurétique, on le met en poudre. On se sert en Lorraine fort communément des ailes transparentes de cet insecte, infusées dans du vin, contre la colique néphrétique.

362. 0. 10. *Scarabæus niger, elytris*

striatis thorace introrsùm tricorni. Geoff. 72. Le Phalangifte. On trouve fa larve dans les bouzes de vache.

363. O. 11. *Scarabæus viridi æneus, thoracis parte pronâ anticè prominente.* Geoff. 73. L'Eméraudine.

364. O. 12. *Scarabæus viridis nitens, thorace infra æquali, non prominente.* Geoff. 73. Le Verdet.

365. O. 13. *Scarabæus testaceus, thorace villoso, elytris luteo pallidis, lineis tribus elevatis pallidioribus.* Geoff. 74. Le petit Hanneton d'automne; il voltige le foir fur la fin de l'été autour des arbres.

366. O. 14. *Scarabæus capite thoraceque cæruleo piloso, elytris rufis.* Geof. 75. Le petit Hanneton à corcelet verd.

367. O. 15. *Scarabæus ater, dorso glabro, elytris sulcatis, capitis clypeo rhomboïde centro prominulo.* Linn. Faun. Suec. 349. Le grand Pillulaire, le Fouille-merde. Il fait fa demeure ordinaire dans les immondices & les matieres les plus fâles. Le grand pillulaire intérieurement eft diurétique; extérieurement l'huile faite avec cet animal eft réfolutive, adouciffante & fortifiante.

368. O. 16. *Scarabæus cærulescens, dorso elytrisque glabris lævissimisque, capitis clypeo rhomboïde, centro prominulo.* Linn. Faun. Suec. 350. Le petit Pillulaire. On remarque encore en Lorraine un Pillulaire qui tient le milieu entre

les deux espèces, & que nous appellerons Moyen.

369. o. 17. *Scarabæus ater, punctis elevatis, per strias digestis.* Geoff. 78. Le Scarabé perlé.

370. o. 18. *Scarabæus violaceus & squamosus, squamis subtus argenteis.* Geoff. 79. L'Ecailleux violet. On le trouve dans les troncs des vieux arbres pourris.

371. o. 19. *Scarabæus nigro cærulescens maculis albis sparsis, ordine macularum abdominalium longitudinali.* Geoff. 79. Le Drap-mortuaire. On le trouve en été sur les plantes ombelliferes.

372. o. 20. *Scarabæus niger, hirsutie flavus, elytris luteis, fasciis tribus nigris interruptis.* Geoff. 80. La Livrée d'ancre.

373. o. 21. *Scarabæus villosus, albo, nigro, flavoque irregulariter variegatus.* Geoff. 81. L'Arlequin velu.

374. o. 22. *Scarabæus capite thoraceque nigro, antennis elytrisque rubris.* Linn. Faun. Suec. n°. 355. Le Scarabé-bedeau.

375. o. 23. *Scarabæus capite thoraceque nigro glabro, elytris griseis, pedibus pallidis.* Linn. Faun. Suec. n°. 353. Le Scarabé gris des bouzes.

376. o. 24. *Scarabæus totus niger, spinulis tribus capitis transversim positis.* Geoff. 82. La Tête-armée.

377. o. 25. *Scarabæus totus niger, capite inermi.* Geoff. 83. Le Scarabé jayet.

378. o. 26. *Scarabæus fulvus, oculis*

nigris, thorace glabro Geof. 83. Le Scarabé fauve aux yeux noirs. On trouve cet insecte sur les arbustes & broussailles.

379. 0. 27. *Scarabæus piceus. Linn. Faun. Suec. n°. 357.* Le Scarabé noir des marais.

380. 0. 28. *Scarabæus subrotundus lucidus, capite thoraceque nigro, elytris pallidis pellucidis. Geoff.* 86. Le Perle aquatique.

381. 0. 29. *Scarabæus niger pedibus rufis, elytris profundè striatis. Geof.* 86. Le petit Scarabé noir strié. Cet animal se trouve aux environs des jardins dans les tas de plantes pourries.

382. 0. 30. *Scarabæus nigro cærulescens. Linn. Faun. Suec. n°. 359.* Le Scarabé noir. Il se plaît sur les fleurs.

Outre ces différentes especes de Scarabés décrits dans Geoffroy, il y a en Lorraine de cinq autres especes. Nous nommerons la premiere espece Hanneton du printemps noirâtre; celui de la seconde espece est le Hanneton brun violet plus petit; celui de la troisieme s'appelle, suivant la saison qu'il paroît, le Hanneton d'été. Le quatrieme insecte de ce genre, non décrit dans Geoffroy, est le Hanneton doré; & pour ce qui est du cinquieme il est très-rare, il vole de nuit & tombe d'ordinaire dans les cheminées, c'est le grand Scarabé violet.

383. 150. 31. *Copris capitis clypeo lunulato, margine elevato, corniculo denticu-*

lato. Geof. 88. Le Bousier-capucin. Il se rencontre dans les fientes de vache.

384. O. 32. *Copris niger, capite clypeato, margine serrato, thorace lato lævi, elytris striatis. Geof.* 89. Le Hottentot. On le trouve dans les bouzes de vaches.

385. O. 33. *Copris fusco niger, capite clypeato angulato, pone cornuto, elytris ferrugineo-nebulosis, brevibus, striatis. Geof.* 89. Le petit Bousier noir cornu.

386. O. 34. *Copris fusco niger, capite clypeato angulato, non cornuto, elytris brevibus, striatis. Geof.* 89. Le Bousier noir sans cornes. On le trouve dans les bouzes de vache.

387. O. 35. *Copris obscurè æneus, capite pone bicorni, thorace anticè prominente, elytris rufis nigro maculatis. Geof.* 90. Le Bousier à deux cornes. Il se trouve dans les mêmes endroits que le précédent.

388. O. 36. *Copris fulvus, capite æneo, thoracis utrinque cavitate laterali fuscâ. Geof.* 90. Le Bousier fauve. Cet insecte se trouve dans les bouzes.

389. O. 37. *Copris niger, pedibus longis, femorum posteriorum basi denticulatâ, elytris posticè gibbris. Geof.* 92. Le Bousier-araignée.

390. O. 38. *Copris niger, capite pone bicorni, corniculis tenuibus arcuatis, longitudine thoracis, thorace utrinque sinuato. Geof.* 92. Bousier à cornes retroussées.

On trouve encore en Lorraine, outre ceux que nous avons rapportés, un petit Bousier cornu noir à ailides striés, qui ne se trouve pas décrit dans Geoffroy.

391. 151. 39. *Attelabus totus niger, elytris lævibus nonnihil striatis.* Geof. 94. L'Escarbot noir.

392. 0. 40. *Attelabus niger, elytro singulo, maculâ rubrâ.* Geof. 95. Escarbot à taches rouges.

393. 0. 41. *Attelabus nigro cupreus, capite nonnihil prominulo.* Geof. 95. Escarbot bronzé.

394. 152. 42. *Dermestes thorace marginato, elytris abscissis, nigris, fasciis duabus transversis undulatis luteis.* Geof. 98. Dermeste à points de Hongrie.

395. 0. 43. *Dermestes thorace marginato, elytris abscissis, totus niger.* Geoff. 99. Le grand Dermeste noir.

396. 0. 44. *Dermestes niger, coleoptris punctis rubris binis.* Linn. Faun. Suec. n°. 363. Le Dermeste à deux points rouges. On le trouve dans les charognes.

397. 0. 45. *Dermestes niger, coleoptris punctis albis binis.* Linn. Faun. Suec. 362. Le Dermeste à deux points blancs.

398. 0. 46. *Dermestes niger, elytris anticè cinereis.* Linn. Faun. Suec. 360. Dermeste du lard. Il se trouve dans le vieux lard.

399. 0. 47. *Dermestes nigro fuscus, elytris anticè pallidioribus nebulosis.* Geoff. 101. Le Dermeste effacé.

400. 0. 48. *Dermestes oblongus, glaber, testaceus, oculis nigris.* Linn. Faun. Suec. 375. Le Dermeste du fumier. On trouve ce petit animal dans le fumier.

401. 0. 49. *Dermestes nigro fuscoque nebulosus, elytris vix striatis.* Geoff. 104. Le Dermeste panaché.

402. 0. 50. *Dermestes niger, coleoptris punctis rubris quaternis, elytris striatis, oblongus.* Geoff. 106. Le Dermeste à quatre points rouges striés. On le trouve sur les arbres.

403. 0. 51. *Dermestes niger subrotundus elytris lævibus, antennis thorace longioribus.* Geoff. 107. Le Dermeste noir à longues antennes. On trouve cet insecte sur les plantes.

404. 0. 52. *Dermestes niger oblongus, elytris punctatis, pedibus fulvis.* Geoff. 108. Le Dermeste noir à pattes fauves.

405. 153. 53. *Byrrhus testaceo niger, thorace subirsuto.* Geoff. 111. La Vrillette des tables. Il est fort commun dans les maisons, il perce les meubles.

406. 0. 54. *Byrrhus testaceus glaber oculis nigris.* Linn. syst. nat. edit. x. n°. 7. La Vrillette de la farine. On trouve cet insecte dans la farine.

407. 0. 55. *Byrrhus totus nigro fuscus.* Geoff. 112. La Vrillette-Savoyarde. Cet insecte habite les maisons. Sa larve se rencontre dans les bois pourris.

408. 154. 56. *Anthrenus squamosus*

LOTHARINGIÆ. 139
niger, fasciâ punctisque coleoptrorum albis, suturis fuscis. Geoff. 114. L'Anthrene à broderie. On en trouve sur les fleurs.

409. 0. 57. *Anthrenus squamosus niger, elytris fuscis, fasciâ triplici undulatâ albâ.* Geoff. 115. L'Amourette. Les Naturalistes sont souvent incommodés par cet insecte dans leur cabinet. Nous avons encore en Lorraine une autre espece d'anthrene, non décrite dans Geoffroy, & que nous nommerons anthrene luisante & lisse. Elle se trouve sur le marsaut, espece de Saule.

410. 155. 58. *Cistella subvillosa atra, fascia elytrorum transversa aurato fusca.* Geoff. 116. La Cistelle satinée. On trouve cet insecte dant le sable le long des chemins.

411. 0. 59. *Cistella nigra nitens, glabra.* Geof. 117. La Cistelle noire lisse.

412. 156. 60. *Peltis nigra, elytris lineis tribus elevatis, spatio interjecto punctato, thorace levi.* Geoff. 118. Le Bouclier noir à trois raies & corcelet lisse. On le trouve dans les matieres pourries & dans les corps d'animaux morts.

413. 0. 61. *Peltis nigra, elytris lineis tribus elevatis, spatio interjecto munitissimo punctato, thorace scabro.* Geoff. 119. Bouclier noir à corcelet raboteux.

414. 0. 62. *Peltis nigra, elytris lineis tribus elevatis acutis, spatio interjecto*

veluti complicato, thorace scabro. Geoff. 120. Le Bouclier noir chifonné à corcelet raboteux.

415. o. 63. *Peltis nigra, lineis tribus elevatis acutis, thorace ferrugineo.* Geoff. 121. Le Bouclier à corcelet jaune.

416. o. 64. *Peltis nigra, thorace, elytrisque testaceis, thoracis macula coleoptrorumque punctis quinque nigris.* Le Bouclier jaune à taches noires; insecte rare aux environs de Metz & très-commun à Custine.

417. o. 65. *Peltis nigra tota, elytris lævibus, punctis minimis excavatis.* Geoff. 122. La Gouttiere. On la trouve dans les bois humides & pourris.

On remarque encore en Lorraine deux fortes de boucliers, non décrits dans Geoffroy; le bouclier que nous nommerons à corcelet lisse à ailides striés, & l'autre à corcelet lisse à ailides en gouttiere.

418. 157. 66. *Cucujus aureus, elytrorum fossulis quatuor impressis nitentibus.* Geoff. 125. Le Richard à fossettes.

419. o. 67. *Cucujus viridi auratus, oblongus, thorace punctato, elytris striatis.* Geoff. 127. Richard doré à stries. On le trouve sur les buissons.

420. o. 68. *Cucujus æneus, elytris fuscis, thorace rubro fasciis fuscis.* Geoff. 127. Richard-Rubis. On trouve cet insecte sur le rosier.

421. 0. 69. *Cucujus viridi cupreus, lævis oblongus.* Geoff. 127. Le Richard verd allongé. Il se plaît sur les feuilles de charmilles.

422. 0. 70. *Cucujus fusco-cupreus, triangularis, fasciis undulatis villoso-albidis.* Geoff. 128. Richard triangulaire ondé. On le trouve sur les feuilles d'Orme.

423. 158. 71. *Elater niger, elytris rubris.* Linn. Faun. Suec. 574. Le Taupin à étuis rouges. On trouve cet insecte dans les bois, sous les écorces des arbres.

424. 0. 72. *Elater niger, elytris flavis.* Geoff. 131. Le Taupin à étuis jaunes & corcelet lisse. Il se trouve dans les bois pourris.

425. 0. 73. *Elater thorace villoso, elyptris testaceis apice nigris.* Linn. Faun. Suec. 573. Le Taupin à corcelet velouté.

426. 0. 74. *Elater niger thorace rubro.* Linn. Faun. Suec. 579. Le Taupin noir à corcelet rouge.

427. 0. 75. *Elater thorace nigro, circulo rubro, elytris fulvis, cruce nigrâ.* Geoff. 133. Le Taupin porte-croix.

428. 0. 76. *Elater fusco-viridi-æneus.* Linn. Faun. Suec. 575. Le Taupin brun cuivreux. Cet insecte court à terre dans les broussailles.

429. 0. 77. *Elater nigro-fuscus-cinerea-*

K

nebulosus. Geof. 134. Taupin brun nébuleux ; cet animal court dans les champs de bleds.

430. o. 78. *Elater niger elytris fuscis. Geof.* 136. Taupin noir à étuis bruns. Il est commun dans les champs.

431. o. 79. *Elater niger, elytris villoso-murinis. Geoff.* 135. Le Taupin gris-de-souris.

432. o. 80. *Elater niger elytrorum basi maculis rubris. Geoff.* 136. Le Taupin noir à taches rouges. Il se trouve sous les écorces des vieux arbres.

433. o. 81. *Elater totus niger nitidus. Geoff.* 136. Le Taupin en deuil. Outre ces taupins, il y a encore en Lorraine un autre Taupin, non écrit dans Geoffroy, qu'on trouve sur les bourgeons du chêne. Nous le nommerons Taupin rouge à corcelet brun & à antheres très-amples.

434. 159. 82. *Bupreſtis ater, elytris rugosis. Geoff.* 141. Bupreste noir chagriné. On le trouve dans les ordures humides des jardins & sous les pierres à la campagne.

435. o. 83. *Buprestis viridis, elytris obtusè sulcatis, non punctatis, pedibus antennisque ferrugineis. Geoff.* 142. Le Bupreste doré & sillonné à larges bandes. Il se trouve communément dans les endroits humides des jardins, sous les pierres & les tas de plantes pourries.

436. 0. 84. *Buprestis niger, elytris æneis, convexè punctatis striatisque.* Geoff. 143. Le Bupreste galonné.

437. 0. 85. *Buprestis totus nigro-violaceus, elytris densè striatis.* Geoff. 144. Le Bupreste azuré. On trouve cet insecte dans les ordures des jardins.

438. 0. 86. *Buprestis nigro-violaceus, elytris latis æneis è viridi purpureis, singulo striis sexdecim.* Geof. 144. Le Bupreste quarré, couleur d'or. Cet insecte mange les chenilles du chêne.

439. 0. 87. *Buprestis totus è fusco viridi-cupreus, elytris latis, singulo striis sexdecim.* Geoff. 145. Le Bupreste quarré, couleur de bronze antique.

440. 0. 88. *Buprestis ater, elytro singulo striis octo lævibus, pedibus nigris.* Geoff. 146. Le Bupreste tout noir.

441. 0. 89. *Buprestis niger, elytro singulo striis octo punctatis, pedibus ferrugineis.* Geoff. 146. Le Bupreste noir à pattes rougeâtres.

442. 0. 90. *Buprestis niger, elytro singulo striis octo lævibus, pedibus lividis.* Geoff. 147. Le Bupreste noir à pattes jaunes.

443. 0. 91. *Buprestis viridis punctatus, elytro singulo striis octo, pedibus pallidis.* Geoff. 147. Bupreste verd pointillé, à huit stries & pattes fauves.

444. 0. 92. *Buprestis viridis nitidus, elytro singulo striis octo, pedibus pallidis,*

punctis tribus impressis. Geoff. 148. Bu‑
preste verd lisse, à huit stries & pattes
fauves.

445. o. 93. *Buprestis viridis, elytro
singulo striis octo, pedibus elytrorumque
anticâ parte & margine fulvis.* Geoff. 148.
Bupreste à étuis verds & bruns.

446. o. 94. *Buprestis nitens, capite
thoraceque viridi, elytris cupreis punc‑
tulis duodecim.* Geoff. 149. Le Bupreste
à étuis cuivreux. On le trouve sur le sa‑
ble aux bords des ruisseaux.

447. o. 95. *Buprestis capite elytrisque
cæruleis, thorace rubro.* Geoff. 149.
Bupreste bleu à corcelet rouge.

448. o. 96. *Buprestis niger, thorace
pedibusque rubris, elytris rubris, cruce
nigrâ.* Geoff. 150. Chevalier rouge.

449. o. 97. *Buprestis niger, thorace
ovato, nigro, elytris striatis, maculis
quatuor lividis.* Geoff. 151. Le Bupreste
quadrille à corcelet rond & étuis striés.
On le trouve sur les bords des rivieres
& des ruisseaux.

450. o. 98. *Buprestis testaceus, capite
nigro.* Geoff. 153. Bupreste fauve à tête
noire.

451. o. 99. *Buprestis inauratus, supra
viridis, coleoptris punctis duodecim al‑
bis.* Geoff. 153. Le Velours verd à
douze points blancs. Cet insecte habite
les endroits secs & sablonneux.

452. o. 100. *Buprestis inauratus, supra*

fusco-viridis, coleoptris fasciis sex undulatis albis. Geoff. 155. Buprestre à broderie blanche.

453. O. 101. *Buprestis inauratus, supra fusco-viridis, coleoptris punctis sex albis. Geoff.* 155. Le Buprestre verd à six points blancs. On trouve cet insecte dans les terrains sablonneux, près des rivieres & des ruisseaux.

454. O. 102. *Buprestis viridi-æneus, elytris punctis latis excavatis, mammillosis. Geoff.* 156. Buprestre à mamellons. On trouve cet insecte dans les endroits sablonneux & humides.

455. O. 103. *Buprestis ater, thorace lato, elytrorum striis punctatis. Geoff.* 159. Le Buprestre paresseux. Cet insecte se trouve dans les terres seches & arides.

456. O. 104. *Buprestis totus viridis, thorace lato. Geoff.* 159. Buprestre verdet.

457. O. 105. *Buprestis infra niger, supra nigro-æneus, thorace lato. Geoff.* 160. Buprestre-rosette.

458. O. 106. *Buprestis totus niger, thorace lato lævi, elytrorum striis lævibus. Geoff.* 160. Le Buprestre en deuil.

459. O. 107. *Buprestis ater, lævis, pedibus antennarumque basi ferrugineis. Geoff.* 161. Buprestre noir à pattes brunes.

460. O. 108. *Buprestis viridis, pedibus elytrorumque margine exteriore pallidè testaceis. Geoff.* 162. Le Buprestre verd à bordure.

461. O. 109. *Bupreſtis niger, thorace, antennis, pedibuſque ferrugineis.* Geoff. 162. Bupreſte noir à corcelet rouge.

462. O. 110. *Bupreſtis ferrugineo-lividus, elytris punctato ſtriatis.* Geoff. 162. Bupreſte fauve. On voit en Lorraine une eſpece de Bupreſte, non décrit dans M. Geoffroy, que nous appellerons Bupreſte à deux points blancs.

463. 160. 111. *Bruchus teſtaceus, elytrorum faſciâ duplici albidâ.* Geoff. 164. La Bruche à bandes. Cet animal ronge les inſectes & animaux deſſéchés.

464. O. 112. *Bruchus totus teſtaceus, elytris coadunatis.* Geoff. 164. La Bruche ſans ailes. On la trouve dans le vieux foin.

465. 161. 113. *Lampyris fœminâ apterâ.* Geof. 166. Le Ver luiſant à femelle ſans ailes. Il ſe trouve dans les bois pourris.

466. 162. 114. *Cicindela elytris nigricantibus, thorace rubro, nigrâ maculâ.* Geoff. 170. La Cicindele noire à corcelet maculé; elle eſt commune ſur les fleurs.

467. O. 115. *Cicindela thorace rubro immaculato, genubus poſticis nigris.* Geoff. 171. La Cicindele à corcelet rouge. Elle ſe trouve ſur les fleurs.

468. O. 116. *Cicindela elytris nigricantibus, thorace rubro immaculato, genubus omnibus rubris.* Geoff. 172. La petite Cicindele noire.

469. o. 117. *Cicindela elytris testaceis, thorace rubro immaculato, genubus omnibus rubris.* Geof. 173. La petite Cicindele pâle.

470. o. 118. *Cicindela viridi-ænea, elytris extrorsum rubris.* Geof. 174. La Cicindele-bedeaude; on trouve cet insecte sur les fleurs.

471. o. 119. *Cicindela æneo-viridis, elytris apice rubris.* Geof. 175. La Cicindele verte à points rouges. Elle habite les fleurs.

472. o. 120. *Cicindela æneo-viridis elytris apice flavis.* Geof. 175. La Cicindele verte à points jaunes.

473. o. 121. *Cicindela elytris nigris, fasciis duabus rubris.* Geof. 177. La Cicindele à bandes rouges.

474. o. 122. *Cicindela plumbeo-nigra.* Geof. 178. La Cicindele plombée.

475. o. 123. *Cicindela plumbeo-Cuprea, tibiis pallidis, abdomine subrotundo.* Geof. 179. La Cicindele bronzée.

476. 163. 124. *Omalisus.* Geof. 180. L'Omalise.

477. 164. 125. *Hydrophilus niger, elytris sulcatis, antennis fuscis.* Geof. 182. Le grand Hydrophile.

478. o. 126. *Hydrophilus niger, elytris striatis, pedibus fuscis.* Geof. 184. Hydrophile noir strié.

479. 165. 127. *Dyticus fuscus, margine coleoptrorum thoracisque flavo.* Geof.

185. Le Dytique brun à bordure. On trouve cet insecte dans les eaux dormantes & tranquilles.

480. O. 128. *Dyticus elytris striis viginti dimidiatis.* Geoff. 187. Le Dytique demi-sillonné. On trouve cet insecte dans l'eau.

481. O. 129. *Dyticus elytris sulcis decem longitudinalibus, thoracis, medietate flavâ.* Geoff. 189. Dytique sillonné.

482. 166. 130. *Gyrinus.* Geoff. 194. Le Tourniquet.

483. 167. 131. *Melolontha coleoptris rubris, maculis quatuor nigris, thorace nigro.* Geof. 195. Melolonte quadrille à corcelet noir. Cet insecte se voit sur le prunellier sauvage.

484. O. 132. *Melolontha nigro-viridis, elytris luteo pallidis.* Geoff. 196. Mélolonte-Lisette.

485. O. 133. *Melololontha cærulea, thorace pedibusque ferrugineis.* Geof. 197. La Mélolonte bleuette.

486. O. 134. *Melolontha viridi-cærulea, thorace rubro cœruleâ maculâ, tibiis ferrugineis.* Geof. 197. La Mélolonte mouche.

487. 168. 135. *Cerambyx fusco-niger, elytris rugosis, apice interiore spinosis, antennis corpore longioribus.* Geof. 200. Le grand Capricorne noir; il se trouve dans les bois pourris.

488. O. 136. *Cerambyx ater, elytris*

rugosis integris, antennis corpore longioribus. Geof. 201. Petit Capricorne noir; il se trouve au printemps sur l'aube-épine.

489. O. 137. *Cerambyx ater, elytris punctis elevatis, antennis corpore brevioribus.* Geof. 201. Le Capricorne noir chagriné; on le trouve sur le vieux bois des chantiers.

490. O. 138. *Cerambyx viridi-cærulescens.* Geof. 203. Le Capricorne verd à odeur de roses; on trouve cet insecte sur le saule.

491. O. 139. *Cerambyx niger, elytris thoracisque lateribus rubris.* Geof. 204. Le Capricorne rouge. On trouve cet insecte dans les vieux bois.

492. O. 140. *Cerambyx niger, elytris vellere cinereo-marmoratis, antennis pedibusque cinereo-interfectis.* Geof. 204. Le Capricorne noir marbré de gris; cet insecte se trouve sur les saules.

493. O. 141. *Cerambyx ater ovatus, antennis corpore dimidio brevioribus, elytris vellere cinereo albidis.* Geof. 205. Le Capricorne oval cendré; on le trouve communément sur l'aube-épine.

494. O. 142. *Cerambyx ovatus fuscus, elytris anticè cinereis, apice bidentatis.* Geof. 206. Le Capricorne à étuis dentelés.

495. O. 143. *Cerambyx ovatus fuscus, elytris integris.* Geof. 206. Capricorne brun de forme ovale.

496. 169. 144. *Leptura cinerea, nigra punctata, thorace cylindraceo.* Geof. 208. Lepture chagrinée.

497. 0. 145. *Leptura tota cinereo-atra, capite thoraceque subvilloso.* Geof. 208. La Lepture ardoisée ; cet insecte se trouve sur les fleurs.

498. 0. 146. *Leptura nigra, thoracis lineis tribus, elytrorumque maculis villoso flavis, thorace cylindraceo, antennis corpus æquantibus.* Geof. 208. La Lepture à corcelet cylindrique & taches jaunes ; on trouve cet insecte au commencement de l'été sur le bouleau.

499. 0. 147. *Leptura nigra, elytris flavis, apice nigris.* Linn. Faun. Suec. 506. La Lepture noire à étuis jaunes ; cet insecte est fort commun.

500. 0. 148. *Leptura tota nigro-ferruginea, thorace subcylindraceo.* Geof. 210. La Lepture rouillée ; on trouve cet insecte dans les bois.

501. 0. 149. *Leptura nigra, maculis villoso-flavis, thorace globoso, antennis corpore dimidio brevioribus.* Geof. 211. La Lepture à corcelet rond & taches jaunes.

502. 0. 150. *Leptura nigra, villoso-flava, maculis duabus in elytro singulo glabris nigris.* Geof. 211. Lepture velours jaune ; insecte rare.

503. 0. 151. *Leptura nigricans, capite thoraceque rubro, punctis nigris.* Geof. 212. Lepture à corcelet rouge ponctué.

504. o. 152. *Leptura nigra, elytrorum lineis quatuor arcuatis, punctisque flavis, pedibus testaceis.* Geof. 212. Lepture aux croissans dorés. On trouve cet insecte dans les troncs d'arbres pourris.

505. o. 153. *Leptura nigra, elytrorum lineis tribus transversis, punctisque flavis, pedibus testaceis.* Geof. 214. Lepture à trois bandes dorées; cet insecte habite les fleurs.

506. o. 154. *Leptura niger, elytrorum lineis transversis punctisque albis.* Geof. 215. Lepture à raies blanches; cet insecte se trouve sur les plantes ombelliferes.

507. o. 155. *Leptura nigra, elytris pallido-fuscis, signaturis flavis.* Geof. 216. Lepture noire à étuis gris tachés de jaune.

508. o. 156. *Leptura cærulea, tibiis rufis, thorace subgloboso.* Geof. 217. Lepture bleue; on trouve cet insecte dans les chantiers.

509. o. 157. *Leptura testaceo-fusca, thorace rhomboidali-villoso, elytrorum maculis quatuor albidis transversim positis.* Geof. 218. Lepture brune à corcelet rhomboïdal.

510. o. 158. *Leptura testacea, thorace glabro.* Geof. 218. Lepture livide à corcelet lisse.

511. o. 159. *Leptura atra, thorace testaceo, femoribus crassis.* Geof. 219. Lepture noire à corcelet rougeâtre; on trouve celle-ci avec la précédente sur les fleurs.

512. 0. 160. *Leptura nigra, thorace coleoptrisque sericeo rubris. Geof.* 220. Lepture veloutée couleur de feu. On la trouve dans les chantiers & souvent dans les bûchers des maisons.

513. 0. 161. *Leptura nigra, elytris pedibusque rubescentibus lividis, coleoptris attenuatis. Geof.* 220. Lepture à étuis étranglés; cet insecte se plaît sur les fleurs. On remarque encore en Lorraine une espece de Lepture à pattes, corcelet jaune, étuis noirs & tête noire, non décrite dans M. Geoffroy.

514. 170. 162. *Stenocorus glaber, è fusco niger, elytro singulo lineis tribus elevatis, maculis duabus luteis, thorace spinoso. Geof.* 222. Le Stencore lisse à bandes jaunes. On trouve cet insecte dans les bois.

515. 0. 163. *Stenocorus niger, vellere flavo variegatus, elytris lineis duabus elevatis, thorace spinoso. Geof.* 223. Le Stencore noir velouté de jaune.

516. 0. 164. *Stenocorus ruber oculis nigris, elytris violaceis. Geof.* 224. Stencore rouge à étuis violets; on trouve cet insecte sur l'orme.

517. 0. 165. *Stenocorus niger, elytris testaceo-flavis, punctis duobus, cruce fasciisque nigris. Geof.* 224. Le Stencore jaune à bandes noires; cet insecte se trouve fréquemment sur la ronce.

518. 0. 166. *Stenocorus niger, elytris*

LOTHARINGIÆ. 153

rubescentibus, apice suturæque medietate nigris. Geof. 226. Stencore-bedeau.

519. O. 167. *Stenocorus niger, elytris rubescentibus lividis. Geof.* 226. Stencore noir à étuis rougeâtres ; on trouve cet insecte sur les broussailles, principalement sur les ronces.

520. O. 168. *Stenocorus niger, elytris luteis, apice nigris. Geof.* 127. Stencore noir à étuis jaunes ; cet insecte se trouve sur la ronce.

521. O. 169. *Stenocorus niger, femoribus clavatis rufis, apice nigris. Geof.* 227. Stencore noir à cuisses rouges.

522. O. 170. *Stenocorus totus niger. Geof.* 228. Stencore tout noir. Variété.

523. O. 171. *Stenocorus niger thorace rubro. Geof.* 228. Stencore noir à corcelet rouge.

524. O. 172. *Stenocorus nigro-æneus, femoribus posticis dentatis. Geof.* 229. Stencore doré ; on le trouve au bord des ruisseaux & dans les prés sur la flambe ou iris, qui en est quelquefois toute couverte.

525. 171. 173. *Luperus niger pedibus rufis. Geof.* 231. Lupere noir à corcelet & pattes rouges.

526. 172. 174. *Cryptocephalus violaceus, punctis inordinatis. Geof.* 232. Gribouri bleu de l'aune.

527. O. 175. *Cryptocephalus niger, elytris rubris. Geof.* 233. L'Ecrivain, le Gribouri de la vigne. Le nom de ces deux

insectes désigne assez l'endroit où on les trouve.

528. 0. 176. *Cryptocephalus viridi-auratus sericeus*. Geof. 233. Le Velours verd. On le trouve sur le saule.

529. 0. 177. *Cryptocephalus niger, elytro singulo duplici lineâ longitudinali flavâ*. Geof. 233. Gribouri à deux bandes jaunes. On le trouve dans les prés.

530. 0. 178. *Cryptocephalus niger, capite thoraceque anticè luteis, elytro singulo externè maculâ duplici flavâ*. Geof. 234. Le Gribouri à deux taches jaunes.

531. 0. 279. *Cryptocephalus niger, elytris rubris striatis, maculis quatuor limboque nigris*. Geof. 234. Le Gribouri rouge strié à points noirs; on le voit sur le *Cirsium*.

532. 0. 180. *Cryptocephalus niger, thorace lineis flavis, elytris rubris punctatis, maculis quatuor limboque nigris*. Geof. 235. Le Gribouri rouge sans stries à points noirs.

533. 0. 181. *Cryptocephalus cæruleo violaceus, punctis per strias digestis*. Geof. 235. Le Gribouri bleu strié.

534. 0. 182. *Cryptocephalus cæruleus, punctis sparsis, tibiis anticis ferrugineis*. Geof. 236. Le Gribouri bleu à points.

535. 0. 183. *Cryptocephalus niger striatus, pedibus rufis*. Geof. 236. Le Gribouri noir strié.

536. 0. 184. *Cryptocephalus niger striatus, thorace pedibusque rufis*. Geof. 236. Gribouri noir à corcelet rouge.

537. 0. 185. *Cryptocephalus capite thoraceque fulvo, elytris pallidis.* Geof. 237. Gribouri fauve.

538. 0. 186. *Cryptocephalus viridi-aureus.* Gribouri verd-doré.

539. 173. 187. *Crioceris rubra, punctis tredecim nigris.* Geof. 240. Le Criocere rouge à points noirs; on le trouve sur l'asperge.

540. 0. 188. *Crioceris thorace rubro punctis duobus nigris, coleoptris flavis, cruce cæruleo-nigrâ.* Geof. 241. Criocere porte-croix de l'asperge.

541. 0. 189. *Crioceris cæruleo-viridis, thorace femoribusque rufis.* Geof. 242. Le Criocere bleu à corcelet rouge; on le trouve sur les feuilles de l'orge & de l'avoine.

542. 0. 190. *Crioceris tota cærulea viridis.* Geof. 243. Le Criocere tout bleu.

543. 0. 191. *Crioceris pallida, oculis nigris.* Geof. 243. Le Criocere aux yeux noirs.

544. 0. 192. *Crioceris tota atra, spinis horrida.* Geof. 243. La Chataigne noire; on la trouve sur le haut des tiges du gramen.

545. 174. 193. *Altica viridi-cærulea.* Geof. 245. L'Altise bleue. On en trouve communément dans les jardins.

546. 0. 194. *Altica nigra, elytris cæruleis, thorace pedibusque rubris.* Geof. 245. L'Altise de la mauve.

547. O. 195. *Altica nigra, elytris nigro-æneis striatis, thorace rubro, pedibus nigris.* Geof. 245. L'Altise-bedaude; elle se trouve sur les choux.

548. O. 196. *Altica nigro-ænea, elytris striatis, pedibus ferrugineis.* Geof. 246. Altise noire dorée; cet insecte est très-commun dans les jardins.

549. O. 197. *Altica nigro-ænea, ovata, pedibus nigris.* Geof. 246. Altise noire ovale.

550. O. 198. *Altica nigro-ænea, oblonga, pedibus nigris.* Geof. 246. L'Altise noire allongée des cruciferes; on en voit beaucoup sur le crambe ou choux marin à feuilles découpées.

551. O. 199. *Altica atra, elytris longitudinaliter in medio flavescentibus.* Geof. 247. Altise à bandes jaunes.

552. O. 200. *Altica cærulea, elytris striatis, tibiis ferrugineis.* Geof. 248. Altise du choux.

553. O. 201. *Altica nigro-aurata, thorace aureo, femoribus ferrugineis.* Geof. 249. Altise-rubis; on trouve cet insecte sur le saule.

554. O. 202. *Altica aurea, pedibus flavis.* Geof. 249. Le Plutus; il se trouve dans les jardins.

555. O. 203. *Altica elytris pallido-flavis, capite nigro.* Geof. 251. La Paillette.

556. 175. 204. *Galeruca atro-fusca, elytris lineis tribus elevatis, punctis numerosis.*

merosis. Geof. 252. Galeruque brunette ; cet insecte est commun dans les prés.

557. 0. 205. *Galeruca sanguineo rubra. Geof.* 253. La Galeruque sanguine.

558. 0. 206. *Galeruca pallida, thorace nigro variegato, elytris fasciis duabus longitudinalibus nigris. Geof.* 253. La Galeruque à bandes de l'orme.

559. 0. 207. *Galeruca pallida, thorace nigro variegato, elytris unicoloribus pallidis. Geof.* 254. La Galeruque aquatique; on la trouve au bord de l'eau sur le Potamogeton.

560. 0. 208. *Galeruca nigra, thorace elytrisque luteo-lividis. Geof.* 254. La Galeruque grisette ; on la voit sur le bouleau.

561. 0. 209. *Galeruca nigro violacea. Geof.* 254. Galeruque violette.

562. 0. 210. *Galeruca rubra.* Galeruque rouge.

563. 176. 211. *Chrysomela nigro-cærulea, elytris rubris, apice nigris. Linn. Faun. Suec.* 428. La grande Chrysomele rouge à corcelet bleu.

564. 0. 212. *Eadem elytris omnino rubris. Geof.* 257. La petite Chrysomele rouge à corcelet bleu.

565. 0. 213. *Chrysomela viridi-ænea, elytris rubicundis, punctis sparsis. Geof.* 257. La Chrysomele rouge à corcelet doré.

566. 0. 214. *Chrysomela nigra, elytris*

L

rubris striatis, striis punctatis. Geof.
258. La Chrysomele rouge à corcelet noir.

567. O. 215. *Chrysomela rubra elytro singulo maculis quinque nigris. Linn. Faun. Suec. n°. 1354.* La Chrysomele rouge à points noirs ; on la trouve sur le saule.

568. O. 216. *Chrysomela tota violacea. Geof.* 258. La Chrysomele violette.

569. O. 217. *Chrysomela cærulea, thorace violaceo. Geof.* 259. Chrysomele bleue à corcelet violet.

570. O. 218. *Chrysomela tota nigra. Geof.* 259. Chrysomele noire à ailes rouges.

571. 9. 219. *Chrysomela nigro-cærulea, elytris atris punctatis, margine exteriore rubro. Geof.* 259. La Chrysomele noire à bordure rouge ; on trouve cet insecte dans les bois.

572. O. 220. *Chrysomela nigro-cærulea, elytris lucidis punctatis, margine exteriore & anteriore rubris. Geof.* 260. Chrysomele bleue à bordure rouge.

573. O. 221. *Chrysomela viridi-cærulea. Linn. Faun. Suec.* 419. Le grand Vertubleu ; on le trouve sur le galeopsis, le *lamium*, la menthe & les autres plantes labiées.

574. O. 222. *Chrysomela viridis pitida, thorace anticè æquali, elytris pone contiguis. Linn. Faun. Suec.* 421. La Chrysomele dorée.

575. o. 223. *Chrysomela viridis nitida, thorace anticè excavato, fasciis elytrorum longitudinalibus cæruleis.* Geof. 261. Le petit Vertubleu ; on trouve ces deux insectes sur les plantes labiées.

576. o. 224. *Chrysomela viridis nitida, striis decem cupreis, punctorum duplici serie divisis.* Geof. 261. La Chrysomele à galons.

577. o. 225. *Chrysomela aurea, fasciis cæruleis, cupreisque alternis, punctis inordinatis.* Geof. 262. L'Arlequin doré ; il aime les endroits arides & élevés.

578. o. 226. *Chrysomela supra rubro-cuprea, infra nigra nitens.* 265. La Chrysomele briquetée.

579. o. 227. *Chrysomela nigro-purpurea, punctis excavatis striata.* Linn. Faun. Suec. 415. La Chrysomele bleue du saule ; on la trouve aussi sur le bouleau.

580. o. 228. *Chrysomela rubra, thorace punctis duobus nigris, coleoptrorum suturâ nigrâ.* Geof. 265. La Chrysomele à suture noire.

581. o. 229. *Chrysomela atro-purpurea, elytris coadunatis, alis nullis.* Geof. 265. Chrysomele à un seul étui ; on la rencontre communément dans les jardins & les bois.

582. o. 230. *Chrysomela nigra, elytris cæruleo-viridibus, thorace, pedibus, antennarumque basi rufis.* Geof. 263. La Chrysomele verte à corcelet rouge ; on la trouve sur la mauve, la guimauve, &c.

583. 0. 231. *Chrysomela oblonga-nigra, elytrorum lineis duabus, longitudinalibus luteis.* Geof. 266. La Chrysomele à bandes jaunes.

584. 177. 232. *Mylabris fusca, cinereo-nebulosa, abdominis apice, cruce albâ.* Geof. 267. Le Mylabre à croix blanche ; on le trouve sur les fleurs.

585. 0. 233. *Mylabris tota fusca.* Geof. 268. Le Mylabre brun.

586. 0. 234. *Mylabris nigra, abdomine albo-sericeo.* Geof. 268. Le Mylabre satiné ; il est commun sur les fleurs.

587. 178. 235. *Rhinomacer corpore angusto-longo-niger, thorace fasciis quatuor albicantibus.* Geof. 269. Le Becmare-levrette ; on trouve cet insecte sur les chardons.

588. 0. 236. *Rhinomacer totus viridi-sericeus.* Geof. 270. Le Becmare verd.

589. 0. 237. *Rhinomacer viridi-auratus, subtus nigro-violaceus.* Geof. 270. Le Becmare doré.

590. 0. 238. *Rhinomacer niger, elytris rubris, capite thoraceque aureis, proboscide longitudine ferè corporis.* Geof. 270. Le Becmare doré à étuis rouges.

591. 0. 239. *Rhinomacer subvillosus-cæruleus.* Geof. 271. Le Becmare bleu à poils ; on le trouve sur les fleurs.

592. 0. 240. *Rhinomacer nigro-fuscus, glaber punctato-striatus.* Geof. 271. Le Becmare noir strié.

593. 0. 241. *Rhinomacer nigro-virides,*

tens, *oblongus striatus*. Geof. 272. Le Becmare allongé ; on le trouve sur les plantes ombelliferes.

594. o. 242. *Rhinomacer subglobosus, niger, striatus, femoribus rufis*. Geof. 272. Becmare noir à pattes fauves.

595. o. 243. *Rhinomacer subglobosus, villosus, niger, pedibus elytrisque rufis*. Geof. 272. Le Becmare-puce.

596. o. 244. *Rhinomacer niger, thorace, elytrisque rubris proboscidè longitudine capitis*. Geof. 273. Le Becmare-laque.

597. o. 245. *Rhinomacer niger, thorace elytrisque rubris, capite ponè elongato*. Geof. 273. La tête écorchée ; on en voit sur les charmes dans les bois.

598. 179. 246. *Curculio albo nigroque varius, proboscidè planiusculâ carinatâ, thoracis longitudine*. Linn. Faun. Suec. 448. Le Charanson à trompe sillonnée ; on le trouve sur les arbres.

599. o. 247. *Curculio totus fuscus rugosus*. Geof. 278. Le Charanson ridé ; cet insecte se trouve dans les prés.

600. o. 248. *Curculio fusco-nebulosus, thorace sulcato, elytris striatis*. Geof. 278. Le Charanson à corcelet sillonné.

601. o. 249. *Curculio oblongus, elytris villoso-cinereis, suturâ nigrâ*. Geof. 279. Le Charanson à suture noire.

602. o. 250. *Curculio fuscus, fulvo-maculatus, elytris striatis, striis alternatim nigro maculatis*. Geof. 279. Le Cha-

ranfon à côtes tachetées ; on trouve cette espece dans les lieux arides au printemps.

603. o. 251. *Curculio nigro-fuscus, thorace utrinque fasciâ longitudinali, elytris duplici transversâ cinereâ.* Geof. 280. Le Charanfon à deux bandes tranfverfes ; on trouve ce charanfon fur les chardons.

604. o. 252. *Curculio oblongus, fuscus, thoracis lateribus albidis, elytris striatis, puncto albo.* Geof. 280. Charanfon à deux points blancs.

605. o. 253. *Curculio niger, striatus, maculis villoso-fuscis nebulosus.* Geof. 281. Le Charanfon tacheté des têtes de chardon.

606. o. 254. *Curculio niger, thorace punctato, elytris alternatim striatis & punctatis.* Geof. 281. Le Charanfon brodé.

607. o. 255. *Curculio cinereus, squamosus, alis carens, elytris striatis.* Geof. 282. Le Charanfon gris ftrié & fans ailes.

608. o. 256. *Curculio oblongus, totus niger, thorace punctato, elytris fulcatis.* Geof. 282. Le Charanfon noir à fillons.

609. o. 257. *Curculio squamoso-viridis, rostro thorace breviore, pedibus rufis.* Geof. 282. Le Charanfon à écailles vertes & pattes fauves ; il habite les arbres & les plantes.

610. o. 258. *Curculio rostro thoracis longitudine, thorace tribus striis pallidioribus.* Geof. 283. Le Charanfon à corcelet

LOTHARINGIÆ. 163

rayé ; on trouve cet insecte sur les arbres & buissons.

611. o. 259. *Curculio rufus, subvillosus, capite nigricante, rostro thorace breviore.* Geof. 284. Le Charanson-grisette.

612. o. 260. *Curculio cæruleo-viridis nitens, thorace punctato, elytris striatis.* Geof. 284. Le Charanson satin verd ; cet insecte se trouve sur les cruciferes.

613. o. 261. *Curculio rufo-testaceus oblongus, thorace elytrorum ferè longitudine.* Linn. Faun. Suec. n°. 462. Le Charanson brun du bled ; animal qui infecte les greniers, & contre lequel on a bien de la peine de trouver du remede, malgré tous les secrets qu'on annonce journellement.

614. o. 262. *Curculio rufus, femoribus posticis crassioribus, elytris rufis.* Geof. 286. Le Charanson sauteur brun.

615. o. 263. *Curculio cinereus, elytrorum puncto quadruplici nigricante, proboscide thorace breviore.* Geof. 287. Le Charanson quadrille à courte trompe.

616. o. 264. *Curculio cinereus, elytrorum puncto quadruplici albo, proboscide thorace longiore.* Geof. 287. Le Charanson quadrille à longue trompe.

617. o. 265. *Curculio niger, ovatus, striatus, totus villoso-cinereus, thorace inermi.* Geof. 288. Le Charanson satin gris.

618. o. 266. *Curculio subrotundus, niger, squamosus, elytris striatis, thorace*

utrinque aculeato, lateribus lineâque mediâ albis. Geof. 288. Le Charanſon à bandes blanches.

619. O. 267. *Curculio ſubgloboſus, cinereo-ater, ſtriatus, proboſcide thoracis longitudine.* Geof. 289. Le Charanſon noir ſtrié ; on trouve cet inſecte ſur les fleurs.

620. O. 268. *Curculio globoſus rufus, elytris ſtriatis, faſciâ transverſâ albâ.* Geof. 289. Le Charanſon roux à bande tranſverſale blanche.

621. O. 269. *Curculio globoſus niger, elytris ſtriatis, faſciâ tranſverſâ albâ.* Geof. 289. Le Charanſon noir à bande tranſverſale blanche ; il ſe plaît ſur le ſaule.

622. O. 270. *Curculio ſubvilloſo-murinus, ſcutello albicante.* Geof. 290. Le Charanſon-ſouris.

623. O. 271. *Curculio pyriformis nigro-cæruleſcens abdomine ovato.* Geof. 290. Le Charanſon pyriforme.

624. O. 272. *Curculio lividus, coleoptris faſciis plurimis obſcuris.* Geof. 291. Le Charanſon marbré à bandes ; il eſt commun ſur les fleurs, principalement ſur la ſalicaire.

625. O. 273. *Curculio niger, maculis villoſo-flavis, elytris ſubrugoſis.* Geof. 292. Le Charanſon tigré.

626. O. 274. *Curculio cinereus, ſquamoſus, alis carens, elytris rugoſis.* Geof. 292. Le Charanſon gris à étuis réunis & chagrinés.

LOTHARINGIÆ.

627. O. 275. *Curculio fuscus, apterus, elytris rugoso striatis.* Geof. 293. Le Charanson-cartisanne.

628. O. 276. *Curculio squamosus, viridiauratus.* Geof. 293. Le Charanson à écailles vertes; on trouve cet insecte sur les arbres dans les jardins.

629. O. 277. *Curculio oblongus, niger, elytris pedibusque testaceis.* Geof. 294. Charanson à étüis fauves; il se plaît sur les arbres.

630. O. 278. *Curculio subglobosus, nigro-fuscus, squamosus, lineolis albis variegatus.* Geof. 294. Le Charanson Géographique; il se rencontre sur la vipérine.

631. O. 279. *Curculio fuscus, elytris striatis, macularum albarum fasciâ triplici transversâ.* Geof. 295. Le Charanson brun à bandes transverses de taches blanches.

632. O. 280. *Curculio rufo-marmoratus, scutello cordato albo, proboscide subulatâ longissimâ.* Geof. 295. Le Charanson-trompette; il attaque les noix.

633. O. 281. *Curculio flavescens, elytris luteo & rufo tesselatis.* Geof. 296. Le Damier; il se rencontre sur la tanaisie.

634. O. 282. *Curculio subglobosus niger, punctis duobus atris suturæ longitudinalis coleoptrorum, thorace exalbido.* Geof. 296. Le Charanson à losange de la scrophulaire.

635. 0. 283. *Curculio subglobosus, cinereus, punctis duobus nigris suturæ longitudinalis coleoptrorum. Geof.* 298. Le Charanson gris de la scrophulaire.

636. 0. 284. *Curculio subglobosus fusco-nebulosus, maculâ cordatâ albâ in medio dorso. Linn. Faun. Suec.* 461. Le Charanson porte-cœur de la scrophulaire.

637. 0. 285. *Curculio subglobosus, squamosus, cinereo-fuscus, elytrorum maculis tribus & apice albis. Geof.* 299. Le Charanson brun à points blancs.

638. 0. 286. *Curculio ferrugineus, elytris striatis, oculis nigris. Geof.* 300. Le Charanson couleur de rouille.

639. 0. 287. *Curculio oblongus, villis cinereis aspersus, rostro thoraci æquali. Geof.* 301. Charanson vierge ; il aime les fleurs.

640. 180. 288. *Clerus nigro-violaceus, hirsutus, elytris fasciâ triplici coccineâ. Geof.* 304. Le Clairon à bandes rouges.

641. 0. 289. *Clerus nigro - cæruleus. Geof.* 304. Le Clairon bleu ; on trouve cet insecte sur les fleurs & dans les maisons.

642. 0. 290. *Clerus fuscus, villosus, elytris flavis cruce fuscâ. Geof.* 305. Clairon porte-croix.

643. 181. 291. *Anthribus ovatus, niger, elytris striatis, rubro nigroque marmoratis. Geof.* 306. Antribe marbré ; on trouve cet insecte sur la jacée.

644. 0. 292. *Anthribus niger, elytris*

abdomine brevioribus. *Geoff*. 308. Antribe des fleurs ; elle se plaît sur les plantes ombelliferes.

645. 182. 293. *Cassida viridis, corpore nigro*. *Acta Ups*. 1736. *p*. 17. *n°*. 1. La Casside verte ; cet insecte se trouve sur les plantes verticillées & sur les chardons.

646. 0. 294. *Cassida pallida, lineâ duplici longitudinali, viridi deaurata*. *Geof*. 313. La Casside à bandes d'or.

647. 0. 295. *Cassida rubra, maculis nigris variegata*. *Geoff*. 314. La Casside panachée ; elle aime les feuilles d'aunée.

648. 0. 296. *Cassida rubra*. La Casside rougeâtre.

649. 183. 297. *Anaspis tota nigra*. *Geof*. 316. L'Anaspe noire ; cet insecte se trouve sur les fleurs.

650. 184. 298. *Coccinella coleoptris rubris, punctis duobus nigris*. *Linn*. *Faun*. *Suec*. 388. Coccinelle rouge à deux points noirs ; on en voit sur l'aune.

651. 0. 299. *Coccinella coleoptris rubris, punctis quinque nigris*. *Geoff*. 320. La Coccinelle rouge à cinq points noirs ; on la trouve dans les jardins.

652. 0. 300. *Coccinella coleoptris rubris, punctis septem nigris*. *Geof*. 321. La Coccinelle rouge à sept points noirs. On la trouve sur le tilleul.

653. 0. 301. *Coccinella coleoptris rubris, punctis novem nigris, thorace nigro, late-*

ribus albis. Geoff. 322. La Coccinelle rouge à neuf points noirs & corcelet noir.

654. O. 302. *Coccinella rubra, punctis undecim nigris, thorace rubro immaculato.* Geoff. 325. La Coccinelle argus; insecte rare.

655. O. 303. *Coccinella coleoptris rubris, punctis viginti quatuor nigris, quibusdam connexis.* Linn. Faun. Suec. n°. 402. La Coccinelle rayée; on la voit sur les fleurs.

656. O. 304. *Coccinella coleoptris rubris, punctis plurimis nigris, quibusdam connexis futurâ longitudinali nigrâ.* Linn. Faun. Suec. n°. 403. Coccinelle à bordures; cet insecte est commun dans les jardins & à la campagne.

657. O. 305. *Coccinella coleoptris rubris, punctis quatuordecim albis.* Linn. Faun. Suec. 397. La Coccinelle à quatorze points blancs; cet insecte se trouve dans les bois & les jardins.

658. O. 306. *Coccinella coleoptris flavis, punctis quadratis nigris, quibusdam connatis.* Geoff. 328. Coccinelle à échiquier; elle est commune dans la campagne & les jardins.

659. O. 307. *Coccinella coleoptris flavis, punctis sexdecim nigris, plurimis connexis, futurâ nigrâ.* Geoff. 329. La Coccinelle jaune à future.

660. O. 308. *Coccinella ovata, coleoptris*

nigris, punctis sex rubris. Geoff. 331. La Coccinelle noire à points rouges. Il y a plusieurs variétés de cette Coccinelle, il y en a à quatre points rouges, à deux points aussi rouges & à deux points jaunes.

661. o. 309. *Coccinella rotunda nigra coleoptrorum margine reflexo, fasciâ transversâ rubrâ. Geoff.* 334. La Coccinelle tortue à bande rouge.

Nous trouvons encore en Lorraine la Coccinelle rouge à points blancs, la Coccinelle jaune à neuf points noirs, la Coccinelle jaune à onze points noirs, la Coccinelle jaune à six points noirs & à quatre points aussi noirs.

662. 185. 310. *Pyrochroa. Geoff.* 338. La Cardinale; cet insecte se trouve en automne sur les haies.

663. 186. 311. *Cantharis viridi-aurata, antennis nigris. Geoff.* 341. La Cantharide des Boutiques. On la trouve sur le frêne. Les Cantharides ont une qualité caustique & corrosive, qui attaque principalement la vessie & les parties voisines jusqu'au sang, aussi ne s'en sert-on jamais intérieurement pour l'homme, même en petite dose. Extérieurement leur poudre est la base de tous les vésicatoires. M. Maret, Secretaire de l'Académie de Dijon, a communiqué au College Royal des Médecins de Nancy une observation qu'il a faite, par laquelle il est

constaté du bon effet des véficatoires en cas de pleuréfie, appliqué fur le poing.

664. o. 312. *Cantharis flavescens, subvillosa, elytris attenuatis.* Geof. 343. La Cantharide veloutée jaune ; on la trouve fur les fleurs.

665. o. 313. *Cantharis viridi-cærulea, elytris attenuatis, femoribus posticis globosis.* Geof. 342. La Cantharide verte à groffes cuiffes.

666. 187. 314. *Tenebrio atra, aptera, coleoptris lævibus ponè acuminatis.* Geof. 346. Le Ténébrion liffe à prolongement ; il y en a de deux efpeces, de la grande & de la petite ; on le trouve communément dans les campagnes & les jardins parmi les ordures.

667. o. 315. *Tenebrio atra aptera, coleoptris rugosis, ponè acuminatis.* Geof. 347. Le Ténébrion ridé ; on trouve cet infecte à terre dans le fable.

668. o. 316. *Tenebrio nigro-cuprea, elytro fingulo striis octo, coleoptris ponè acuminatis.* Geof. 349. Le Ténébrion bronzé.

669. o. 317. *Tenebrio atra, oblonga, elytris striis novem lævibus.* Geof. 349. Le Ténébrion à neuf ftries liffes ; il fe trouve dans la farine.

670. o. 318. *Tenebrio atra, elytris striis quinque utrinque dentatis.* Geof. 350. Le Ténébrion à ftries dentelées.

671. o. 319. *Tenebrio tota ferruginea*

subvillosa. Geof. 351. Le Ténébrion fauve velu.

672. o. 320. *Tenebrio lutea. Geof.* 351. Ténébrion jaune; il se trouve sur les fleurs.

673. 188. 321. *Mordella atra, caudata, unicolor. Geof.* 353. La Mordelle noire à pointe; on la trouve sur les fleurs.

674. o. 322. *Mordella atra, caudata, fasciis villoso-aureis. Geof.* 354. La Mordelle veloutée à pointe.

675. 189. 323. *Notoxus. Geof.* 356. La Cuculle; insecte rare, qui se rencontre quelquefois sur les plantes ombelliferes.

676. 190. 324. *Cerocoma. Geof.* 358. La Cérocome.

677. 191. 325. *Staphylinus ater, extremo antennarum articulo lunulato. Geof.* 360. Le grand Staphylin noir lisse; on le trouve dans les bois & les jardins.

678. o. 326. *Staphylinus ater, extremo antennarum articulo subgloboso, elytris thorace brevioribus. Geof.* 361. Le petit Staphylin noir.

679. o. 327. *Staphylinus ater, elytris thorace duplo-longioribus. Geof.* 362. Le Staphylin noir à longs étuis.

680. o. 328. *Staphylinus niger, elytris abdomineque cinereo-nebulosis. Geof.* 362. Le Staphylin nébuleux.

681. o. 329. *Staphylinus villosus, è fusco cinereoque viridi-tessellatus. Geof.* 362. Le Staphylin velouté.

682. o. 330. *Staphylinus niger villo-sus, capite, thorace anoque pilis fulvo-aureis. Geof.* 363. Le Staphylin-bourdon; insecte rare.

683. o. 331. *Staphylinus pubescens, capite flavo, thorace elytrisque fusco nigroque nebulosis, punctis impressis. Geof.* 363. Le Staphylin à tête jaune.

684. o. 332. *Staphylinus ater non nitens, elytris pedibusque rufis. Geof.* 364. Staphylin à étuis couleur de rouille.

685. o. 333. *Staphylinus niger, nitens pedibus elytrisque levibus testaceis. Geof.* 364. Le Staphylin noir à étuis fauves & lisses.

686. o. 334. *Staphylinus niger, nitens, pedibus coleoptrisque testaceis, elytris punctatis. Geof.* 365. Le Staphylin à étuis marons pointillés.

687. o. 335. *Staphylinus niger, elytris nigro-æneis. Geof.* 367. Le Staphylin à étuis bronzés.

688. o. 336. *Staphylinus niger, thorace, elytris pedibusque subtestaceis. Geof.* 368. Le Staphylin couleur de paille.

689. o. 337. *Staphylinus rufus, elytris cæruleis, capite abdominisque capite nigris. Linn. Faun. Suec.* 607. Le Staphylin rouge à tête noire & étuis bleus; on trouve cet insecte dans le sable humide.

690. o. 338. *Staphylinus atro-cærulescens, thorace rubro. Geof.* 370. Le Staphylin noir à corcelet rouge.

691. o. 339. *Staphylinus ater, oculis prominentibus crassis.* Geof. 371. Le Staphylin-Junon; on trouve cet insecte dans le fable.

692. o. 340. *Staphylinus antennis subcavatis.* Geof. 371. Le Staphylin à antennes en demi-massues.

On trouve encore en Lorraine le Staphylin noir à étuis bordés, que M. Geoffroy n'a pas décrit.

693. 192. 341. *Necydalus elytris apice puncto flavo.* Linn. Faun. Suec. 598. La Nécydale à points jaunes; on la voit voltiger fur le chêne.

694. 193. 342. *Forficula antennarum articulis quatuordecim.* Geof. 375. Le grand Perce-oreille; on le trouve partout à la campagne & dans les jardins.

695. o. 343. *Forficula antennarum articulis undecim.* Geof. 376. Le petit Perce-oreille; on trouve cet insecte à terre dans le fable humide proche les mares & les ruisseaux.

696. 194. 344. *Meloë.* Linn. Faun. Suec. 596. Le Proscarabé, Scarabé onctueux; on trouve cet insecte au printemps dans la campagne & les jardins, par terre dans les endroits exposés au soleil. Il y en a dans la Lorraine de plusieurs espèces, non décrits dans M. Geoffroy; la premiere est le Proscarabé doré; la seconde, le Proscarabé tout noir à étuis chagrinés; la troisieme, le Proscа-

rabé azuré à étuis bruns, noirâtres & antennes plus menues; & la quatrieme enfin, est le Proscarabé noir, dont les étuis couvrent tout le corps.

La liqueur caustique, dont le Proscarabé est rempli, approche beaucoup de la nature des Cantharides: c'est pourquoi il ne faut pas l'employer intérieurement, même comme diurétique; cet insecte réduit en poudre, & la liqueur qu'il contient étant vivant, employés extérieurement sont résolutifs, fondans & fortifians.

697. 195. 345. *Blatta ferrugineo-fusca, elytris sulco-ovato impressis, abdomine brevioribus.* Geof. 380. La Blatte des cuisines; on la trouve ordinairement dans les cuisines autour des cheminées & dans les fours des Boulangers.

698. 0. 346. *Blatta flavescens, elytris ad angulum acutum striatis.* Geof. 381. Blatte jaune; on trouve cet insecte dans les Boulangeries.

699. 196. 347. *Thrips elytris albidis, corpore nigro, abdominali setâ.* Geof. 384. Le Trips à pointes; on le trouve sur les écorces des vieux arbres.

700. 0. 348. *Thrips elytris glaucis, corpore atro.* Linn. Faun. Suec. 726. Le Trips noir des fleurs; on le trouve sur les fleurs radiées.

701. 197. 349. *Gryllus pedibus anticis palmatis.* Linn. Faun. Suec. 616. La

Courtilliere, ou le Taupe-grillon; il fait beaucoup de ravages dans les couches des Jardiniers.

702. O. 350. *Gryllus pedibus anticis simplicibus.* Geof. 389. Le Grillon; il habite ordinairement les trous des cheminées. La poudre des Grillons est diurétique & apéritive.

703. 198. 351. *Acrydium elytris nebulosis, alis cæruleis, extimo nigro.* Geof. 392. Le Criquet à ailes bleues & noires; on trouve cet insecte dans les prés & les bois.

704. O. 352. *Acrydium femoribus sanguineis, alis subfuscis reticulatis.* Geof. 393. Le Criquet ensanglanté; on trouve cet insecte dans toutes les campagnes.

705. O. 353. *Acrydium elytris nullis, thorace producto, abdomine æquali.* Geof. 394. Le Criquet à capuchon; on le trouve dans les champs & les bois.

706. O. 354. *Acrydium elytris nullis, thorace producto, abdomine longiore.* Geof. 395. Le Criquet à corcelet allongé.

707. O. 355. *Acrydium elytris fuscis, alis subcæruleis.* Geof. 392. Le Criquet à ailes bleues; cet insecte habite les endroits secs, arides & sablonneux.

On trouve encore en Lorraine d'autres especes de Criquets, dont les uns sont à longs étuis, les autres habitent les marais, & d'autres sont d'une couleur obscure.

708. 199. 356. *Locusta caudâ ensiferâ curvâ.* Geof. 397. La Sauterelle à sabre.

709. 0. 357. *Locusta caudâ ensiferâ rectâ.* Geof. 398. La Sauterelle à coutelas; ces Sauterelles habitent les prairies.

710. 0. 358. *Locusta caudâ spinosâ.* Sauterelle épineuse; insecte très-rare. La Sauterelle est diurétique; mais on l'emploie rarement.

SECTION SECONDE.

Les Insectes à demi-étui, ou hémipteres.

711. 200. 359. *Cicada fusca, alis aqueis fusco-maculatis, nervis punctatis.* Linn. Faun. Suec. 632. La Cigale à ailes transparentes.

712. 0. 360. *Cicada fusco-pallida, elytris membranaceis venosis, scutello maculâ duplici triangulari.* Geof. 417. La Cigale à ailes membraneuses.

713. 0. 361. *Cicada ferè provinciali similis.* Cigale ressemblante à celle de Provence; elle est la moitié plus petite que cette derniere; elle a été trouvée auprès de Jussy par M. l'Abbé de Besse.

La Cigale est apéritive, diurétique: la dose en poudre est depuis trois jusqu'à six; les cendres de Cigales sont

LOTHARINGIÆ. 177
diurétiques depuis la dose de six jusqu'à douze grains.

714. o. 362. *Cicada nigra, elytris maculis sex rubris.* Geof. 418. La Cigale à taches rouges.

715. o. 363. *Cicada fusco-viridis reticulata, alarum basi dilatata.* Geof. 418. La Cigale bossue.

716. o. 364. *Cicada fusco-nebulosa, scutelli cavitate rotunda, thorace, punctis luteis impressis transversim positis.* Geof. 420. La Cigale à collier jaune.

717. o. 365. *Cicada fusco-nebulosa, capite, thoracis anticâ parte, elytrorumque limbo-flavis.* Geof. 421. La Cigale à tête & bordure jaunes.

718. o. 366. *Cicada tota nigra.* Geof. 422. La Cigale noire ; on la trouve dans les bois, ordinairement sur le chataignier aux environs de Vaux.

719. o. 367. *Cicada thorace obtusè bicorni.* Geof. 422. Le grand Diable ; insecte rare.

720. o. 368. *Cicada thorace acutè bicorni, ponè producto.* Geof. 423. Le petit Diable ; on trouve cet insecte dans les bois sur les hautes tiges de fougere, de circium & de dompte-venin.

721. o. 369. *Cicada thorace inermi ponè producto.* Geof. 424. Le demi-Diable.

722. o. 370. *Cicada elytris albido nigraque striatis ad angulum acutum suturæ*

dorsalis. Linn. Faun. Suec. 642. La Cigale rayée.

723. O. 371. *Cicada flava, compressa, oculis nigris.* Geof. 425. La Cigale jaune aux yeux noirs.

724. O. 372. *Cicada flava, fasciâ duplici longitudinali rubrâ undulatâ.* Geof. 426. La Cigale flamboyante.

725. O. 373. *Cicada viridis, elytris maculis plurimis fuscis ovatis.* Geof. 427. La Cigale Géographique.

726. O. 374. *Cicada alis viridi-luteis, apicibus nigricantibus deauratis.* Linn. Faun. Suec. 644. La Cigale-moucheron verte ; on la trouve sur les feuilles des arbres.

727. O. 375. *Cicada flava, alis albis, apicibus membranaceis.* Linn. Faun. Suec. 645. Geof. 428. La Cigale des charmilles.

728. O. 376. *Cicada fusca, thorace scutelloque flavo variegatis, alis nervosopunctatis.* Geof. 429. La Cigale panachée.

729. 201. 377. *Cimex apterus.* Linn. Faun. Suec. 646. Punaise des lits ; on en introduit des vivantes dans l'urêtre, pour y exciter le chatouillement, & par ce moyen obliger le sphincter de la vessie à se relâcher.

730. O. 378. *Cimex hemisphæricus nigroæneus, scutello totum abdomen tegente, amplissimo.* Geof. 435. La Punaise - cui-

rasse ; cet insecte se trouve quelquefois sur la vesce.

731. O. 379. *Cimex fuscus, scutello totum abdomen tegente, amplissimo.* Geof. 435. La Punaise-Tortue brune.

732. O. 380. *Cimex oblongus niger, rostro arcuato, antennis apice capillaceis, elytris membranaceis.* Geof. 436. La Punaise-Mouche ; elle mange tous les insectes qu'elle trouve, même les Punaises de lits.

733. O. 381. *Cimex oblongus niger, rostro arcuato, elytris membranaceis, pedibus abdomineque rubro, nigroque variegatis.* Geof. 437. La Punaise-mouche à pattes rouges ; on la trouve dans les bois.

734. O. 382. *Cimex longus, fuscus, rostro arcuato, thorace subtus anticè bidentato.* Geof. 438. La Punaise-porte-épine ; elle n'est pas si rare aux environs de Metz qu'aux environs de Paris.

735. O. 383. *Cimex oblongus, fusco-niger, pedibus pallidis, elytris pellucidis, apice fusco.* Geof. 438. La Punaise brune à étuis transparens.

736. O. 384. *Cimex oblongus, luteo nigroque marmoratus, oculis crassissimis.* Geof. 438. Punaise marbrée aux gros yeux.

737. O. 385. *Cimex oblongus niger, thorace elytrisque rubris, elytrorum extremo, maculâ triangulari nigrâ.* Geof.

439. La Punaise rouge à taches triangulaires; on la trouve sur le chardon-roland.

738. O. 386. *Cimex oblongus, rubro nigroque variegatus, elytris maculâ rotundâ, punctuloque nigris.* Geof. 440. La Punaise rouge des jardins.

739. O. 387. *Cimex oblongus, rubro nigroque variegatus, scutelli nigri apice rubro.* Geof. 441. La Punaise rouge à croix de Chevalier; on la trouve sur la jusquiame.

740. O. 388. *Cimex oblongus, rubro nigroque variegatus, centro crucis albo.* Geof. 442. La Punaise rouge à base des ailes blanches; on trouve cet insecte dans les jardins.

741. O. 389. *Cimex oblongus, rubro nigroque variegatus, elytris punctulo nigro, alis fuscis, maculis albis.* Geof. 443. La Punaise rouge à point noir & taches blanches.

742. O. 390. *Cimex croceus, elytrorum apice rubro, alis nigris antennarum articulo secundo clavato.* Geof. 444. La Punaise safranée.

743. O. 391. *Cimex oblongus, fuscus, immaculatus, thorace utrinque obtusè angulato, capite prope antennas externè, denticulato.* Geof. 446. La Punaise à ailerons.

744. O. 392. *Cimex oblongus, fuscus immaculatus, thorace utrinque obtusè an-*

gulato, capite inter antennas bidentato. Geof. 446. La Punaife à bec.

745. o. 393. *Cimex oblongus, rufus immaculatus, thorace utrinque acutè angulato, margine lævi.* Geof. 447. La Punaife brune à corcelet pointu & liffe.

746. o. 394. *Cimex oblongus, viridifufcus, elytrorum nervis punctatis, antennis rufis.* Geof. 448. La Punaife à nervures pointillées.

747. o. 395. *Cimex oblongus, fufcus, antennis, pedibus, abdominifque marginibus nigro luteoque variegatis.* Geof. 449. La Punaife brune à antennes & pattes panachées.

748. o. 396. *Cimex oblongus, cinereo nigroque variegatus, alis glaucis.* Geof. 449. La Punaife grife panachée de noir; cet infecte fe plaît fur les plantes à fleurs labiées; principalement fur la grande efpece d'herbe-au-chat.

749. o. 397. *Cimex oblongus, niger, thorace pofticè cinereo, elytris cinereis, maculâ nigrâ, alifque nigris.* Geof. 449. La Punaife grife porte-croix; elle fe plaît dans les endroits fecs & arides.

750. o. 398. *Cimex oblongus, viridis, fcutellâ maculâ cordatâ viridi, elytris maculâ ferrugineâ.* Linn. Faun. Suec. 667. La Punaife verte porte-cœur.

751. o. 399. *Cimex oblongus niger, thorace fafciis tribus flavis, fcutello nigro, elytris lineis flavis, apice flavo.* Geof.

454. La Punaise rayée de jaune & de noir.

752. o. 400. *Cimex oblongus viridis, elytrorum maculâ fuscâ.* Geof. 455. La Punaise verdâtre à tache brune.

753. o. 401. *Cimex oblongus viridis, elytrorum lineis sanguineis.* Geoff. 457. Punaise verte ensanglantée.

754. o. 402. *Cimex longus totus viridis, antennis anticè porrectis.* Geoff. 458. La Punaise verte à antennes droites.

755. o. 403. *Cimex oblongus ater, antennis setâ terminatis.* Linn. Faun. Suec. 677. La Punaise à grosses antennes terminées par un fil; elle est fréquente dans les bois.

756. o. 404. *Cimex oblongus totus ater, alis atris.* Geoff. 460. Punaise toute noire.

757. o. 405. *Cimex oblongus, infra niger, supra albo-lacteus, antennis crassis anticè porrectis, capite, pedibus, antennisque nigris.* Geoff. 460. La Punaise Chartreuse; elle se nourrit sur le chardon-roland.

758. o. 406. *Cimex ex albo fuscoque cinereus, elytrorum, thoracisque margine punctato, antennis subclavatis.* Geoff. 461. Punaise tigre; elle se trouve dans l'intérieur des fleurs du chamædrys.

759. o. 407. *Cimex linearis pedibus anticis brevissimis cæteris antennisque filiformibus longissimis, albo fuscoque variis.* Geoff. 462. La Punaise caliciforme.

760. o. 408. *Cimex linearis supra niger,*

pedibus anticis breviſſimis. Linn. Faun. Suec. 684. La Punaiſe nayade ; elle court ſur la ſurface des eaux tranquilles des mares & des baſſins.

761. 0. 409. *Cimex linearis nigricans compreſſus, capite cylindraceo, pedibus anticis breviſſimis.* Geoff. 463. La Punaiſe-aiguille ; cette Punaiſe marche ſur l'eau.

762. 0. 410. *Cimex ſubrotundus viridis.* Geoff. 464. Punaiſe verte, c'eſt celle des groſeilliers.

763. 0. 411. *Cimex ovatus, thorace obtuſè angulato, è viridi rubroque nebuloſus.* Geoff. 465. Punaiſe verte lavée de rouge.

764. 0. 412. *Cimex ſubovatus viridis, angulis thoracis acutis rubris apice nigris, abdomine ſubtus acuto.* Geoff. 465. La Punaiſe verte à pointes du corcelet rouge.

765. 0. 413. *Cimex fuſcus, antennis abdominiſque margine nigro croceoque variegatis.* Geoff. 466. La Punaiſe brune à antennes & bords panachés ; cette Punaiſe vient ſur les groſeilliers.

766. 0. 414. *Cimex nigro-ferrugineus, ſcutello ad anum uſque producto.* Geoff. 467. La Punaiſe porte-chappe brune.

767. 0. 415. *Cimex ater punctatus, ſcutello ad anum uſque producto.* Geoff. 468. La Punaiſe porte-chappe noire.

768. 0. 416. *Cimex rotundatus ruber, ſupra faſciis longitudinalibus, infra punctis nigris, ſcutello amplo totum ferè abdomen tegente.* Geoff. 468. Punaiſe Siamoiſe.

769. 0. 417. *Cimex rotundato-ovatus, nigro rubroque variegatus, capite alisque nigris. Linn. Faun. Suec.* 661. La Punaise rouge du choux.

770. 0. 418. *Cimex ovatus totus niger, alis pallidis. Geoff.* 470. La Punaise noire.

771. 0. 419. *Cimex ovatus, cærulescenti-æneus, thorace lineolâ, scutelli apice, elytrisque punéto albo rubrove. Linn. Faun. Suec.* 654. La Punaise verte à raies & taches rouges ou blanches.

772. 0. 420. *Cimex rotundato-ovatus niger, capite genubusque ferrugineis, pedibus saltatoriis. Geoff.* 472. Punaise sauteuse.

773. 0. 421. *Cimex ovatus, anticè attenuatus, fasciis longitudinalibus cinereo-exalbidis, antennis extremo rufis. Geoff.* 472. La Punaise à tête allongée.

774. 202. 422. *Naucauris. Geoff.* 474. La Naucore ; elle vit dans l'eau.

775. 203. 423. *Notonecta capite luteo, elytris fusco croceoque variegatis, scutello atro. Geoff.* 476. La grande Punaise à avirons ; cet insecte nage sur le dos dans les eaux tranquilles.

776. 0. 424. *Notonecta cinerea anelytra. Geoff.* 477. La petite Punaise à avirons.

777. 204. 425. *Corixa. Geoff.* 478. La Corise ; on la trouve dans les ruisseaux & les mares.

778. 205. 426. *Hepa corpore lineari.*

Geoff. 480. Le Scorpion d'eau à corps allongé; on trouve cet insecte dans les mares.

779. 0. 427. *Hepa corpore ovato.* Geoff. 481. Le Scorpion aquatique à corps oval.

780. 206. 428. *Psylla viridis, antennis setaceis, alis fusco-flavescentibus.* Geoff. 485. La Psylle du buis.

781. 0. 429. *Psylla viridis, antennis setaceis, alis aqueis.* Geoff. 485. La Psylle de l'aune.

782. 0. 430. *Psylla nigro, luteoque variegata, alarum oris in apice fuscis.* Geoff. 486. La Psylle du frêne.

783. 0. 431. *Psylla pallidè flavescens, oculis fuscis, alis aqueis.* Geoff. 487. La Psylle de sapin.

784. 0. 432. *Psylla lanata pini.* Geoff. 488. La Psylle du pin.

785. 0. 433. *Psylla fusca, nigro punctata, antennis, corpore longioribus, alis nervosis fusco-maculatis.* Geof. 488. La Psylle des pierres.

786. 0. 434. *Psylla fusca, antennis setaceis lævibus, alis nervosis.* Geof. 489. La Psylle brune à antennes sétacées & ailes nerveuses.

787. 207. 435. *Aphis ulmi.* Linn. Faun. Suec. 705. Le Puceron de l'orme.

788. 0. 436. *Aphis fraxini, nigro viridique variegata.* Geof. 494. Le Puceron du frêne.

789. o. 437. *Aphis sambuci tota cæruleo-atra.* Geof. 495. Le Puceron de sureau.

790. o. 438. *Aphis quercûs atro-fusca.* Geof. 495. Le Puceron du chêne.

791. o. 438. *Aphis aceris, viridis, maculis nigris.* Geof. 495. Le Puceron de l'érable.

792. o. 440. *Aphis tiliæ, alis, antennis, pedibusque nigro punctatis.* Geof. 495. Le Puceron du tilleul.

793. o. 441. *Aphis betulæ, marginibus incisurarum abdominis punctis nigris.* Geof. 496. Le Puceron du bouleau.

794. o. 442. *Aphis tanaceti fusca, abdomine nigro-cæruleo anticè viridi.* Geof. 496. Le Puceron de la tanaisie.

795. o. 443. *Aphis acetosæ, atra, fascia transversâ viridi.* Geof. 496. Le Puceron de l'oseille.

796. o. 444. *Aphis pruni.* Geof. 497. Le Puceron du prunier.

797. o. 445. *Aphis populi nigræ lanata.* Geof. 497. Puceron du peuplier noir.

798. o. 446. *Aphis fagi lanata.* Geof. 497. Le Puceron du hêtre.

799. o. 447. *Aphis sonchi caudata.* Geof. 497. Le Puceron du laitron.

800. o. 448. *Aphis fusca, proboscide corpore triplo longiore.* Geof. 498. Le Puceron des écorces à longue trompe.

801. 208. 449. *Chermes radicum purpureus.* Geof. 504. Le Kermès des racines ; on le trouve aux racines de quelques plantes, principalement à celles du *polygonum.*

LOTHARINGIÆ. 189

802. 0. 450. *Chermes clematitis oblongus.* Geof. 506. Le Kermès de la Clématite.

803. 0. 451. *Chermes persicæ oblongus.* Geof. 507. Kermès oblong du pêcher.

804. 0. 452. *Chermes persicæ rotundus.* Geof. 508. Kermès rond du pêcher.

805. 0. 453. *Chermes vitis oblongus.* Geof. 508. Kermès de la vigne.

806. 6. 454. *Chermes abietis rotundus.* Geof. 507. Le Kermès du sapin.

807. 0. 455. *Chermes ulmi rotundus.* Geof. 507. Kermès de l'orme.

808. 0. 456. *Chermes tiliæ hemisphericus.* Geof. 507. Le Kermès du tilleul.

809. 0. 457. *Chermes quercûs rotundus, fuscus.* Geof. 507. Le Kermès rond & brun du chêne.

810. 0. 458. *Chremes Carpini serico albo.* Geof. 507. Le Kermès cotonneux du charme.

811. 0. 459. *Chermes mespili serico albo.* Geof. 507. Le Kermès cotonneux du neflier.

812. 209. 460. *Coccus graminis corpore roseo.* Geof. 512. Cochenille du chiendent.

813. 0. 461. *Coccus ulmi, corpore fusco, serico albo.* Geof. 312. Cochenille de l'orme. On pourroit tirer quelque teinture de cette cochenille, elle ressemble à celle de l'Amérique.

SECTION TROISIEME.

Des Insectes Tétrapteres à ailes farineuses.

814. 210. 462. *Papilio alis nigris, margine postice albido.* Geof. 35. Le Morio ; on voit sa chenille sur le bouleau, le saule & l'osier.

815. 0. 463. *Papilio alis fulvis nigromaculatis, omnibus ocello cæruleo variegato.* Geof. 36. Le Paon de jour, ou l'Œil de paon ; on voit sa chenille sur la grande ortie.

816. 0. 464. *Papilio alis fulvis nigro maculatis, primariis punctis quatuor nigris.* Geof. 37. La grande Tortue ; sa chenille se trouve sur l'orme.

817. 0. 465. *Papilio alis fulvis, nigro maculatis, primariis punctis tribus nigris.* Geof. 37. La petite Tortue ; on la voit sur l'ortie.

818. 0. 466. *Papilio alis laceris fulvis nigro maculatis, secundariis subtus novem albo notatis.* Geof. 38. Robert-le-diable ; sa Chenille surnommée Chenille-bedeau, se trouve sur le houblon, le groseillier.

819. 0. 467. *Papilio alis nigris albo maculatis, omnibus fasciâ arcuatâ coccineâ.* Geof. 40. Le Vulcain.

820. o. 468. *Papilio alis fulvis albo nigroque variegatis, secundariis ocellis quinque.* Geof. 41. La Belle-Dame; sa chenille se trouve sur les chardons & les cirsium; & sur-tout sur le chardon velu à feuilles d'acanthe.

821. o. 469. *Papilio alis dentatis, fulvis, nigro maculatis, subtus lineis transversis argenteis.* Geof. 42. Le Tabac d'Espagne; on trouve ce papillon dans les bois.

822. o. 470. *Papilio alis dentatis, fulvis, nigro maculatis, subtus maculis viginti & una argenteis.* Geof. 42. Le grand Nacré.

823. o. 471. *Papilio alis dentatis, fulvis, nigro maculatis, subtus maculis triginta septem argenteis.* Geof. 43. Le petit Nacré.

824. o. 472. *Papilio alis dentatis, fulvis, nigro maculatis, subtus maculis novem argenteis.* Geof. 44. Le Collier argenté; ce papillon se trouve dans les bois.

825. o. 473. *Papilio alis dentatis, fulvis, nigro variegatis, subtus fasciis tribus flavis.* Geof. 45. Le Damier.

826. o. 474. *Papilio alis rotundatis dentatis, nigro-fuscis omnibus fasciâ albidâ, primariis ocello duplici, secundarii unico.* Geof. 46. Silene; on le trouve dans les forêts.

827. o. 475. *Papilio alis rotundatis, fuscis, subtus primariis ocello triplici, inferioribus quintuplici.* Geof. 47. Tristan; ce papillon est commun dans les bois.

828. o. 476. *Papilio alis rotundatis, fuscis, singulis subtus ocellis quinque & limbo pallidiore.* Geof. 47. La Bacchante; on trouve ce papillon dans les bois.

829. o. 477. *Papilio alis rotundatis, dentatis fuscis, fulvo-maculatis, primariis ocello unico, secundariis supernè quadruplici.* Geof. 48. Tircis; ce papillon fréquente les bois.

830. o. 478. *Papilio alis rotundatis fuscis, primariis subtus fulvis ocello unico.* Geoff. 49. Corydon; sa chenille se plaît sur le *gramen poa*.

831. o. 479. *Papilio alis rotundatis fulvis, oris fuscis, primariis ocello duplici continuo, secundariis duabus parvulis infra fusco cinereoque nebulosis.* Geoff. 52. Amaryllis; on trouve ce papillon dans les bois.

832. o. 480. *Papilio alis rotundatis fulvis, oris fuscis, primariis subtus ocello unico, secundariis subtus albo cinereoque variegatis.* Geoff. 53. Procris; on trouve ce papillon dans les landes & les bruyeres.

833. o. 481. *Papilio alis rotundatis, superioribus fulvis, oris fuscis, subtus ocello unico, secundariis supra fuscis, infra cinereis, fasciâ albâ ocellisque quinis.* Geof. 53. Céphale.

834. o. 482. *Papilio alis flavo nigroque variegatis, secundariis, angulo subulato maculâque fulvâ.* Geoff. 54. Le grand Pa-

pillon à queue du fenouil ; sa chenille se trouve sur le fenouil, la férule & quelques autres plantes ombelliferes.

835. 0. 483. *Papilio alis pallidè flavis, rivulis transversis nigris, secundariis angulo subulato maculâque croceâ.* Geoff. 56. Le Flambé ; on le voit quelquefois dans les bois de la Lorraine.

836. 0. 484. *Papilio supra cæruleus, subtus lineis undulatis fuscis & albicantibus striatus, alis secundariis infra fasciâ albâ, maculâ duplici nigro auratâ & in imo caudatis.* Geoff. 57. Le Porte-queue bleu strié ; la chenille de ce papillon vient sur les plantes légumineuses.

837. 0. 485. *Papilio supra cæruleus, subtus fuscus, lineâ undulatâ transversâ albicante, alis secundariis infra maculâ duplici fulvâ & in imo caudatis.* Geof. 57. Le Porte-queue bleu à une bande blanche ; sa chenille cloporte se trouve sur le chêne.

838. 0. 486. *Papilio supra fuscus, maculâ fulvâ, subtus fulvus, lineâ duplici transversâ albidâ, alis secundariis in imo caudatis.* Geoff. 58. Le Porte-queue fauve à deux bandes blanches ; sa chenille se nourrit sur le bouleau.

839. 0. 487. *Papilio fuscus, supra maculâ fulvâ, subtus fasciâ duplici transversâ macularum albicantium, alis secundariis lunularum ferruginearum serie & in imo caudatis.* Geoff. 60. Le Porte-

queue brun à deux bandes de taches blanches; sa chenille se trouve sur l'orme.

840. o. 488. *Papilio alis subangulatis, supra nigro-violaceis, albo fasciatis, subtus fulvo, fusco, albidoque variis, singulis ocello nigro-cæruleo.* Geoff. 61. Le Mars.

841. o. 489. *Papilio alis rotundatis, integerrimis, cæruleis, subtus ocellis numerosis.* Geoff. 62. L'Argus bleu; sa chenille se nourrit sur le frangula ou bourgene.

842. o. 490. *Papilio alis rotundatis, integerrimis, cæruleis, subtus ocellorum fasciâ solitariâ.* Geoff. 63. Le demi-Argus.

843. o. 491. *Papilio alis rotundatis, integerrimis, nigro-fuscis, fasciâ marginali fulvâ, subtus cinereis ocellis numerosis.* Geoff. 63. L'Argus brun.

844. o. 492. *Papillo alis rotundatis, integerrimis, nigro-fuscis, fulvo maculatis, subtus ocellis numerosis.* Geoff. 67. L'Argus-myope.

845. o. 493. *Papilio alis rotundatis, integerrimis, subtus viridibus immaculatis.* Geoff. 64. L'Argus verd, ou l'Argus aveugle.

846. o. 494. *Papilio alis rotundatis, fulvis utrinque punctis nigris.* Geoff. 65. Le Bronzé; ce papillon est fréquent dans les prés.

847. o. 495. *Papilio nigro-fuscus nitens, alis subtus, limbo dentato fulvo, secundariis maculis duodecim albis.* Geoff. 66. Le Miroir.

848. o. 496. *Papilio alis divaricatis fulvis, limbo nervisque nigris, primariis, maculâ oblongâ, nigrâ.* Geoff. 66. La Bande noire ; ce papillon est commun dans les prés.

849. o. 497. *Papilio alis divaricatis, denticulatis nigris, albo punctatis.* Geoff. 67. Le Plain-chant ; sa chenille vient sur le chardon-à-foulon.

850. o. 498. *Papilio alis divaricatis cinereis, punctorum alborum serie duplici transversâ.* Geof. 68. Le Papillon-grisette.

851. o. 499. *Papilio alis rotundatis albis, primariis bimaculatis, apice nigris, major.* Geoff. 68. Le grand Papillon blanc du chou.

852. o. 500. *Papilio alis rotundatis albis, primariis bimaculatis, apice nigris, minor.* Geoff. 69. Le petit Papillon du chou.

853. o. 501. *Papilio alis rotundatis albis, inferioribus subtus fasciis virescentibus.* Geoff. 70. Le Papillon blanc veiné de verd ; sa chenille vient sur le chou, de même que celle des deux précédens.

854. o. 502. *Papilio alis rotundatis albis, venis nigris.* Geoff. 71. Le Gasé ; sa chenille se nourrit sur l'aube-

épine, le prunier sauvage & le bois de Ste. Lucie.

855. o. 503. *Papilio alis rotundatis albis, secundariis subtus viridi-nebulosis, primariis, lunulâ nigrâ, masculis maculâ croceâ.* Geoff. 71. L'Aurore ; sa chenille vient sur le thlaspi.

856. o. 504. *Papilio alis dentatis, supra nigris, subtus fusco rubris, utrinque maculis albis fasciatim positis.* Geoff. 73. Le Deuil.

857. o. 505. *Papilio alis rotundatis albis, lineis maculisque nigris pulchrè tesselatis.* Geoff. 74. Le demi-Deuil ; ce papillon voltige dans les bois.

858. o. 506. *Papilio alis angulatis flavis, puncto ferrugineo.* Geoff. 74. Le Citron ; insecte commun pendant l'été.

859. o. 507. *Papilio alis luteis, limbo nigro, primariis maculâ nigrâ, secundariis fulvâ.* Geoff. 75. Le Souci.

860. 211. 508. *Sphinx elinguis, alis angulatis, superioribus fuscis, inferioribus rubris, ocello cærulescente.* Geoff. 79. Le demi-Paon ; sa chenille vient sur le saule.

861. o. 509. *Sphinx elinguis, alis laceris, superioribus cinereo-virescentibus, fasciâ obscuriore transversâ inæquali, inferioribus fusco-auratis.* Geoff. 80. Le Sphinx du tilleul.

862. o. 510. *Sphinx elinguis, alis serratis, cinereo fuscis, superioribus fasciis*

obscurioribus transversis, inferioribus basi maculâ fulvâ. Geoff. 81. Le Sphinx à ailes dentelées; sa chenille se trouve sur le peuplier.

863. o. 511. *Sphinx spirilinguis, alis superioribus, fuscis, nebulosis, inferioribus ferrugineis. Geoff.* 83. Le Moro-sphinx; sa chenille vient sur le caille-lait.

864. o. 512. *Sphinx spirilinguis, alis superioribus fuscis, inferioribus abdomineque fasciis transversis rubris. Geoff.* 84. Le Sphinx du troêne.

865. o. 513. *Sphinx spirilinguis, alis viridi purpureoque fasciatis, fasciis linearibus transversis. Geoff.* 86. Le Sphinx de la vigne.

866. o. 514. *Sphinx spirilinguis, alis viridi, fulvo purpureoque variè fasciatis & maculatis, subtus purpureis. Geoff.* 87. Sphinx du tithymale.

867. o. 515. *Sphinx spirilinguis, alis superioribus subcæruleis, punctis sex rubris, inferioribus rubris. Geoff.* 88. Le Sphinx-bélier; sa chenille vient sur le charme, la filipendule, le gramen.

868. 212. 516. *Pterophorus albus, alis superioribus bipartitis, inferioribus tripartitis. Geof.* 91. Le Ptérophore blanc.

869. o. 517. *Pterophorus fuscus, alis superioribus apice bipartitis, inferioribus tripartitis. Geoff.* 92. Le Ptérophore brun; on trouve sa chenille sur le liseron.

870. 0. 518. *Pterophorus variegatus.*
Le Ptérophore panaché.

871. 213. 519. *Phalæna pectinicornis elinguis, alis cinereo-fuscis, planiusculis singulis ocello, major.* Geoff. 100. Le grand Paon de nuit ; on trouve sa chenille sur l'abricotier, le prunier & quelques autres arbres fruitiers.

872. 0. 520. *Phalæna pectinicornis elinguis, alis cinereo-fuscis, planiusculis singulis ocello, minor.* Geoff. 101. Le Paon moyen ; sa chenille se trouve sur les arbres fruitiers.

873. 0. 521. *Phalæna pectinicornis elinguis, alis planiusculis, ferrugineo luteoque variis, singulis ocello fasciâque fuscâ, mas.* Geoff. 101. *Phalæna pectinicornis elinguis, alis planiusculis cinereis in medio albidis, singulis ocello, fasciâque fuscâ, fœmina.* Geoff. *ibid.* Le petit Paon ; cet insecte paroît au S^r. Becœur, Naturaliste à Metz, être le mâle du Paon moyen. Il ne sait pas si M. Geoffroy en a connu un autre entre le petit & le moyen ; cependant ledit S^r. Becœur s'applique à examiner les insectes dans leur premiere naissance, & il a eu des chenilles à tubercules lilas & couleur de rose, qui ne lui ont donné même aucune variété en papillons. Le même Naturaliste a découvert de cinq especes de Phalenes nourries à *bovo*, dont les feuilles sont constamment sans ailes.

874. O. 522. *Phalæna aranea.* Becœur. Phalène-aráignée; sa chenille a les jambes antérieures semblables à celles de l'araignée; elle se nourrit sur les pommiers & n'est pas décrite dans M. Geoffroy.

875. O. 523. *Phalæna pectinicornis elinguis, alis albo-cinereis, striis transversis nebulosis nigris, abdomine annulis albis.* Geoff. 102. Le Cossus; sa chenille vit dans l'intérieur des saules.

876. O. 524. *Phalæna pectinicornis elinguis, alis deflexis albidis diaphanis, vasis obscuris.* Linn. Faun. Suec. 819. La Queue-fourchue; on trouve sa chenille sur le saule & le peuplier.

877. O. 525. *Phalæna pectinicornis elinguis, alis deflexis, superioribus flavis, maculis fuscis, inferioribus rubris nigro maculatis.* Geoff. 105. L'Ecaille-mouchetée; sa chenille se trouve sur la renoncule. On trouve encore en Lorraine l'écaille noire non décrite dans Geoffroy.

878. O. 526. *Phalæna pectinicornis elinguis, alis deflexis, superioribus atris, areis flavescentibus, inferioribus luteis nigro maculatis, abdomine rubro.* Geof. 106. L'Ecaille marbrée.

879. O. 527. *Phalæna pectinicornis elinguis, alis deflexis, superioribus fuscis, rivulis albis, inferioribus purpureis, punctis sex nigris.* Linn. Faun. Suec. 820.

L'Ecaille - martre ou Hérissonne ; sa chenille vient sur l'orme.

880. O. 528. *Phalæna pectinicornis elinguis, alis deflexis, superioribus albis, rivulis transversis nigris, inferioribus roseis, maculâ triplici nigrâ.* Geoff. 109. L'Ecaille couleur de rose.

881. O. 529. *Phalæna pectinicornis elinguis, alis deflexis, superioribus fuscis, maculis luteis, inferioribus rubris, maculis quatuor nigris.* Geoff. 109. L'Ecaille brune.

882. O. 530. *Phalæna pectinicornis elinguis, tota rufa, alarum margine serrato.* Geof. 110. La Feuille-morte ; sa chenille se nourrit sur les pommiers & pruniers ; sa couleur ressemble à celle de l'écorce des arbres où elle se trouve, & lorsqu'elle y est adhérente, elle y paroît comme confondne.

883. O. 531. *Phalæna pectinicornis elinguis, pallido-rufa, cristâ dorsali nigrâ.* Geof. 111. La Crête de coq.

884. O. 532. *Phalæna pectinicornis elinguis rufa, alis rotundatis, fasciâ pallidiore, superioribus puncto albo.* Geof. 111. Le Minime à bande.

885. O. 533. *Phalæna pectinicornis elinguis, alis deflexis albis, fasciâ quadruplici transversâ nigrâ, acutè undulatâ.* Geof. 112. Le Zig-zag.

886. O. 534. *Phalæna pectinicornis elinguis, alis deflexis, cinereo-undulatis,*

fasciis transversis obscurioribus, capite inter pedes porrectos. Linn. Faun. Suec. 828. La Patte étendue ; sa chenille se trouve sur le poirier, l'abricotier.

887. O. 535. *Phalæna pectinicornis elinguis, alis deflexis pallidis, fasciâ alarum transversali saturatiore.* Linn. Faun. Suec. 824. La Livrée.

888. O. 536. *Phalæna pectinicornis elinguis, alis deflexis superioribus fasciis pallido-flavis nigrisque alternis longitudinalibus, inferioribus croceis, fasciâ marginali nigrâ.* Geof. 115. La Phalene-chouette.

889. O. 537. *Phalæna pectinicornis elinguis tota alba, alis deflexis, bombyx dicta.* Geof. 116. Le Ver-à-soie ; sa chenille se nourrit des feuilles de mûrier ; la soie que fournit cette chenille est la base des gouttes d'Angleterre, qui sont fortifiantes, cordiales, alexiteres. La dose est depuis dix gouttes jusqu'à douze dans une liqueur appropriée ; elle entre dans la confection d'hyacinthe.

890. O. 538. *Phalæna pectinicornis elinguis, alis deflexis albis, pedum annulis antennisque nigris.* Linn. Faun. Suec. 822. L'Apparent ; sa chenille est commune sur le saule & le peuplier.

891. O. 539. *Phalæna pectinicornis elinguis, alis deflexis albis, fœminæ ano piloso-ferrugineo.* Geof. 117. La Phalene

blanche à cul brun; sa chenille vient sur presque tous les arbres.

892. 0. 540. *Phalæna pectinicornis elinguis, alis deflexis albidis, punctis nigris, abdomine ordinibus quinque punctorum.* Linn. Faun. Suec. 823. La Phalene-tigre; sa chenille vient sur les arbres fruitiers.

893. 0. 541. *Phalæna pectinicornis elinguis, alis rotundatis fusco-ferrugineis, superioribus maculâ albâ anguli ani, fœminâ apterâ.* Linn. Faun. Suec. 827. L'Etoilée; on trouve sa chenille sur le prunier.

894. 0. 542. *Phalæna pectinicornis elinguis, antennis & corpore luteis, alis deflexis viridibus.* Geof. 120. La Phalene jaune à ailes vertes.

895. 0. 543. *Phalæna pectinicornis elinguis, alis cinereo flavoque rufis, margine laceris.* Linn. Faun. Suec. 833. La Découpure.

896. 0. 544. *Phalæna pectinicornis elinguis, alis deflexis, fuscis, maculâ duplici albido-flavescente geminatâ.* Linn. Faun. Suec. 836. Le double Omega; sa chenille vient sur le cerisier, l'abricotier, l'aube-épine & le poirier.

897. 0. 545. *Phalæna pectinicornis elinguis, alis tectiformibus, superioribus cinereis, fasciâ duplici ferrugineâ & extremo circulariter pallescente, subtus omnibus flavescentibus, fasciâ undulatâ*

LOTHARINGIÆ. 101

fuscâ. Geoff. 123. La Lunule; sa chenille est commune sur le tilleul & l'órme, de même que sur le marsaut, espece de saule.

898. o. 546. *Phalæna pectinicornis elinguis, alis exterioribus fuscis, venis plurimis, fasciâ circulari & marginis interiore appendice nigricantibus, inferioribus albidis, limbo lineari fusco. Geoff.* 124. Le Bois veiné.

899. o. 547. *Phalæna pectinicornis elinguis, alis superioribus cinereis fusco-marmoratis, inferioribus cinereis. Geoff.* 124. La Phalene-agathe.

900. o. 548. *Phalæna pectinicornis elinguis, alis deflexis cinereis, limbo nigro punctato, superioribus fasciâ duplici nigro-lutea maculâque duplici albâ puncto nigro insignitâ. Geoff.* 125. Le double Point.

901. o. 549. *Phalæna pectinicornis elinguis, alis margine sinuatis, fulvo, nigro, fusco roseoque marmoratis, singulis subtus puncto nigro, superioribus extremo dilatato recurvis. Geoff.* 126. La Phalene jaspée.

902. o. 550. *Phalæna pectinicornis elinguis, alis viridibus, limbo maculâque anguli ani cinereo-fuscis. Geoff.* 126. La Phalene-verdelet; sa chenille est arpenteuse; elle vient sur le chêne.

903. o. 551. *Phalæna pectinicornis elinguis, alis deflexis luteo-rubris, fasciâ*

duplici transversâ sanguineâ. *Geoff.* 126.
L'Ensanglantée ; on la trouve autour des
plattes-bandes d'oseille.

904. O. 552. *Phalæna pectinicornis elinguis, alis patentibus angulatis fusco-luteis, fasciâ duplici transversâ obscuriore.* *Geoff.* 127. La Zone ; cette phalene est
commune sur les chênes.

905. O. 553. *Phalæna pectinicornis spirilinguis, alis deflexis pallido-luteis, limbo roseo, superioribus maculâ, inferioribus fasciâ duplici fuscâ.* *Geoff.* 129. La
Bordure ensanglantée.

906. O. 554. *Phalæna pectinicornis spirilinguis, corniculis cristatis, alis deflexis ochroleucis, lineâ duplici transversâ saturatiore.* *Geoff.* 131. Le Toupet tanné.

907. O. 555. *Phalæna pectinicornis spirilinguis, alis patentibus rotundatis niveis, corpore flavo.* *Geoff.* 131. La Laiteuse.

908. O. 556. *Phalæna pectinicornis spirilinguis, alis patentibus cinereis, atomis maculisque nigris.* *Geoff.* 134. La Grisaille.

909. O. 557. *Phalæna seticornis spirilinguis, alis patentibus albo fuscoque nebulosis, ano flava.* *Linn. Faun. Suec.*
846. La Queue jaune ; sa chenille vient
sur les pommiers : on la voit aussi dans
les feuilles d'ortie.

910. O. 558. *Phalæna seticornis spirilinguis, alis patentibus albis, maculis inæqualibus nigris plurimis, fasciâque*

transversâ luteâ. Geoff. 136. La Mouchetée ; sa chenille se trouve sur le groseillier.

911. O. 559. *Phalæna seticornis spirilinguis, alis patentibus sinuatis, pallido-glaucis fasciâ transversâ obscuriore*. Geoff. 137. Le Céladon, sa chenille se trouve sur le chêne.

912. O. 560. *Phalæna seticornis spirilinguis, alis patentibus luteis, lineolis fuscis & albidis undulatis, limbo dentato*. Geof. 143. La Brocatelle d'or ; elle vient sur le chêne & l'orme.

913. O. 561. *Phalæna seticornis spirilinguis, alis patentibus cinereis, fasciis plurimis fuscis undulatis transversis, limbo subdentato*. Geoff. 143. La Brocatelle brune.

914. O. 562. *Phalæna seticornis spirilinguis, alis patentibus albis, singulis fasciâ undulatâ serratâ & omicro-albis*. Geoff. 144. Les quatre Omicrons.

915. O. 563. *Phalæna seticornis spirilinguis, alis patentibus viridi fuscoque variegatis, fasciâ triplici undulatâ obscuriore*. Geoff. 144. La Phalene à bandes vertes.

916. O. 564. *Phalæna seticornis spirilinguis, alis deflexis, superioribus atris rivulis flavis, inferioribus rubris maculis nigris*. Geoff. 145. La Phalene chinée.

917. O. 565. *Phalæna seticornis spirilinguis, alis superioribus fuscis, lineâ*

punctisque duobus rubris, inferioribus rubris. Linn. Faun. Suec. 869. La Phalène carmin du seneçon.

918. o. 566. *Phalæna seticornis spirilinguis, alis incumbentibus, exterioribus cæsiis nebulosis, inferioribus luteis, fasciâ atrâ marginali.* Linn. Faun. Suec. 147. La Phalene-hibou ; on trouve sa chenille sur le thlaspi.

919. o. 567. *Phalæna seticornis spirilinguis, alis deflexis, superioribus nebuloso-fuscis, inferioribus nigris, maculâ margineque luteis.* Geoff. 148. La Phalene brune à taches jaunes aux ailes inférieures.

920. o. 568. *Phalæna seticornis spirilinguis, alis deflexis, superioribus cinereo fuscoque nebulosis, inferioribus rubris, fasciâ duplici transversâ nigrâ.* Geoff. 150. La Likenée rouge ; sa chenille ressemble au lichen, même à s'y méprendre, cette Phalene est dans le cabinet de M. de Besse.

921. o. 569. *Phalæna seticornis spirilinguis, alis deflexis, margine erosis, cinereo fuscis, superioribus triangulo marginali fuescente, incarnatum includente, thorace gibbo.* Geoff. 151. La Méticuleuse ; sa chenille se trouve sur la pimprenelle, l'absinthe & autres plantes potageres.

922. o. 570. *Phalæna seticornis spirilinguis, alis deflexis fuscis, superioribus*
lineis

lineis rufis basique maculâ fulvâ. Geoff. 152. L'Aile brune à base fauve.

923. O. 571. *Phalæna seticornis spirilinguis, alis deflexis flavescentibus, superioribus singulis punctis duobus fuscis.* Geoff. 154. La Phalene jaune à quatre points ; sa chenille se voit sur l'orme.

924. O. 572. *Phalæna seticornis spirilinguis, alis deflexis canis, maculis psiformibus nigris.* Linn. Faun. Suec. 879. Le Psi ; sa chenille vient sur les arbres fruitiers.

925. O. 573. *Phalæna seticornis spirilinguis, alis deflexis, exterioribus fuscis, lambda græco inscriptis.* Linn. Faun. Suec. 873. Le Lambda ; sa chenille se trouve sur l'aurone, l'oseille, &c.

926. O. 574. *Phalæna seticornis spirilinguis, alis deflexis, superioribus cinereo fuscoque nebulosis, lineis undulatis & omicro nigris, inferioribus cinereis.* Geoff. 156. L'Omicron nébuleux ; sa chenille se trouve sur le chêne, le bouleau & l'osier.

927. O. 575. *Phalæna seticornis spirilinguis, alis deflexis albido-cinereis, lineis longis nigris.* Geoff. 158. L'Iota ; sa chenille vient sur l'absinthe, l'aurone & la santoline.

928. O. 576. *Phalæna seticornis spirilinguis, alis deflexis fusco-cinereis, superioribus fuscis longitudinaliter striatis.* Geoff. 158. La Striée brune du verbas-

cum ; on trouve sa chenille sur l'amandier, le bouillon-blanc & la scrophulaire.

929. O. 577. *Phalæna seticornis spirilinguis, alis deflexis nebulosis, fasciâ unâ alterâve aureâ.* Linn. Faun. Suec. 875. Le Volant doré ; cette phalene vole autour des plantes odoriférantes.

930. O. 578. *Phalæna seticornis spirilinguis, alis subdeflexis, exterioribus cæsio purpureis, fasciis transversis undulatis, interioribus pallidis, omnibus margine serrato.* Geoff. 160. La Dent de scie ; sa chenille est une arpenteuse du chêne.

931. O. 579. *Phalæna seticornis spirilinguis, alis deflexis fusco-nebulosis, limbo tessellato, superioribus maculâ duplici punctoque albis.* Geoff. 161. La Frange bigarrée ; sa chenille se trouve sur la linaire.

932. O. 580. *Phalæna seticornis spirilinguis, alis deflexis nigro-fuscis, maculis plurimis albido-flavescentibus.* Geoff. 165. La Plaque dorée.

933. O. 581. *Phalæna seticornis spirilinguis, alis deflexis superioribus nigris, punctis quatuor albis, inferioribus flavis fusco-marginatis.* Geoff. 168. La Phalene-à-quadrille.

934. O. 582. *Phalæna seticornis spirilinguis, alis deflexis nigris, fasciis tribus argenteis transversis, tertiâ interruptâ.* Geoff. 169. La Phalene à trois bandes

argentées; sa chenille se trouve sur le cerfeuil sauvage.

935. 0. 583. *Phalæna seticornis spirilinguis, humeris latis, alis anticè pallidis, fasciâ obliquâ fuscâ, ponè fuscis fasciâ maculâque cinereis.* Geoff. 170. La Chappe brune au sautoir; on rencontre cette phalene sur les ifs & les charmilles.

936. 0. 584. *Phalæna seticornis spirilinguis, humeris latis, alis viridibus, lineâ duplici transversâ albidâ.* Geoff. 172. La Chappe verte à bande; sa chenille se trouve sur les chênes.

937. 0. 585. *Phalæna seticornis planilinguis, corpore roseo, alis rotundatis planiusculis niveis, singulis punĉto cinereo.* Geoff. 172. La Phalene caliciforme de l'éclaire.

938. 214. 586. *Tinæa corniculis duobus subulatis recurvis, cinerea, alis maculâ fuscâ.* Geoff. 182. La Teigne à queue d'hirondelle.

939. 0. 587. *Tinæa cinerea, corniculis duobus cristatis, fasciâ alarum longitudinali argenteâ.* Geoff. 183. La Teigne à rayure d'argent.

940. 0. 588. *Tinæa plumbea nitida, punĉto nigro in medio alarum.* Geoff. 184. La Teigne commune; elle ronge les meubles de laine.

941. 0. 589. *Tinæa atro-plumbea, alis superioribus fusco-nebulosis.* Geoff. 185. La Teigne plombée nébuleuse.

942. o. 590. *Tinæa tota fusco-nebulosa, capite albido.* Geoff. 186. La Teigne brune à tête blanchâtre.

943. o. 591. *Tinæa fusca, cruce dorsi decussatâ albâ.* Geoff. 187. La Teigne à croix de Chevalier.

944. o. 592. *Tinæa cinerea, alarum maculis nigro-nebulosis.* Geoff. 190. La Teigne marbrée à plaques brunes ; elle se trouve dans les maisons.

945. o. 593. *Tinæa fusco-cinerea, alarum maculâ rhomboidæâ albidâ, oblongâ.* Geoff. 192. La Losange cendrée.

946. o. 594. *Tinæa nigra, alis exterioribus deauratis, antennis corpore duplo-longioribus.* Geoff. 193. La Teigne noire bronzée ; elle voltige autour des arbres.

947. o. 595. *Tinæa nigra, alis superioribus lineis longitudinalibus, fasciâ latâ transversâ, infernèque radiis plurimis aureis, antennis corpore triplo longioribus.* Geoff. 193. La Coquille d'or ; elle se trouve sur le saule.

948. o. 596. *Tinæa fusco-rubra, alarum superiorum margine exteriore maculis duabus flavis.* Geof. 194. La Teigne à deux taches jaunes en bordure.

949. o. 597. *Tinæa fusco-rubra, alis superioribus, maculis duabus croceis transversim positis.* Geoff. 195. La Teigne à deux taches jaunes en bande.

950. o. 598. *Tinæa nigro-fusca, rivulis*

flavescentibus marmorata. *Geoff.* 195. La Teigne à marbrure.

951. o. 599. *Tinæa cinerea, dorso vittâ longitudinali albâ. Geoff.* 196. La Teigne à bandelette blanche.

952. o. 600. *Tinæa alba, alis superioribus lineis quinque transversis fuscis. Geoff.* 197. La Teigne blanche à cinq bandes brunes; elle voltige sur les charmilles.

953. o. 601. *Tinæa nigro-aurata, lineis argenteis transversis tribus, antennis extremo albis. Geoff.* 198. La Teigne dorée à bandes d'argent; elle est commune au printemps sur les feuilles.

954. o. 602. *Tinæa nigro-aurata, lineis argenteis transversis quatuor, antennis nigris. Geoff.* 199.

955. o. 603. *Tinæa albida, lineis longitudinalibus reticulatis fuscis, involucro villoso albescente. Geoff.* 201. La Teigne moisie; on voit souvent ses fourreaux sur le gramen.

956. o. 604. *Tinæa alis cinereis, lineis albis fasciâque longitudinali fuscâ, involucro fusco pediformi. Geoff.* 201. La Teigne à fourreau en crosse.

SECTION QUATRIEME.

Des Insectes Tétraptères à ailes nues.

957. 215. 605. *Libellula corpore viridi-cæruleo nitido, alis medio cærulescentibus, basi & apice albidis, margine immaculato.* Geoff. 221. La Louise; cet insecte se voit dans les prés au bord des étangs.

958. 0. 606. *Libellula corpore viridi-sericeo, alis subfuscis puncto marginali albo.* Linn. Faun. Suec. 758. L'Ulrique.

959. 0. 607. *Libellula corpore cæruleo cinereoque alterno, alis puncto marginali nigro.* Linn. Faun. Suec. 763. L'Amélie; elle se trouve dans les prés.

960. 0. 608. *Libellula corpore infra cæruleo-viridi, supra fusco, thorace fasciis fuscis cærulescentibusque alternis, puncto alarum marginali nigro.* Geoff. 223. La Dorothée.

961. 0. 609. *Libellula corpore viridi pallidè incarnato, thorace fasciis tribus longitudinalibus nigris, alis puncto marginali fusco.* Geoff. 224. La Sophie.

962. 0. 610. *Libellula alis maculâ duplici marginali.* Linn. Faun. Suec. 764. La Françoise.

963. 0. 611. *Libellula alis albis, basi*

luteis, abdomine lutescente. Geoff. 225. L'Eléonore; on la voit dans les prés & proche les rivieres.

964. o. 612. *Libellula alis albis, basi luteis; abdomine supra pulvere cinereo-cærulescente consperso. Geoff.* 225. La Philinte.

965. o. 613. *Libellula thorace viridi-nitido, lineis flavis; alis albis, abdomine nigro cærulescente. Geoff.* 226. La Sylvie.

966. o. 614. *Libellula viridi-inaurata, alis pallidis, pedibus nigris. Linn. Faun. Suec.* 769. L'Aminthe.

967. o. 615. *Libellula lateribus flava, alis albis. Linn. Faun. Suec.* 767. La Justine.

968. o. 616. *Libellula fulva, alis flavescentibus, thoracis lateribus lineis duabus flavis, fronte flavescente, caudâ diphyllâ. Geoff.* 227. La Julie.

969. o. 617. *Libellula thorace luteo virescente, lineis nigris, abdomine nigricante, caracteribus flavis. Linn. Faun. Suec.* 771. La Caroline; cet insecte, ainsi que les autres, habite les lieux aquatiques.

970. o. 618. *Libellula thorace virescente, abdomine fusco, caracteribus flavis. Geoff.* 229. La Cécile.

971. 216. 619. *Perla fusca, capite thoraceque lineâ longitudinali flavâ, alis fusco reticulatis. Geof.* 231. La Perle brune à raies jaunes; on trouve

cet insecte au bord des rivieres & des eaux.

972. 0. 620. *Perla fusca, abdominis lateribus pedibusque pallido-flavis, alis fusco-venosis.* Geof. 231. La Perle brune à pattes jaunes.

973. 0. 621. *Perla nigro-fusca, alis subcinereis pallidis, caudæ setis truncatis.* Geof. 232. La Perle brune à ailes pâles.

974. 0. 622. *Perla flava, alis albis, oculis nigris.* Geof. 232. La Perle jaune.

975. 217. 623. *Raphidia.* Geof. 233. La Raphidie ; elle se trouve dans les bois.

976. 218. 624. *Ephemera alis nebuloso-maculatis, caudâ trisetâ.* Linn. Faun. Suec. 750. L'Ephemere à trois filets & ailes tachetées.

977. 0. 625. *Ephemera lutea, alis albis reticulatis, caudâ trisetâ.* Geof. 238. L'Ephemere à trois filets & ailes réticulées.

978. 0. 626. *Ephemera nigra, caudâ trisetâ.* Geof. 239. L'Ephemere noire à trois filets.

979. 0. 627. *Ephemera fusca, caudâ bisetâ, alis albis.* Geof. 240. L'Ephemere à deux filets & ailes blanches.

980. 0. 628. *Ephemera thorace fusco, abdomine albo, caudâ bisetâ, alis fuscis striatis.* Geof. 240. L'Ephemere à deux filets & ailes brunes.

981. 219. 629. *Phryganea alis testaceis,*

nervoso-striatis. Geof. 246. La Frigane de couleur fauve.

982. 0. 630. *Phryganea alis deflexo-compressis flavescentibus, maculâ rhombeâ laterali albâ. Linn. Faun. Suec.* 741. La Frigane panachéé ; on la trouve aux environs de l'eau.

983. 0. 631. *Phryganea nigro-fusca, alis pedibusque testaceis. Geof.* 247. La Frigane brune à ailes fauves.

984. 0. 632. *Phryganea alis superioribus nebulosis, antennis longitudine corporis. Geof.* 248. La Frigane à ailes tachetées & courtes antennes.

985. 220. 633. *Hemorobius luteo-viridis, alis aqueis vasis viridibus. Geof.* 253. Le Lion des pucerons ; cet insecte vole dans les jardins.

986. 221. 634. *Formicaleo. Geof.* 258. Le Fourmilion.

987. 222. 635. *Panorpa. Linn. Faun. Suec.* 729. La Mouche-Scorpion ; cet insecte voltige dans les prairies.

988. 223. 636. *Crabro niger, subhirsutus; fronte, thorace supernè, addomineque flavis, segmento primo, secundo & quarto ex parte nigris. Geof.* 262. Le Frélon à épaulettes.

989. 0. 637. *Crabro totus niger, abdominis segmento primo ovatim margine inciso lunulâ flavâ. Geof.* 263. Le Frélon noir à échancrure ; on trouve encore en Lorraine une autre espece

de Frélon noir à zone, non décrit dans Geoffroy.

990. 224. 638. *Urocerus. Geoff.* 265. L'Urocere. Il y a en Lorraine deux autres Uroceres, que M. Geoffroy n'a pas décrits, qui est l'Urocere de six lignes & demie, & l'Urocere noir dont l'aiguillon a cinq lignes.

991. 225. 639. *Tenthredo viridis, capite thoraceque supra caracteribus nigris. Geoff.* 271. La Lettre hébraïque verte; cette mouche se trouve sur les fleurs.

992. 0. 640. *Tenthredo crocea, capite, pedibus, thoracisque apice nigris. Geoff.* 272. La Mouche à scie safranée à tête noire.

993. 0. 641. *Tenthredo crocea, capite thorace supra, alarumque margine exteriore nigris. Geoff.* 272. La Mouche à scie du rosier.

994. 0. 642. *Tenthredo nigro-cærulescens, pedibus tibiis alisque exterioribus croceis, maculâ marginali fuscâ. Geoff.* 277. La Mouche à scie noire à ailes jaunes.

995. 0. 643. *Tenthredo nigra, segmentis abdominalibus primo & quinto luteis. Geoff.* 275. La Mouche à scie à deux bandes jaunes; on la trouve sur les plantes ombelliferes.

996. 0. 644. *Tenthredo nigra, segmentorum abdominalium marginibus, excepto secundo, tertio & sexto flavis; pedibus*

ferrugineis. Geoff. 276. La Mouche à scie à quatre bandes jaunes; on la trouve sur le saule.

997. o. 645. *Tenthredo nigra, segmentorum abdominalium marginibus, excepto secundo & tertio flavis. Linn. Faun. Suec.* 935. La Mouche à scie de la scrophulaire.

998. o. 646. *Tenthredo flava, capite thoraceque supra nigro. Geoff.* 281. La Bedeaude du saule.

999. 226. 647. *Cynips thorace viridi-æneo, abdomine aureo, setis ani corpore longioribus. Geoff.* 296. Le Cinips doré à queue, du bédeguar lisse; il habite une excroissance fongeuse du rosier.

1000. o. 648. *Cynips thorace viridi-æneo, abdomine aureo, setis ani non exsertis. Geoff.* 296. Le Cinips doré sans queue; il vient aussi du bédeguar du rosier.

1001. o. 649. *Cynips nigro-viridis, tibiis flavis, gallæ fungosæ quercûs. Geoff.* 297. Le Cinips de la galle fongeuse du chêne.

1002. o. 650. *Cynips viridi-sericeus, abdomine aurato, pedibus albis, gallæ intrà foliorum quercûs substantiam delitescentis. Geoff.* 299. Le Cinips de la galle du chêne, qui vient dans la substance même de la feuille. Nous passons ici tous les Cinips des galles du chêne, qui sont en assez grand nombre.

1003. 0. 651. *Cynips nigro-viridis nitens, pedibus pallidis, gallæ foliorum salicis.* Geoff. 302. Le Cinips de la galle des feuilles de saule.

1004. 0. 652. *Cynips gallæ graminis filamentosæ.* Geoff. 303. Le Cinips de la galle à filets du chiendent.

1005. 0. 653. *Cynips totus fuscus, thorace subvilloso, gallæ hederæ terrestris.* Geoff. 303. Le Cinips de la galle du lierre-terrestre.

1006. 0. 654. *Cynips viridi-sericeus, abdomine aureo, pedibus pallidis, chrysalidum papilionum.* Geoff. 305. Le Cinips des chrysalides de papillons.

1007. 0. 655. *Cynips niger, pedibus pallidis, ovorum insectorum.* Geoff. 305. Le Cinips des œufs des insectes.

1008. 0. 656. *Cynips niger nitens, pedibus pallidis, ichneumonum aphidum.* Geoff. 305. Le Cinips de l'ichneumon des pucerons.

1009. 0. 657. *Cynips foliorum sine galla, totus nigro-viridis nitens.* Geoff. 306. Le Cinips des feuilles sans galle.

1010. 0. 658. *Cynips rosæ, sine galla, totus niger.* Geoff. 307. Le Cinips du rosier, sans galle.

1011. 0. 659. *Cynips quercûs, sine galla, totus viridi-aureus, pedibus flavis.* Geoff. 307. Le Cinips du chêne, sans galle.

1012. 227. 660. *Diplolepis fuscus, gallæ globosæ glabræ & duræ foliorum quercûs. Geof.* 309. Le Diplolepe de la galle ronde & dure du chêne.

1013. 0. 661. *Diplolepis bedeguaris niger, abdomine ferrugineo apice nigro, pedibus rufis. Geoff.* 310. Le Diplolepe du Bédeguar.

1014. 0. 662. *Diplolepis bedeguaris levis fungosi, fuscus oculis nigris. Geoff.* 311. Le Diplolepe de la galle fongeuse & lisse du rosier.

1015. 228. 663. *Ichneumon aphidum. Geoff.* 322. L'Ichneumon des pucerons; il dépose ses œufs dans l'anus du puceron.

1016. 0. 664. *Ichneumon ater, pedibus rufis, setis ani corpore duplo-longioribus. Geoff.* 323. L'Ichneumon à longue queue; il voltige dans les bois.

1017. 0. 665. *Ichneumon ater, pedibus rufis, setis ani longitudine corporis, abdomine tuberculis lateralibus. Geoff.* 324. L'Ichneumon noir à queue de la longueur du corps, & ventre à tubercules; on le trouve sur les arbres.

1018. 0. 666. *Ichneumon ater, pedibus rufis, setis ani corpore triplo brevioribus, abdomine ferè sessili. Geoff.* 325. L'Ichneumon à pattes fauves & courte queue; cet insecte vient dans les coques & les chrysalides des papillons.

1019. 0. 667. *Ichneumon niger, pedibus ferrugineis, femoribus posticis crassis globosis. Geoff.* 326. L'Ichneumon noir à pattes brunes & grosses cuisses dentelées; on le trouve souvent dans les maisons sur les fenêtres.

1020. o. 668. *Ichneumon niger, pedibus albidis, alarum puncto nigro. Geoff.* 328. L'Ichneumon noir à pattes blanchâtres; il sort des insectes de cirsium.

1021. o. 669. *Ichneumon luteus, thoracis fasciis tribus longitudinalibus fuscis. Geof.* 332. L'Ichneumon jaune à corcelet rayé; on le trouve fréquemment autour des chênes.

1022. o. 670. *Ichneumon ater, alis extremo fuscis, abdominis apice villoso-ferrugineo. Geof.* 337. L'Ichneumon noir à plaque de poils bruns sur le ventre; cet insecte sort de la coque de différentes phalenes, dans les chenilles desquelles ses œufs avoient été déposés.

1023. o. 671. *Ichneumon totus ater, antennis medio albis. Geof.* 338. L'Ichneumon noir à anneaux blancs aux antennes; on le trouve souvent dans les nids des guepes-maçonnes.

1024. o. 672. *Ichneumon niger, abdomine antice ferrugineo, postice nigro punctis tribus albis, thoracis apice annuloque antennarum albo. Geof.* 342. L'Ichneumon noir à bande fauve sur le ventre, avec la pointe du corcelet & anneau des antennes blancs; on trouve cet insecte dans les bois.

1025. o. 673. *Ichneumon niger ; thoracis*

apice, abdominis medio, pedibusque flavo variegatis, antennis medio albis. Geof. 344. L'Ichneumon panaché de noir & citron à anneau blanc aux antennes.

1026. o. 674. *Ichneumon niger, thoracis apice flavo, humeris pedibusque ferrugineis, segmentis abdominalibus margine albidis.* Geof. 348. L'Ichneumon noir à pointe de corcelet jaune, & partie antérieure du corcelet fauve; on le trouve dans les bois.

1027. o. 675. *Ichneumon niger, pedibus ferrugineis, tibiis posticis albo nigroque variegatis.* Geof. 351. L'Ichneumon noir, à pattes postérieures panachées; on le trouve autour des fleurs dans les pays de bois.

1028. o. 676. *Ichneumon ater, pedibus anticis pallidis, femoribus posticis abdominisque medio ferrugineis.* Geof. 358. L'Ichneumon noir, à pattes antérieures pâles, postérieures fauves & le milieu du ventre rougeâtre; il vient dans les coques de papillons.

1029. o. 677. *Ichneumon niger, alis albis, fasciâ duplici nigrâ, posteriore majore.* Geof. 359. L'Ichneumon à deux bandes sur les ailes; on le trouve communément dans les maisons sur les fenêtres.

1030. 229. 678. *Vespa thorace nigro, anticè rufo immaculato, abdominis incisuris puncto nigro duplici contiguo.* Geof. 368. La Guêpe-frêlon.

1031. O. 679. *Vespa thorace lineolis trium parium differentium flavescentium.* Geof. 369. La Guêpe commune.

1032. O. 680. *Vespa nigra, abdomine flavo, segmentis margine nigris.* Geof. 371. La Guêpe à anneaux bordés de noir.

1033. O. 681. *Vespa nigra, segmentis abdominalibus margine flavis.* Geof. 373. La Guêpe à anneaux bordés de jaune.

1034. O. 682. *Vespa tota nigro-cærulescens.* Geof. 381. La Guêpe noire.

1035. O. 683. *Vespa nigra, fronte, thoracisque basi flavis.* Geof. 379. La Guêpe noire à levre supérieure & base du corcelet jaune ; on la trouve pendant l'été en quantité sur les fleurs.

1036. O. 684. *Vespa femoribus posticis crassis, globosis, serratis, denticulodonatis ; abdominis globosi petiolo tenui longo.* Geof. 380. La Guêpe déginguendée ; on la trouve dans les endroits aquatiques.

1037. O. 685. *Vespa thorace viridi-cæruleo, abdomine inaurato, ponè cupreo dentato.* Geof. 382. La Guêpe dorée à corcelet verd, & derniers anneaux du ventre épineux ; elle se loge dans les troux de murs.

1038. 230. 686. *Apis gregaria.* Geof. 407. Abeille domestique ou des ruches.

1039. O. 687. *Apis abdomine fasciis flavis interruptis, apice spinâ quintuplici recurvâ armato.* Geof. 408. L'Abeille à cinq crochets ; on en voit pendant l'été sur les fleurs radiées.

1040. o. 688. *Apis nigra, thorace abdominisque basi supernè lanâ rufâ.* Geof. 409. L'Abeille-maçonne à poils roux. Elle fait son nid sur les murs des maisons de campagne. Les abeilles domestiques fournissent plusieurs remedes ; séchées & mises en poudre, elles sont diurétiques, à la dose d'un demi-gros, dans un verre de liqueur. Le miel qu'elles nous fournissent est pectoral, laxatif, détersif ; extérieurement il est mondificatif. Le marc de mouches, qui est ce qui reste après qu'on a pressé la cire des ruches, est extérieurement résolutif. La cire est la base des emplâtres, pommades, cérats & onguens. La propolis est digestive, atténuante, résolutive.

1041. o. 689. *Apis nigra, abdomine supra lineis albis, subtus lanâ fulvâ.* Geof. 410. L'Abeille-charpentiere à ventre velu & roux en dessous ; elle fait son nid dans des vieux bois, dans des troncs d'arbres pourris, qu'elle perce.

1042. o. 690. *Apis hirsuta, pedibus croceis, abdomine nigro, incisuris albis.* Geof. 414. L'Abeille à pattes jaunes & anneaux du ventre blancs ; on la trouve sur les fleurs.

1043. o. 691. *Apis nigro-cærulescens, alis nebulosis, fronte femoribusque posticis hirsutiè flavis.* Geof. 415. L'Abeille bleuâtre à ailes nébuleuses ; elle fait son nid dans les trous des murailles à demi-ruinées.

1044. o. 692. *Apis hirsuta atra, alis violaceis.* Geof. 416. L'Abeille-perce-bois ; elle fait son nid dans du vieux bois.

1045. 231. 693. *Formica nigra, alarum dimidio fusco.* Geof. 427. La grande Fourmi à ailes à moitié brunes.

1046. o. 694. *Formica fusca, thorace fulvo.* Geof. 429. La Fourmi brune à corcelet fauve ; c'est celle des jardins. On tire des fourmis un esprit acide, il est cordial, diurétique : la dose est depuis un gros jusqu'à deux dans une liqueur appropriée.

SECTION CINQUIEME.

Des Insectes à deux ailes.

1047. 232. 695. *Œstrus villosus ; pallido-flavescens, abdominis medio cingulo nigro, apice fulvo.* Geof. 455. L'Œstre du fondement des chevaux.

1048. o. 696. *Œstrus cinereus, nigro-maculatus & punctatus.* Geof. 456. L'Œstre des moutons.

1049. o. 697. *Œstrus thorace flavo, cingulo nigro ; alis nigrâ fasciâ, pedibus pallidis.* Geof. 456. L'Œstre des bœufs.

1050. 233. 698. *Tabanus thorace cinereo; abdomine flavescente, segmentis singulis triangulo albo.* Geof. 459. Le Taon à ventre jaunâtre & taches triangulaires blanches ; ce taon incommode beaucoup pendant l'été les chevaux & les bœufs.

1051. 0. 699. *Tabanus cinereus, thorace fasciis longitudinalibus albis, abdominis segmento singulo triangulo maculisque albis.* Geof. 460. Le Taon gris à taches blanches triangulaires sur le ventre ; il vole dans les prés & paturages.

1052. 0. 700. *Tabanus fuscus; alis cinereis punctis minutissimis albis.* Geof. 461. Le Taon à ailes brunes piquées de blanc ; il est commun dans les prés.

1053. 0. 701. *Tabanus fuscus, abdomine antice luteo, alarum margine exteriore, fasciisque duabus transversis nigris.* Geof. 464. Le Taon à deux bandes noires sur les ailes ; on le trouve dans les bois humides.

1054. 234. 702. *Asilus lanigerus, alarum basi fusca.* Geof. 466. Le Bichon ; il vole dans les jardins autour des fleurs.

1055. 0. 703. *Asilus hirsutus ferrugineus, alis fulvis, femoribus nigris.* Geof. 467. L'Asile velu de couleur fauve ; cet insecte se trouve dans les prés.

1056. 0. 704. *Asilus ferrugineus, abdominis articulis tribus, prioribus atris, posterioribus quatuor flavis.* Geof. 468.

L'Asile brun à ventre à deux couleurs; on le trouve dans les prés humides.

1057. 0. 705. *Asilus niger hirsutus, tibiis halteribusque ferrugineis, alis nigro undulatis.* Geof. 469. L'Asile noir velu, à pattes & balanciers fauves & ailes noires ondées; cet insecte est commun dans les prés.

1058. 0. 706. *Asilus niger glaber, femoribus halteribusque ferrugineis, alis nigris.* Geof. 470. L'Asile noir lisse, à pattes & balanciers fauves & ailes toutes noires; on trouve cette espece dans les bois humides.

1059. 235. 707. *Stratiomys luteo-virescens, thorace lineis tribus longitudinalibus, abdomine tribus transversis arcuatis nigris.* Geof. 482. La Mouche armée jaune à bandes noires; on la trouve dans les prés.

1060. 236. 708. *Musca atra hirsuta, margine alarum tenuiore sinuato albicante.* Geof. 493. La Mouche à ailes noires bordées de blanc ondé; on la trouve dans les jardins.

1061. 0. 709. *Musca alis albis, apice nigris.* Geof. 494. La Mouche à ailes vibrantes ponctuées; on la voit sur les arbres.

1062. 0. 710. *Musca atra, basi alarum ferruginea.* Geof. 495. La Mouche noire à base des ailes jaune; on la trouve dans les prés.

1063. 0. 711. *Musca alis unguiculatis, albo fuscoque reticulatis, maculâ duplici nigrô.* Geof. 497. La Mouche à ailes réticulées avec deux taches noires ; ses larves habitent dans les têtes de l'aulnée.

.1064. 0. 712. *Musca alis unguiculatis albis, fasciis tribus fuscis, thoracis apice flavo.* Geof. 499. La Mouche des têtes de chardons.

1065. 0. 713. *Musca cinerea, thorace fasciis fuscis, alarum margine externo flavescente, singulâ punctis tribus nigris.* Geof. 504. La Mouche à bord des ailes jaunâtre & trois points noirs sur chacune ; on trouve ses larves parmi les lentilles d'eau.

1066. 0. 714. *Musca lutea, thorace lineis tribus longitudinalibus, abdomine plurimis transversis nigris.* Geof. 508. La Mouche jaune à bandes noires ; on la trouve sur les feuilles des arbres.

1067. 0. 715. *Musca nigra, abdomine hemisphærico luteo, fasciâ longitudinali nigrâ.* Geof. 509. La Mouche noire à ventre jaune, noir dans le milieu ; elle vient dans les eaux dormantes & fangeuses.

1068. 0. 716. *Musca abdomine ovato nigro, lunularum pari cingulisque tribus flavescentibus.* Geof. 511. La Mouche à quatre bandes jaunes sur le ventre, dont la premiere est interrompue ; cette mouche se trouve sur le groseillier.

1069. 0. 717. *Musca thorace nigro-viridi ; abdomine oblongo, paribus tribus tetragonorum lutescentium.* Geof. 516. La Mouche à six points jaunes quarrés sur le ventre ; elle habite sur les arbres.

1070. O. 718. *Musca oblonga, femoribus posticis majoribus.* Geof. 519. La Mouche à grosses cuisses ; elle est très-commune dans les jardins.

1071. O. 719. *Musca thorace, abdomineque viridi nitente, pedibus nigris.* Geof. 522. La Mouche dorée commune, elle est fréquente dans les jardins ; les campagnes & les bois.

1072. O. 720. *Musca thorace cæruleo nitente, abdomine viridi nitente.* Geof. 524. La Mouche dorée à corcelet bleu & ventre verd ; elle vient dans les charognes.

1073. O. 721. *Musca thorace nigro, abdomine cæruleo.* Geof. 524. La Mouche bleue de la viande.

1074. O. 722. *Musca nigra ; abdomine nitido tessellato, thorace lineolis pallidioribus longitudinalibus ; ano fulvo.* Geof. 527. La grande Mouche à extrémité du ventre rougeâtre ; elle est fort commune.

1075. O. 723. *Musca nigra ; abdomine nitido tessellato, thorace lineolis pallidioribus longitudinalibus ; ano concolore.* Geof. 528. La Mouche commune.

1076. O. 724. *Musca hirsuta cinerea, alis puncto obscuro.* Geof. 530. La Mouche merdivore ; sa larve habite dans les

LOTHARINGIÆ. 227

ordures, les crottins, les fientes & bouses de vaches.

1077. o. 725. *Musca nigra, alis fuscis, oculis rubris.* Geof. 533. La Mouche noire à ailes brunes & yeux rouges : elle est fréquente dans les endroits humides & auprès des fumiers.

1078. o. 726. *Musca ferrugineo-fusca, subpilosa, oculis ferrugineis, alis trinervis.* Geof. 536. La Mouche du vinaigre.

1079. 237. 727. *Stomoxys.* Geoff. 539. Le Stomoxe ; il fatigue les chevaux en automne.

1080. 238. 728. *Volucella abdomine anticè albo, posticè nigro; alis albis, nigrâ maculâ.* Geoff. 540. La Volucelle à ventre blanc en devant ; cet insecte vient sur les rosiers.

1081. 239. 729. *Nemotalus niger, abdomine niveo, fasciis duabus nigris.* Geoff. 543. La Némotale à bandes ; on la trouve sur les fleurs.

1082. 240. 730. *Scathopse flava, alis albis.* Geoff. 545. Le Scathopse du bouis.

1083. 241. 731. *Hippobosca pedibus tetradactylis, alis cruciatis.* Geoff. 547. La Mouche à chien.

1084. o. 732. *Hippobosca pedibus sexdactylis, alis devaricatis.* Geoff. 547. La Mouche-araignée ; on la trouve dans les nids d'hirondelles.

1085. 242. 733. *Tipula corpore nigro, fulvo, flavoque variegato.* Geoff. 553. La

Tipule variée de brun, de jaune & de noir ; on la trouve dans les prés.

1086. o. 734. *Tipula alis subfuscis, thorace flavo caracteribus nigris, abdomine luteo punctorum nigrorum lineis tribus longitudinalibus.* Geoff. 556. Tipule jaune à points noirs, rangés en trois bandes sur le ventre ; cette tipule est aussi très-commune dans les prés.

1087. o. 735. *Tipula alis albo fuscoque tessellatis ; corpore fusco.* Geoff. 560. La Tipule à ailes en damier ; cette tipule est commune dans les prés.

1088. o. 736. *Tipula fusca, thorace virescente, alis pellucidis, puncto nigro.* Geoff. 560. La Tipule à corcelet verd & point marginal noir sur les ailes ; on la trouve dans les endroits aquatiques.

1089. o. 737. *Tipula pedibus albis annulis nigris, alis albis cinereo maculatis.* Geoff. 564. La Tipule à pattes d'arlequin ; on la trouve dans les prés & sur les fenêtres des maisons.

1090. o. 738. *Tipula fusca, alis albidis, puncto quadruplici fusco.* Geoff. 565. La Tipule brune à quatre points bruns sur les ailes ; elle se trouve souvent aux vitres des fenêtres.

1091. o. 739. *Tipula atra, alis niveis.* Geoff. 567. La Tipule noire à ailes blanches. On la trouve par-tout dans les bosquets des jardins : il y a encore aux environs de Metz une autre espèce de Tipule, non décrite dans M. Geoffroy; elle est noire, elle a les cuisses & le tiers du ventre rouge.

1092. 243. 740. *Bibio ater hirsutus, alis albis, margine exteriore nigro.* Geoff. 570. Le Bibion de S. Marc, noir; il est commun au commencement de l'été sur les arbres.

1093. 0. 741. *Bibio alis deflexis cinereis, ovato-lanceolatis, ciliatis, immaculatis.* Geoff. 572. Le Bibion à ailes frangées & sans taches; on le trouve dans les endroits humides, le long des murs des latrines.

1094. 244. 742. *Culex cinereus, abdomine annulis fuscis octo.* Geoff. 579. Le Cousin commun; on prétend que l'infusion du cousin est un grand vomitif.

SECTION SIXIEME.

Des Insectes Apteres.

1095. 245. 743. *Pediculus humanus.* Geoff. 597. Le Pou ordinaire. On lui attribue une vertu apéritive, fébrifuge, à la dose de cinq ou six; mais on s'en sert rarement à cause de la répugnance qu'on a contre ce remede. Extérieurement on en introduit dans l'urètre des enfans, dans les cas où on se sert de punaises pour les hommes.

1096. 0. 744. *Pediculus inguinalis.* Geof. 597. Morpion. La plûpart des animaux ont des poux, qui leur sont particuliers & à qui on a donné le nom de l'animal, comme poux de bœuf, poux de poule, &c. Nous les passerons ici sous silence.

1097. 246. 745. *Podura fusca non nitens, antennis longitudine corporis.* Geoff. 608. La Podure brune enfumée; on trouve cet insecte sur les écorces des arbres.

1098. 0. 746. *Podura fusco nigroque variegata villosa.* Geoff. 608. La Podure commune velue; on la trouve sous les pierres.

1099. 0. 747. *Podura atra aquatica.* Geoff. 610. La Podure noire aquatique; elle couvre les feuilles des plantes aquatiques.

1100. 247. 748. *Forbicina plana.* Geoff. 613. La Forbicine platte; on la trouve dans les jardins, sous les caisses & dans les fentes des châssis des fenêtres.

1101. 248. 749. *Pulex.* Geoff. 616. La Pouce.

1102. 249. 750. *Chelifer fuscus, abdomine lineis transversis.* Geoff. 618. Le Scorpion araignée; on trouve cet insecte dans les jardins, sous les pots de fleurs, sous les écorces des arbres à demi-détachées, dans les endroits peu fréquentés des maisons & même dans les livres.

1103. 0. 751. *Chelifer totus ruber, antennis extremo bisetis.* Geoff. 618. La Pince rouge; on la trouve sous les pierres & sous les écorces d'arbres.

1104. 250. 752. *Acarus lividus, antennis brevibus subclavatis, abdomine anticè maculâ ovatâ fuscâ nitente.* Geoff. 621. La Tique des chiens.

1105. 0. 753. *Acarus humanus subcutaneus.* Geoff. 622. Le Ciron de la galle.

1106. 0. 754. *Acarus casei antiqui.* Geoff. 622. Le Ciron du fromage.

1107. 0. 755. *Acarus insectorum rufus, ano albicante.* Geoff. 623. La Mitte des coléopteres.

1108. 0. 756. *Acarus gymnopterorum ruber, punctorum coccineorum utrinque pari.* Geoff. 623. La Mitte rouge des mouches.

1109. 251. 757. **Phalangium.** Geoff. 629. Le Faucheur.

1110. 252. 758. *Aranea citrino lutea, pedibus quatuor posticis brevissimis, abdomine utrinque fasciâ ferrugineâ.* Geoff. 642. L'Araignée-citron; on la trouve sur les plantes. Extérieurement la toile de l'araignée est vulnéraire, astringente, consolidante, elle arrête le sang.

1111. 253. 759. *Aranea fusca, thorace lineis quatuor obliquis fuscis, abdomine tribus transversis albis.* Geoff. 643. L'Araignée brune à trois raies transverses blanches sur le ventre; on la trouve dans les jardins.

1112. 0. 760. *Aranea atro-fusca sub-villosa, pedibus atro fuscoque intersectis.* Geoff. 644. L'Araignée brune domestique.

1113. 0. 761. *Aranea aquatica tota fusca.* Geof. 644. L'Araignée aquatique.

1114. 254. 762. *Monoculus antennis capellaceis multiplicibus; testâ bivalvi oblongâ.* Geof. 657. Le Monocle à coquille longue; on en voit dans les ruisseaux bourbeux & les eaux dormantes.

1115. 255. 763. *Cancer macro-urus, rostro supra serrato, basi utrinque dente simplici, thorace integro.* Geof. 666. Ecrévisse. On vante beaucoup celles qu'on pêche dans la Seille & la Sarre. Le bouillon d'écrévisse purifie le sang, est béchique, fortifiant, diurétique. La poudre d'écrévisse est un remede pour la rage; la dose est depuis un demi-gros jusqu'à un gros. Extérieurement elles sont vulnéraires, adoucissantes. Les yeux d'écrévisse sont absorbans, purifient le sang, sont astringens, dessicatifs & adoucissans.

1116. 256. 764. *Oniscus caudâ obtusâ bifurcâ.* Geof. 670. Le Cloporte ordinaire. On lui attribue une vertu apéritive, désobstruante, diurétique; on les pile dans du vin blanc, ou bien on les donne en substance, en commençant par six & augmentant insensiblement jusqu'à douze : la dose en poudre est depuis douze grains jusqu'à deux scrupules.

Extérieurement il a une vertu résolutive & détersive.

1117. 257. 765. *Asellus caudâ bifidâ, stylis bifurcis; articulis septem.* Geof. 672. L'Aselle d'eau douce; on le trouve dans l'eau des ruisseaux & des mares.

1118. 258. 766. *Scolopendra.* Scolopendre; on la trouve sous les pierres.

1119. 259. 767. *Iulus.* Iule; on la trouve sous les pierres; il y en a qui ont jusqu'à deux cens quarante pattes.

CLASSE SIXIEME.

Des Vermisseaux, Limaçons & Coquillages.

SECTION PREMIERE.

Des Vermisseaux.

1120. 260. 1. *Hirudo.* Sang-sue; on la trouve dans les eaux courantes, aux lieux herbeux; elle a la propriété de sucer le sang, qu'elle aime beaucoup, & par ce moyen de dégager la partie & de détourner la fluxion des endroits où on l'applique, soit aux hémorrhoïdes, au front, aux yeux, &c. pour cet effet on pose la sang-sue sur une veine à l'endroit où on veut qu'elle s'attache; alors elle y enfonce ses trois dents, le sang coule dans son corps, la sang-sue s'enfle de plus en plus, à la fin elle se dégage d'elle-même, sinon on la fait quitter prise avec un peu de sel, qu'on lui fait tomber sur le dos.

1121. 261. 2. *Lumbrici terrestres.* Vers de terre. On leur attribue une vertu apéritive, sudorifique diurétique; la dose en poudre est depuis un scrupule jusqu'à un demi-gros; l'huile de vers se donne à la dose de douze à quinze gouttes. Extérieurement l'huile de vers est fortifiante, adoucissante.

1122. 0. 3. *Vermes.* Vers de différente espece, qui s'engendrent dans le corps humain & dans ceux des animaux.

SECTION SECONDE.

Des Limaçons.

1123. 261. 4. *Limax oblonga flaccida.* D'Argenville. Limace fort longue de couleur fauve.

1124. 0. 5. *Limax exigua cinerea.* D'Argenville. Limace plus petite de couleur cendrée. Elles habitent toutes les deux dans les bois, les haies, aux lieux sombres & humides. La poudre de limaçons rouges, séchée au four, est antidyssenterique, à la dose d'un ou de deux scrupules.

SECTION TROISIEME.

Des Coquillages.

PARMI les Coquillages, les uns sont terrestres & les autres fluviatils; nous rapporterons d'abord les terrestres pour passer aux fluviatils.

1125. 263. 6. *Limax.* D'Argenville. Escargot.

1126. 0. 7. *Limax ore rotundo.* D'Argenville. Escargot à bouche ronde.

1127. 0. 8. *Limax ore depresso.* D'Argenville. Escargot à bouche applattie. Il y a parmi ces especes plusieurs variétés: les uns & les autres habitent les jardins, les haies & les vignes. Les bouillons de limaçons sont béchiques, adoucissans. Leur coquille en poudre est diurétique, à la dose d'un scrupule. Extérieurement les escargots pilés avec leurs coquilles, sont discussifs & résolutifs. La poudre de limaçons calcinés entre dans le remede de Melle. de Stephens.

1128. 264. 9. *Turbo.* Vis; on en trouve sur les hauteurs.

1129. 265. 10. *Globosa oblonga*. D'Argenville. Tonne oblongue.

Coquillages fluviatils.

1130. 266. 11. *Lepus simplex*. D'Argenville. Patelle toute unie ; on en trouve dans la Seille.

1131. 267. 12. *Limax umbilicata*. D'Argenville. Limaçon ombiliqué ; on en trouve dans les rivieres.

1132. 0. 13. *Limax cornu S. Huberti*. D'Argenville. Cornet de S. Hubert ; il y en a dans l'Etang S. Jean près de Nancy.

1133. 268. 14. *Nerita variata & cinerea*. D'Argenville. Nérite bariolée de gris.

1134. 0. 15. *Nerita variata subrubra*. D'Argenville. Nérite bariolée de rouge ; on trouve ces deux especes dans la Seille.

1135. 269. 16. *Turbo simplex*. D'Argenville. Vis simple.

1136. 270. 17. *Buccinum albidum quinque spiris*. D'Argenville. Buccin blanc à cinq spirales ; j'en ai trouvé dans un ruisseau auprès de Marbache.

1137. 271. 18. *Globosa cinerea*. Tonne fauve.

1138. 272. 19. *Cama admodum exigua*. Came très-petite ; on en trouve dans la Seille & dans la Moselle.

1139. 273. 20. *Musculus magnus & subtilis*.

LOTHARINGIÆ.

tilis. D'Argenville. Moule grande & légere; il y en a dans l'étang S. Jean.

1140. O. 21. *Musculus multùm elongatus. D'Argenville*. Moule plus allongée; il y en a dans toutes les rivieres.

1141. O. 22. *Musculus cum unione.* Moule avec une perle. Il y en a dans la petite riviere de Valogne, près de Bruyeres. Les Princes de Lorraine faisoient anciennement garder cette riviere, pour empêcher qu'on ne pêchât les perles. M. l'Abbé Charroyer en a dans son cabinet de fort belles, qu'il a tirées des moules de cette riviere.

Fin du Catalogue des Animaux.

OBSERVATION

Sur le Regne Animal de la Lorraine & des Trois-Evêchés.

ON peut voir, par l'énumération succinte que nous avons faite des Animaux de la Lorraine & des Trois-Evêchés, combien cette Province est féconde pour pouvoir nourrir tant d'Animaux de toute espece; nous en avons rapporté onze cens quarante-une especes; nous sommes physiquement sûrs qu'il y en a encore une quantité d'omis & qui ont échappé à nos yeux. Nous pourrons donner à la suite un Supplément, ou d'autres plus clairvoyans que nous. Pour suivre une espece d'ordre dans nos Observations sur ce Regne, nous les diviserons en deux Parties; nous rapporterons dans la premiere tout ce qui concerne l'Homme & son Anatomie; & dans la seconde, ce qui a rapport aux Brutes.

PREMIERE PARTIE.

OBSERVATION
Sur ce qui concerne l'Anatomie en Lorraine.

DAns cet Article nous parlerons d'abord des anciens Fondateurs d'Anatomie en Lorraine, des Professeurs actuels, des Curieux & Amateurs; nous ferons ensuite mention des différens cours qu'on y a faits, & nous finirons enfin par rapporter les principaux morceaux d'Anatomie qu'on trouve dans le Pays. Nous donnerons tout au long, & c'est ici le lieu, les Mémoires & Lettres que nous avons de M. le Comte de Tressan & de M. Morand, sur la dextérité d'une certaine Famille de la Lorraine, connue sous le nom de Val-d'Ajol, pour remettre les membres luxés & fracturés; cette Famille fait trop d'honneur à la Province, pour la passer sous silence. Nous ajouterons aussi le Dénombrement des habitans des villes & fauxbourgs de Nancy.

Q ij

FONDATEURS

D'Anatomie en Lorraine.

CHARLES LE POIX, premier Doyen de la Faculté de Médecine de Lorraine. La réimpression que Boerhaave a faite de ses Œuvres, avec la Préface qu'il y a jointe, est la plus grande preuve des mérites de ce Médecin.

NICOLAS LE POIX, pere de Charles le Poix, aussi fameux Médecin. Boerhaave en parle avec la même distinction que de Charles le Poix, & a fait aussi réimprimer ses Œuvres.

NICOLAS RIVARD, il est né à Neuf-Château vers l'an 1675. C'est un des premiers Chirurgiens de la Lorraine qui ait eu de la réputation, dit Chevrier dans son Histoire Littéraire de la Province; élevé à Paris dans l'Ecole des Hôpitaux, il y acquit les connoissances, l'expérience, qui naissent d'une pratique journaliere. Son habileté pour l'opération de la taille le rendit célebre à Paris. Léopold, qui ne voulut point que ses états fussent privés d'un bien qui leur appartenoit, le rappella en Lorraine, & le nomma Démonstrateur d'Anatomie dans l'Université de Pont-à-Mousson, où il auroit formé des sujets pour la Chirurgie, mais il n'eut jamais pour éleves que des Candidats en Médecine; & souvent faute de cadavres de justiciés, ou de sujets, il passa des années entieres sans disséquer; ce qui lui faisoit dire en plaisantant : Je ne ferai que des ignorans, si les grands chemins sont sûrs.

Professeurs Actuels d'Anatomie.

MR. BAGARD, Président du College Royal des Médecins de Nancy, premier Professeur de Botanique audit College. Nous connoissons plusieurs Ouvrages de ce Médecin, dont quelques-uns sont imprimés, la plûpart manuscrits. C'est à lui que ce College Royal de Médecine de Nancy est redevable de son établissement, par ses soins & ses sollicitations auprès de sa Majesté le Roi de Pologne.

M. FRANÇOIS, Écuyer, Docteur aggrégé au College Royal des Médecins de Nancy, second Professeur en Anatomie. Ce Médecin est connu à Paris par ses consultations, dont les Docteurs Régens de la Faculté de Médecine de cette Capitale font beaucoup de cas. Il est Auteur de plusieurs Ouvrages manuscrits, entr'autres d'un Discours aussi éloquent que savant, prononcé à l'Hôtel-de-Ville de Nancy à la réception d'un Apothicaire,

M. RICHARD PIEROT, Démonſtrateur Royal en Anatomie & Chirurgie au College des Médecins de Nancy, Chirurgien-major des Hôpitaux Bourgeois & des Renfermeries Royales, Stipendié de la même Ville. De tous les Profeſſeurs & Démonſtrateurs du College Royal, il eſt le ſeul de la Ville, en qualité de Démonſtrateur, qui ſoit penſionné. Ce Chirurgien eſt très-verſé dans ſon art, & mérite la conſidération & la confiance du Public.

M. JADELOT, Doyen de la Faculté de Médecine de Lorraine, Profeſſeur en Anatomie & Chirurgie. Ce n'eſt que depuis quatre ans que la Chaire de Chirurgie eſt rétablie à Pont-à-Mouſſon, par Arrêt du Conſeil du Roi de Pologne. Nous avons perdu ce fameux Profeſſeur, il eſt mort en 1768.

M. LAURENT, Démonſtrateur en Anatomie dans la Faculté de Médecine de Pont-à-Mouſſon, avec trois cens livres de penſion.

Amateurs & curieux en Anatomie.

MR. le Comte de TRESSAN, Gouverneur de Bitche, Membre de pluſieurs Académies. Tout le monde connoît les talens de ce Savant pour toutes les parties de l'Histoire Naturelle, & principalement pour l'Anatomie.

M. HARMAND, Médecin aggrégé du College Royal des Médecins de Nancy; il s'est distingué par des démonstrations d'Ostéologie qu'il a faites au College Royal.

M. JADELOT, fils, Professeur en la Faculté de Médecine de Pont-à-Mousson; il possede l'Anatomie. L'Auteur de la Gazette Salutaire a fait l'éloge d'un de ses cours dans ses feuilles périodiques.

M. GANDOGER, Médecin aggrégé du College Royal des Médecins de Nancy; il s'est distingué en 1766, par un cours d'Anatomie qu'il a fait à Nancy, & qui a duré près de trois mois.

M. MARECHAL, Chirurgien à Metz; il a fait plusieurs cours d'Ostéologie dans cette Capitale des Trois-Evêchés.

M. TAILLIER, Correspondant du College Royal, Médecin à Chaumont-en-Bassigny; il a été démonstrateur en Anatomie à l'Hôpital militaire de Metz, où il a disséqué pendant un hiver entier.

M. SAGET, premier Chirurgien de l'Hôpital militaire de Metz. Ce Chirurgien est très-habile & très-renommé, tant par la quantité d'Eleves qu'il instruit parfaitement dans son art, que par ses belles cures chirurgicales.

Morceaux d'Anatomie qu'on trouve en Lorraine.

ILs sont en petit nombre, & la plûpart mal conservés. Il y a à l'Hôpital militaire de Metz, une assez belle Myologie. M. MASSON, Chirurgien à Pont-à-Mousson, possede un Enfant injecté assez bien fait. On voit dans le College de Médecine de Nancy plusieurs Squelettes, des Fœtus & des Enfans de tout âge, dont les injections approchent celles de Rwisch.

MÉMOIRE

Concernant la Famille des FLEURIOTS, *connus en Lorraine sous le nom de* VAL-D'AJOL; *par M. le Comte de* TRESSAN.

A Une lieue & demie de Plombieres, & dans la partie des Vosges qui touche à la Franche-Comté, un Valon assez spacieux, formé par plusieurs gorges réunies, montre un aspect riant, où l'on reconnoît une culture assidue & dirigée avec industrie.

Une seule Famille, partagée entre quatre ou cinq habitations, élevée dans les mêmes principes, reconnoiffant un Chef dans le plus ancien & le plus éclairé de fes membres, s'occupe fans ceffe du bien public, de l'éducation de fes enfans, du foulagement des malheureux & de l'agriculture.

Cette Famille, dont le nom eft Fleuriot, eft plus connue encore fous le nom de Val-d'Ajol; nom que porte le Pays & les Hameaux qu'elle habite.

Depuis très-longtemps les Chefs de cette Famille ont exercé principalement la partie de Chirurgie, qui fert à réparer les fractures & les luxations des os; leurs fuccès continuels leur ont mérité la réputation d'habileté; une grande piété, une charité immenfe, leur ont bien juftement acquis celle de gens vertueux.

Une modeftie finguliere, une tendreffe vraiment fraternelle, regnent dans cette heureufe Famille, qui eft maintenant affez nombreufe & affez éloignée de fa fouche commune, pour ne pas contracter d'alliances étrangeres.

Le feu Duc Léopold, touché des vertus conftantes des Fleuriots, & reconnoiffant que dans tous leurs actes ils avoient fans ceffe mérité la couronne civique, & avoient prouvé la nobleffe de leurs ames par leurs bienfaits & leur défintéreffement, voulut les annoblir.

Les Familles s'affemblerent, & les Chefs, d'une voix unanime, remercierent leur Souverain de la grace qu'il vouloit leur faire, & se dispenserent de l'accepter : Nos enfans, dirent-ils, dans leur réponse également sage & soumise, nos enfans ne penseront peut-être pas comme nous : enivrés de leur noblesse, ils se dispenseront de servir les pauvres; ils dédaigneront de cultiver nos héritages; la bénédiction de Dieu ne se répandra plus sur nos travaux; ils se désuniront; ils cesseront d'être heureux. Ils refuserent donc les lettres de noblesse qu'on leur offroit, & celle de leur ame n'a jamais dégénéré.

Les succès presque prodigieux des cures opérées par les Fleuriots, ont souvent excité l'envie & la jalousie de leurs voisins.

La premiere fois que j'allai à Plombieres, je m'informai particuliérement de cette Famille; je commandois alors dans cette partie de la Lorraine, il me fut aisé d'approfondir les détails que je voulois connoître : les uns me parloient des Fleuriots avec autant d'amour que d'admiration; un très-petit nombre de gens, que je croyois devoir être les plus éclairés, voulut jetter un vernis de superstition & d'ignorance sur la maniere avec laquelle les Fleuriots en usoient dans leurs opérations; je crus cependant démêler la vérité dans les rapports qui leur étoient les plus favorables; je me fis un honneur & un devoir d'examiner les faits par moi-même, pour me mettre en droit de les dévoiler.

Une étude d'Anatomie, assez suivie, que j'ai faite, dès ma jeunesse, me mettoit à portée de distinguer la science réelle d'avec le prestige.

Je fus au Val-d'Ajol, sans faire annoncer mon arrivée; un habit uni, un seul Domestique qui me suivoit, rien ne leur annonça que l'abord d'un étranger arrivé par hazard au milieu de leurs habitations.

Tout m'édifia, tout m'attendrit en entrant dans une de leurs premieres maisons; je me refuse avec peine au plaisir de décrire la propreté & l'ordre qui y regnoient, l'honnêteté de tous ceux qui l'habitoient. J'y reconnus tous les traits les plus simples & les plus touchans de la véritable hospitalité; mon but étoit de connoîtrre le degré d'instruction, où les plus habiles étoient parvenus dans un Art fondé sur une science exacte & réelle. Après m'être rafraîchi & avoir admiré tout ce qui étoit du ressort de l'économie rurale & du gouvernement intérieur de la Famille, je demandai s'ils avoient quelques livres; ils me dirent que leurs livres principaux étoient rassemblés dans une maison peu distante, qu'occupoit un des anciens Chefs de la Famille: ils m'y conduisirent; j'y fus reçu par un homme âgé, respectable,

& qui, sous un air rustique, me montra des mœurs douces & polies. Il me fut facile d'entrer en matiere avec lui; je lui demandai quels principes de son Art il avoit étudiés? Il me répondit: Les bons livres, la nature & l'expérience ont été les seuls maîtres de mes Peres, je n'en ai point eu d'autres, & cette tradition passera à mes enfans. Il m'ouvrit alors un grand cabinet, simplement orné, mais riche par ce qu'il contenoit; j'y trouvai les meilleurs livres anciens & modernes qui soient connus; j'y trouvai des squelettes d'hommes & de femmes de quatre ou cinq âges différens; des squelettes démontés, dont les pieces confondues ensemble, pouvoient être rejointes & remontées par une main experte; j'y trouvai des mannequins artistement faits, qui offroient une Myologie complete.

C'est ici, me dit-il, que nous nous formons à la science nécessaire pour soulager nos freres; nous apprenons en même temps à nos enfans à lire & à connoître ce qu'ils lisent. Ceux qui ont de la disposition, connoissent les os & les muscles avant l'âge de dix ans, ils savent les démonter & replacer chaque piece; voici une grande armoire, où toutes les especes de bandages & de ligatures, propres aux différentes parties, sont étiquetées, & où leur usage est défini : nous leur apprenons de bonne heure à appliquer la pratique à la théorie. La plûpart de ces chevres, que vous voyez, nos chiens même en font souvent les victimes; l'espece de cruauté que nous exerçons sur ces animaux, en éteint le germe dans le cœur de nos enfans, que nous excitons à devenir sensibles à leurs plaintes & à les soulager; bientôt ils apprennent à les guérir. Voilà toutes les leçons que j'ai reçues, celles que nous donnons à nos enfans, & la bénédiction de Dieu se répand sur nos soins.

Je ne puis exprimer le respect & l'attendrissement dont je me sentis saisir; j'embrassai ce vertueux Vieillard, je me fis connoître, & je le priai en grace de me dire si je pouvois lui être utile, à lui ou à quelqu'un de sa Famille.

Il étendit la main vers les habitations, les champs & les jardins qui les entouroient. Ce que vous voyez, me dit-il, suffit à nos besoins; la Providence a béni nos soins, & nous avons même de quoi soulager les malheureux; ce qu'on nous offriroit au delà de nos petits frais nécessaires, nous seroit inutile, il nous deviendroit peut-être nuisible en excitant la cupidité dans nos enfans; mais, Monsieur, ajouta-t-il, vous avez le bonheur d'être grand Officier de STANISLAS, notre cher & auguste

Souverain, daignez lui dire que toutes nos Familles élevent leurs vœux au Ciel, pour la conservation de ses jours précieux, & que les Fleuriots ne cesseront jamais de travailler à se rendre utiles aux malheureux, pour mériter d'être comptés dans le nombre des meilleurs sujets du plus bienfaisant de tous les Souverains.

Si l'on exigeoit le rapport de la cure des fractures les plus nombreuses & les plus compliquées dans un même sujet, je pourrois en donner plusieurs que je certifierois, comme s'étant opérées sous mes yeux.

M. le Marquis de Voyer & M. de Saint Lambert, dont le génie & les connoissances sont universellement reconnues, ont eu la même curiosité que moi, & certifieront les mêmes faits. Je n'entre point dans le détail de leur agriculture, on croira sans peine que des gens aussi sages qu'éclairés sont partis d'après les mêmes principes que l'habile & le laborieux Kligogg ; leur parallele ne pourroit cependant que faire honneur à l'humanité & donner d'excellentes leçons. C'est avec une vraie effusion de cœur, que tous ceux qui pensent, & dont l'ame est sensible, rendront toujours un juste tribut de louanges à ces hommes trop rares, & dont l'exemple mérite bien d'être suivi.

Lettre de M. MORAND, Docteur Régent de la Faculté de Médecine de Paris, à M. le CAMUS, aussi Docteur Régent de la même Faculté.

De Plombieres, le 16 Septembre 1755.

UN séjour que je fais ici, mon cher Confrère, me rend, on ne peut pas plus, proche voisin des fameux Chirurgiens Jatraliptes, dont on nous a parlé; la semaine derniere j'ai été tout près de leur habitation, qui dépend de la Paroisse du Val-d'Ajol, où j'allois herboriser. Vous me paroissez curieux de savoir à quoi vous en tenir sur la réputation de ces especes de Guérisseurs; je me fais un plaisir de vous dire ce que j'ai pu en apprendre & ce que j'en pense.

Ce sont deux Familles de Paysans, qui ont, dans toute la Lorraine & aux environs, la même réputation que les Nursins en Italie: ces derniers pour l'opération de la taille; les premiers pour la guérison des luxations & des fractures. L'exercice de leur Art & de leur succès datent de plusieurs générations; quelques personnes de cinq leur nom est Fleuriot; il y a le vieux & le jeune, qu'on nomme indistinctement les Hommes de la Broche, petit quartier du Val-d'Ajol, où est leur chaumiere.

Je les ai vus tous deux à l'ouvrage; ils ne se répandent pas beaucoup en raisonnemens, & on peut dire qu'ils exercent un Art muet; mais leurs réponses sont de bon sens & portent sur quelques connoissances générales d'Anatomie, principalement d'Ostéologie; en tout on ne peut point leur refuser une sorte d'habileté, acquise par un long usage & par une grande expérience. Ils n'ont jamais pensé à la procurer cette théorie, vraie science de mémoire, qui se communique par l'étude ou par la lecture des ouvrages anciens & modernes. Ces connoissances chargeroient sans doute plus leur esprit, qu'elles ne les éclaireroient; quelques livres, & leurs entretiens familiers, sont les sources dans lesquelles ils puisent facilement, & d'une maniere qui est à leur portée, des connoissances sensibles & palpables, des leçons simples, dépouillées de frivoles hypotheses, dégagées de ces êtres de raison, de ces fictions pernicieuses, qu'on appelle systêmes. Dès que leurs enfans sont susceptibles d'instructions, ils leur transmettent le goût de leurs peres;

ils

ils forcent & dirigent eux-mêmes leur talent catagmatique ; jamais ils n'ont voulu leur permettre d'aller hors de leurs foyers champêtres s'asservir aux opinions ou aux loix des écoles, y apprendre à rechercher ou à approfondir les causes cachées, à devenir fameux dans la spéculation. Comme, dans l'exercice, la science scholastique n'a pas jusqu'à présent occupé leurs idées, ils craindroient qu'elle n'altérât bientôt l'innocence de leur cœur, qu'elle n'y fît germer en même temps l'orgueil & la présomption. Pour éviter ces suites très-ordinaires, ce sont eux qui sont les maîtres, les démonstrateurs de leurs enfans, sans s'embarrasser qu'ils s'appliquent à réduire leurs leçons en regle & en méthode ; l'habitude, aidée dans la suite du bon sens, fait le reste & développe ou augmente la capacité naturelle qui est, pour ainsi dire, infuse chez eux. Mais ce qui m'a le plus frappé dans ces bonnes gens, & qui est aussi fort remarquable, c'est leur simplicité de mœurs, de vie, de nourriture, de vêtemens : contens de leur sort, ils se bornent au nécessaire, & rejettent tout ce qui est inutile ; ils se tiennent chez eux comme de simples Paysans, ne mangeant que du pain de seigle & du lard, & l'eau est leur seule boisson. Toujours en campagne

R

l'un ou l'autre, ils ne vont jamais à cheval, & n'ont jamais voulu revenir chez eux en voiture; il demandent seulement à ceux qui sont en état de leur procurer cette commodité, quelqu'un pour les accompagner. L'or & & les richesses, vain fantôme du bonheur, ne les touchent point; deux ou trois louis sont un salaire qui leur paroît trop fort, ils les ont plusieurs fois refusés de gens riches; de la part de ces derniers ils se contentent de six ou douze francs au plus.

Voila, Monsieur & cher Confrere, une courte histoire de ces vrais Philosophes. Tous les mardis ils se trouvent à Remiremont, d'autres jours à Plombieres & ailleurs : là ils ont quelquefois jusqu'à quarante pauvres estropiés ou blessés; ils les visitent, les pensent gratis, souvent même ils les fournissent d'argent pour s'en retourner & leur donnent de leur onguent, qui fait tout leur secret, leur trésor. Ils s'en tiennent à avoir dans leur Famille la composition de ce Topique, connu uniquement sous le nom d'onguent du Val-d'Ajol, ou de la graisse de la Broche.

Ce remede fort estimé dans la Lorraine, est un très-bon résolutif, nerval, adoucissant & fortifiant. Les hommes de la Broche l'emploient dans les contusions, foulures de nerfs, luxations, fractures, de même que dans les plaies où il y a danger de gangrene : il soulage aussi les douleurs de goutte & de rhumatisme; on ne fait qu'en étendre sur un linge sans chauffer l'onguent.

Vous ne serez pas fâché, mon cher Confrere, que je vous entretienne d'un autre remede, dont on use dans cette Province ; c'est une plante, qui s'y trouve très-abondamment, & principalement dans les montagnes que je gravis de temps en temps : d'où vient qu'entre plusieurs noms, on lui donne celui de Tabac des Vosges. Elle y est aussi connue sous la dénomination de Tabac des Capucins, ou de Fleur de Tabac.

C'est en effet la poudre de la fleur du *Doronicum plantaginis, folio alterum.* Pin. *Doronicum Germanicum, foliis semper ex adverso nascentibus villosis.* J. B. *Lagea lupi, arnica German.* Schroder. C'est encore cette plante que Linnæus nomme : *Arnica foliis ovatis integris : caulinis geminis oppositis. sp. pl.* 1245.

A Nancy, & dans toute la Lorraine, on n'en fait pas seulement usage comme d'un sternutatoire, vertu qui lui est assignée en différentes phrases Botaniques. (*Alisma alpinum, seu herba plantaginis foliis, flore doronici, sternutamenta movente,* Gesn. *Ptarmica montana. hist. Lugd.*) On le prescrit aussi comme alexitere, pour rétablir ou augmenter dans toute l'habitude du corps, le mouvement du sang & des esprits rallenti par leur épaississement ou par leur stagnation dans quelque partie ; on s'en sert dans les fievres malignes. Feu M. Kaft, premier Médecin de la feue Reine de Pologne, s'en servoit dans quelques maladies de poitrine, lorsqu'il étoit question de recourir aux incisifs : la dose est de six grains, ou pour les sujets foibles d'une petite pincée, sur laquelle on verse quatre verres d'eau chaude. C'est sur-tout en Allemagne où les vertus de cette plante sont accrédités, en particulier pour les chûtes & les maux de tête ; propriété consacrée dans une phrase Botanique. (*Arnica lapsorum panacea, fehrii ephemerid. natur. Curios. an. ix. & x.*) La description de cette espece de Doronic se trouve dans la matiere Médicale de M. Geoffroy, ainsi qu'une histoire de ses propriétés. On m'a assuré dans ce Pays-ci qu'elle produit un effet singulier sur ceux qui en prennent, soit qu'on doive l'attribuer à une trop forte dose, soit qu'elle agisse de cette maniere, elle cause d'abord un petit étourdissement, quelquefois même une espece de catalepsie légere & momentanée ; voyez s'il est fait mention de cette action dans l'article que je vous cite de la matiere médicale de Geoffroy.

Je ne fache pas qu'on fe ferve beaucoup dans ce Pays-ci des autres parties de la plante, à moins que cette poudre fternutatoire n'en foit un compofé. Sa racine a une odeur aromatique affez agréable, d'où fans doute Lobel la nomme : *Nardus celtica altera*.....

Je ferois bien charmé, Monfieur & cher Confrere, fi ces deux petites notes de mon voyage vous étoient agréables, &c. J'ai l'honneur d'être, &c.

DÉNOMBREMENT DES HABITANS DE NANCY.

ON a fait en l'année 1766 le dénombrement des Habitans de Nancy; comme cette ville est la Capitale de la Province, nous avons pensé que ce dénombrement pouvoit avoir lieu dans un ouvrage de la nature de celui-ci; c'est par cette raison que nous cru devoir le rapporter tout au long.

Dans la Paroisse S. Fiacre, il s'y trouve quatre cens soixante-quatorze hommes, cinq cens quarante femmes, quatre cens trente-huit enfans mâles, cinq cens dix-sept enfans femelles, quarante-deux domestiques mâles, soixante-six domestiques femelles, seize pensionnaires mâles, trente-sept domestiques femelles; deux mille cent trente habitans.

Dans la Citadelle, il s'y trouve quarante hommes, quarante-quatre femmes, vingt-neuf enfans mâles; trente-quatre enfans femelles, dix-sept domestiques mâles, sept femelles; en tout cent soixante-dix habitans.

Dans la Paroisse Notre-Dame, il y a quatre cens trente-neuf hommes, cinq cens dix-huit femmes, trois cens trente-un enfans mâles, trois cens quatre-vingt-six enfans femelles, cent quinze domestiques mâles, cent trente-quatre domestiques femelles, trente-quatre pensionnaires mâles, quarante-quatre pensionnaires femelles; en tout deux mille un habitans.

Dans la Paroisse S. Epvre, il y a cinq cens dix-huit hommes, six cens cinquante-sept femmes, quatre cens un enfans mâles, quatre cens quatre-vingt huit enfans femelles, deux cens trente-huit domestiques mâles, trois cens un domestiques femelles, deux cens deux pensionnaires mâles, deux cens deux pensionnaires femelles; en tout trois mille six habitans.

Dans la Paroisse S. Roch, il y a neuf cens septante-neuf hommes, mille quatre-vingt-trois femmes, huit cens vingt-cinq enfans mâles, neuf cens vingt-neuf enfans femelles; trois cens soixante-trois domestiques mâles, cinq cens onze domestiques femelles, deux cens cinq pensionnaires mâles, deux cens seize pensionnaires femelles; total, cinq mille cent onze habitans.

Dans la Paroisse S. Sébastien, il y a quatorze cens trente-un hommes, dix-sept cens quinze femmes, douze cens trente-quatre enfans mâles, quatorze cens quatre-vingt-cinq enfans femelles, cent quatre-vingt-trois domestiques mâles, cinq cens quarante-huit domestiques femelles, quatre cens quatre-vingt-neuf pensionnaires mâles, deux cens soixante-huit pensionnaires femelles; total, sept mille trois cens cinquante-trois habitans.

Dans la Paroisse S. Nicolas, il y a neuf cens quatre-vingt-onze hommes, douze cens quatre-vingt-dix-neuf femmes, sept cens cinquante-cinq enfans mâles, neuf cens dix-neuf enfans femelles, cent quinze domestiques mâles, deux cens cinquante-trois domestiques femelles, cent quarante-sept pensionnaires mâles, deux cens quatre-vingt-neuf pensionnaires femelles; total, quatre mille sept cens soixante-huit habitans.

A Maréville, cent vingt-quatre hommes, quatre femmes, six enfans mâles, sept enfans femelles, une pensionnaire femelle; total, cent quarante-deux habitans.

Dans la Paroisse S. Pierre, il y a cinq cens vingt-un hommes, cinq cens soixante-huit femmes, quatre cens cinquante-cinq enfans mâles, quatre cens vingt enfans femelles, soixante-neuf domestiques mâles, soixante-dix-sept domestiques femelles, soixante-quatre pensionnaires mâles, trente-quatre pensionnaires femelles; total, deux mille trois cens huit habitans.

Résumé de toutes les Paroisses.

Cinq mille cinq cens dix-sept hommes, six mille quatre cens vingt-huit femmes, quatre mille quatre cens soixante-quatorze enfans mâles, cinq mille deux cens quatre-vingt-quatre enfans femelles, onze cens quarante-deux domestiques mâles, dix-huit cens quatre-vingt-dix-sept domestiques femelles, onze cens cinquante-sept pensionnaires mâles, mille quatre-vingt-dix pensionnaires femelles ; total, vingt-six mille neuf cens quatre-vingt-neuf habitans, dans le nombre desquels il y a cent cinquante Ecclésiastiques, trois cens quarante-sept Religieux, & mille trente-neuf Religieuses.

SECONDE PARTIE.

OBSERVATION
Sur ce qui concerne les Brutes de la Lorraine.

Nous n'avons encore personne en Lorraine qui ait travaillé sur cette partie. M. Bagard, Médecin, a seulement donné, il y a une vingtaine d'années, une Dissertation sur l'épidémie des bestiaux. Nous avons aussi un Chanoine Régulier de la Province, qui a donné une petite Dissertation sur la maniere de châtrer les carpes & les poissons qu'on veut faire grossir & engraisser dans les étangs. Cette seconde partie se réduira donc à donner la description des cabinets de Lorraine qui ont rapport au genre animal, & de rapporter ici un petit mémoire instructif qu'a fait imprimer le sieur Becœur, Apothicaire à Metz, sur la maniere d'envoyer les différens animaux, pour mettre en état d'être préparés & de servir à l'ornement des Cabinets d'Histoire Naturelle. Nous joindrons aussi dans cet endroit une lettre de M. Charvet, Procureur des Antonistes de Metz, sur le Limaçon, & un Mémoire fur le coq de Bruyeres, tiré du Journal Economique.

Cabinets d'Animaux en Lorraine.

LE premier en ce genre, eft celui de Mademoifelle de Bara, dont nous avons rapporté la defcription dans notre *Tournefortius Lotharingiæ*.

Le fecond eft celui de M. l'Abbé de Beffe, & Chanoine Grand-Chantre de la Cathédrale de Metz; ce Cabinet renferme une très-belle collection d'infectes & de quelques quadrupedes. Parmi les Oifeaux qui font la plûpart du Pays, on en remarque quelques étrangers, comme le Cardinal, plufieurs Colibris & un Oifeau-Mouche, le grand Paille-en-cul; mais ce qu'il y a de plus fingulier dans ce Cabinet, c'eft d'y voir le nid d'un Oifeau-Mouche, dans lequel on remarque deux œufs & l'oifeau qui eft embaumé d'une pofture à faire croire qu'il les éclos. Il y a auffi un très-beau Paon qui fait la roue, une Avocette & un grand Pluvier qui ont été tués en Champagne. Les Infectes de ce Cabinet font auffi la plûpart du Pays; les plus remarquables font le Grand-Paon & la Tête-Mort; il y a dans ce Cabinet plufieurs cadres de papillons artistement rangés, & avec le plus grand goût, par les mains mêmes de ce Curieux. Les quadrupedes sont en petit nombre: on y voit un Armadille, une Loutre, un Chat sauvage, un Marcassin, un Lapin riche, un Rat & une Souris blancs; il y a aussi une très-belle corne de Rhinoceros. Quant à ce qui concerne les Poissons, nous y avons vu le membre viril d'une Baleine, la scie d'un Spadon & le Poisson volant; on voit aussi dans ce Cabinet une petite angiologie, quelques fœtus, des os que je crois être d'Hippopotame, & qu'on conservoit anciennement dans le trésor de la Cathédrale pour des os de géans. Il y a encore dans ce Cabinet quelques coquillages rares, principalement de la famille des huitres; de très-belles plantes & madrepores, telles que le Corail blanc articulé, la Corne de Cerf, &c. On remarque sur-tout dans la classe des mines & des fossiles, un beau morceau de mines de diamans, que nous avons anciennement cédé à ce Naturaliste. Il imite en tout celui qui est rapporté dans l'Oryctologie de M. d'Argenville; il n'est que la contre-partie d'un morceau plus gros, qui se trouve dans le Cabinet du sieur Williez, Marchand à Nancy, du Cabinet duquel nous parlerons plus bas.

Le troisieme Cabinet est celui du sieur Becœur, Apothicaire à Metz, il ne renferme que le regne animal; la partie des oiseaux est la plus intéressante, elle comprend presque tous ceux qui se trouvent dans le Pays. On y en remarque encore plusieurs étrangers; les plus curieux sont le Flamand, le Cigne, quelques Colibris & Oiseaux-Mouches, une Poule Sultane, un Nicticobax, une petite Outarde, un Pinguin. On y admire sur-tout une tête de Cardinal Capucin, des becs & gorges de Toucan. Outre ces Oiseaux, il y a dans ce Cabinet une collection commençante d'œufs & de nids. On m'a envoyé de Metz un œuf qui représentoit sur sa coquille un cadran; mais nous n'avons pas eu l'avantage de l'avoir entier; consultez les Mémoires de l'Académie sur la formation de cet œuf. Les Oiseaux du Cabinet de M. Becœur, sont très-bien embaumés dans leur attitude naturelle. La méthode qu'emploie ce Naturaliste, garantit les Oiseaux ainsi embaumés de tout insecte, & les met à l'abri de la corruption, quoiqu'exposé à l'air. On voit dans ce Cabinet des Oiseaux embaumés depuis vingt ans, aussi sains que le premier jour; il seroit à souhaiter que M. Becœur voulût bien nous communiquer ce secret, les Naturalistes lui auroient de grandes obligations. On trouve aussi dans le Cabinet de ce Curieux, une collection d'insectes du pays & quelques étrangers, tels que la grande Biche des Indes, la grande Mouche-à-feu, la Phalange des Antilles, le Pillulaire d'Italie, des Scolopendres aussi d'Italie, la grande Iule & le Joli-Richard d'Amérique. Les quadrupedes sont en petit nombre dans ce Cabinet; il s'y trouve un Blaireau, un faon de Chevreuil, un Lievre blanc & un autre fauve.

Le quatrieme Cabinet, est celui de M. Villiez, Juge-Consul de Lorraine & Barrois; ce Cabinet mérite d'être vû par les Amateurs; il est divisé en trois regnes; mais le regne végétal se réduit presqu'à rien.

Regne Animal. Quadrupedes. Ce qu'il y a de plus remarquable dans cette famille, sont un Tatou ou Armadille, un Caméléon desseché, un petit Lezard de la Guienne, un Crocodile du Nil, un Lezard volant des Indes Orientales & le membre génital du Rhinoceros.

Poissons. Dans cette classe on y voit une corne de Narwal de huit pieds de longueur; deux Méduses, dont une très-grande & bien conservée, du Cap de Bonne-Espérance, & une plus petite de Norwege.

Oiseaux. Les plus beaux de cette Collection sont le Faisan bleu couronné de l'isle de Bengale, le Grêpe du Nord, deux Colibris, un oiseau de Paradis & un nid d'Alcyon du Cap-de Bonne-Espérance.

Insectes. Les Insectes les plus curieux de ce Cabinet sont le gros Scorpion des Indes Orientales, les Scarabées de l'Amérique, le Rhinoceros, la Mouche-à-feu de la Guadeloupe & des Capricornes des Indes.

Les Coquillages de ce Cabinet offrent entr'autres la crête de Coq, les Amiraux, la couronne d'Ethiopie, une Nautile papiracée grande & très-bien conservée; la Flamboyante, les Vice-Amiraux, la Couronne Impériale d'une assez belle grosseur, l'Olive du Panama, l'Unique avec son pendant, le Fuseau, la Thiarre, la tour de Babel, la belle Tuilée de la mer rouge, la Griphe, le Bouton de Camisol, l'Escalier, le Dauphin, les Rubans, les Bouches d'or & d'argent, l'Hirondelle, la Sole & une très-belle suite de Moules colorées, la Carte géographique, une très-belle suite d'Huitres épineuses Orientales, de la Martinique, de Malthe & de Mahon, dont une adhérente à une écaille de pots de terre, une autre sur une très-belle Madrepore, accompagnée de deux arches de Noé, & les autres chargées de Madrepores & de Vermiculaires; le Lepas chambré, l'Ecaille de Tortue & le Cabochon, un autre Lepas en Cabochon blanc à dix replis feuilletés par étage, ayant une espece de chambre en dedans avec une langue en pointe, le Manteau Ducal, la Coralline, la Concha véneris, le cœur de Vénus, le Coq & la Poule, le Moule Orientale couleur de rose, une belle suite de Chicorées brûlées, le Navet blanc, le même hérissé de pointes, & la Bougie; des Nautiles Orientales d'une belle grosseur, dont une est coupée en deux pour faire voir l'organisation intérieure; une très-belle suite d'Oursins, parmi lesquels se trouve le Spatagus & le Mammelon de la mer rouge avec ses pointes; un Tuyau d'Orgue rouge d'une belle grosseur & très-bien conservé; un beau Grouppe de Vermiculaires & de glands de mer: mais ce qu'il y a de plus rare dans les coquillages de ce Cabinet, sont, l'Arrosoir, le Télescope, le Pavillon d'Hollande, le Buccin d'offrande des Indes, divers Amiraux & vice-Amiraux, l'Amadil, la belle Aile de Papillon, le beau Cornet géographique, très-rare; l'Esplaudiau à Baudere, une Corne d'Ethiopie grosse & rare; la Navette du Tisserand, la Selle Polonoise, la belle

Glacée,

Glacée, la Pintade à plis, la belle Feuille de Laurier, la belle Crête de Coq double & à double rang d'épines, le Marteau de quatre pouces de longs & 5 $\frac{1}{2}$ transversalement, le beau Gâteau feuilleté couleur de chair, six Huitres épineuses jaunes & blanches Orientales, & plusieurs autres Coquilles rares, non dénommées, qui se trouvent dans l'Appendice de M. d'Argenville & de Rumphius.

Les Coraux & les Madrepores tiennent un rang parmi les Coquillages; ils sont formés par des Polypes: c'est à tort que les anciens les ont placés dans la classe des plantes, elles n'y ont aucun raport. M. Tournefort a suivi en cela l'erreur des anciens; mais nos Botanistes modernes ayant examiné de plus près la matiere dont ils sont composés, les ont replacés dans le regne animal.

Le morceau le plus intéressant, & qu'on peut dire unique dans ce Cabinet, est un Corail oculé adhérant à une Urne antique, connue sous le nom d'*Amphora*, couverte dans toute sa totalité de Vermiculaires & de Coraux, de la hauteur de deux pieds & demi, sur quinze pouces de diametre dans sa plus grande largeur; cette Urne a été pêchée dans le Golfe de Syracuse. On remarque ensuite dans le même genre deux Coraux rouges, dont l'un est dépouillé de son épiderme, & l'autre en est encore chargé; ces deux Coraux ont dix pouces de largeur sur pareille hauteur. Un Corail noir sur son rocher, de trois pieds & demi de haut, sur quinze pouces de large, bien rameux & très-entier; un Corail blanc articulé, surnommé Isis; un Corail rouge branchu & très-entier, adhérent à une éponge plate fort grande; un morceau de Corail noir recouvert d'une matrice rouge; ce qui prouve évidemment que le Corail ne se forme pas comme les plantes par l'intus-susception, mais par la juxta-position. On voit en outre plusieurs Madrepores rameux de la mer rouge, très-bien conservés, d'une belle grandeur, parmi lesquels il s'y en trouve un qui représente un Fungus.

On doit encore placer dans ce regne une très-belle Tethie Sphérique analogue à l'Alcyon.

Le regne Végétal de ce Cabinet ne présente qu'une suite de Panaches de la mer rouge encadré, & un Lithophyte rouge des Indes Orientales, connu sous le nom de Citanokeratophiton, sur lequel est attachée une matrice de Raye.

Le regne Minéral est une partie intéressante de ce Cabinet, tant par rapport à la beauté des morceaux, que parce que la plûpart ont été trouvés dans la Lorraine. Nous examinerons d'abord les Fossiles, ensuite les Empreintes, delà nous passerons aux Mines, Fluors & Crystallisations, & nous finirons enfin par les Pierres fines tant transparentes qu'opaques.

1°. Parmi les Fossiles on remarque une corne d'Ammon ferrugineuse, d'un pied de diametre, dont la plûpart des cellules sont crystallisées; une très-belle suite de Madrepores trouvés dans la Lorraine, analogues aux marins; un Anerynus dépouillé de matieres héterogenes, de la plus belle conservation de Brunswick; une Vertebre humaine pyriteuse, une Dentale Fossile, un Alvéole de Bélemnite d'une belle grosseur, un Corail articulé du Vesuve, une assez belle suite d'Oursins analogues aux marins, dont la plûpart sont de Lorraine; différens morceaux de Crabes & d'Ecrevisses pétrifiés trouvés auprès de Ville-au-Val.

2°. Les empreintes les plus remarquables, sont celles de Poisson sur l'ardoise, venant de Ridelsdroff, de Mansfeld & de Stolberg, dont plusieurs sont pyriteuses & avec leur contre-parties; des Empreintes de fougeres, Polypodes & Gramens aussi sur l'ardoise, de Halles en Saxe; une Pierre talqueuse herborisée, des incrustations de Joncs & de Mousses, venant de Hongrie; un Nid d'Oiseau blanc incrusté, très-entier, renfermant des petits, & trouvé à Artern en Saxe; morceau rare & curieux.

3°. Mines. Parmi les mines, nous avons remarqué sur-tout un morceau de mines d'Argent couvert d'azur & de malatic d'une très-belle grosseur, cinq ou six morceaux de la même espece plus petits, & beaucoup d'autres mines aussi d'argent de Lorraine, de Hanovre, de Norwege & d'Allemagne, au nombre desquels se trouvent trois morceaux d'argent rouge des mines de Ste. Marie, dont un est fort gros & dans une matrice de quartz; un autre d'argent natif & en végétation, & un d'argent rouge de Firbeck en Saxe.

Une suite de mines de Plomb mêlées de crystallisations & d'autres substances hétérogenes de Lorraine & d'Allemagne; les plus belles sont celles de plomb verd cryftallisé de la forêt noire, de plomb bleu cryftalisé du pays de Treves, de plomb blanc de Ste. Marie.

Une cryftallisation noirâtre parsemée de cryftaux en aiguille, de la derniere délicatesse.

Une suite de mines de Cuivre, les unes viennent du Tillot, & sont colorées & azurées; les autres ont été trouvées en Allemagne & se nomment malatiques, & d'autres font de Ste. Marie & s'appellent hépatiques. Il y a aussi dans cette suite plusieurs morceaux de mines de cuivre rouge natif du Hartz, & une mine de cuivre fatiné venant du Tillot.

Un morceau de Verd de montagnes natif de Hongrie.

Une suite de mines de Fer en hématite & en stalactite de Hongrie, de Boheme, de Saxe, de Norwege & de Lorraine; parmi celles de Lorraine on en distingue une en hématite d'une grande beauté, qui repréfente plusieurs Panaches fortant d'un vafe, & un autre en forme de Belemnites incruftées de mammelons; ces morceaux font très-rares & ont été trouvés dans la mine de Roto près de Framont. On remarque aussi, dans ce beau Cabinet, des morceaux d'hématite en tuyaux d'orgue trouvés à Framont, & d'autres plus grands en stalactite de Bitcheviller en Alsace.

Une Cryftallifation ferrugineufe de fpath feuilleté & en mammelon de Ste. Marie; des mines blanches de Fer, propres à faire de l'excellent acier de Barede & de Naffau.

Une suite de Cobalt de Saxe & de Boheme, accompagnée de leurs fluors rouges & bleus.

La mine de Bizmuth & de Zinc.

Des mines d'Antimoine, dont une

vient de Hongrie & eſt en aiguilles très-brillantes ; une autre en filet bleuâtre, venant auſſi de Hongrie ; & une troiſieme en plumes blanches du Hartz de la plus grande beauté.

Une ſuite de mines de Cinabre, les unes cryſtalliſées, d'autres de vrai cinabre natif, & d'autres mêlées d'argent vif natif en globules.

Pluſieurs mines d'Or ; une aſſez ſinguliere & fort rare, formant une eſpece de végétation ſur ſa matrice ; d'autres mêlées de cinabre de Hongrie, pluſieurs matrices d'or.

Une collection de mines d'Etain de Saxe & de Boheme ; les plus belles ſont les mines d'Etain cryſtalliſées de Schlakenwald, & la mine d'Etain vitré de Cornouaille.

Une ſuite de Mica de Norwege, de Saxe & de Lorraine près du Val-d'Ajol.

Des Soufres natifs rouges & jaunes de Hongrie, du Tirol & de la Suiſſe, dont pluſieurs avec leurs matrices.

Les mines vertes, jaunes & bleues de Vitriol natif de Ramelsberg dans le Hanovre, avec pluſieurs matrices auſſi du Vitriol du même endroit.

Différentes Pyrites colorées du Hanovre.

Un morceau d'Ardoiſe de Treves chargé de Pyrites cubiques.

4°. Pierres fines tranſparentes & opaques. Nous placerons dans cet article les Succins, dont la suite est très belle, & dont plusieurs renferment des Araignées, des Mouches, des brins d'herbes & d'autres accidens.

Les choses les plus dignes d'attention dans cet article, sont une belle suite de Cailloux d'Egypte, divers morceaux de Jaspe & de Granite d'Irlande, plusieurs morceaux de bois agatisés de Saxe, deux grands morceaux de Marbre de Florence, de la largeur de seize pouces sur neuf de haut, représentant des Ruines, au milieu desquelles est une très-belle pyramide; elles sont accompagnées d'un ciel couvert de nuages.

Une douzaine d'autres morceaux encore de Marbre de Florence, représentant aussi des ruines; il y en a de deux sortes qui expriment une Ville en feu. Une Boîte à pendule faite de dendrites de Saxe, d'une rare beauté, représentant plusieurs arbrisseaux qui traversent la pierre de part en part; ce morceau peut être évalué à vingt louis. Six autres morceaux aussi de dendrites, & trois Boîtes de même matiere représentant des paysages, venant de Schwartzburg, & qui méritent d'avoir place parmi les plus belles dendrites; une suite de vingt morceaux d'albâtre polis du Hartz dans le Hanovre, dont plusieurs représentent un bois veiné & poli, & d'autres sont d'un spath argenté, le tout d'une rare beauté; une belle suite de marbre du Hartz, du Tirol, du Marquisat de Bade & d'Islande, parmi lesquels il y en a d'herborisé.

Une suite de Serpentine de Saxe, & une Boîte en montre de la plus belle agathe, aussi de Saxe.

Un morceau très-beau de cryftal d'Islande à double réfraction.

Des agathes d'Islande, dont quelques-unes sont des fusions du mont Hula.

Une suite d'agathes de Lorraine, de Deux-Ponts, de Saxe & de Boheme, parmi lesquelles plusieurs sont finement herborisées.

Un petit morceau d'agathe renfermant une araignée.

Une collection de bois poli & agatisé, de Saxe & de Lorraine.

Une matrice de topaze de Saxe ou Schrekenberg, dont la mine est un rocher rapide & isolé au milieu des terres labourables.

Une très-belle topaze de la même mine.

Six espèces de grenats de Boheme, avec quelques morceaux de leur matrice de Zasmuck, aussi en Boheme.

Un grenat Oriental d'une belle grosseur.

Un morceau de lapis lazuli poli.

Divers morceaux de sel gemme,

natif des mines de Halles en Tirol, recouverts d'aiguilles en cryſtaux, de la plus grande délicateſſe, ſans ſaveur, quoique placés ſur une matrice de ſel gemme; ſes aiguilles forment une eſpece de ſel neutre; divers autres morceaux de ſel gemme coloré, de Tirol & de Hongrie.

Un améthiſte de Boheme.

Deux belles matrices de cryſtal des Alpes; & deux autres plus petites, dont une ferrugineuſe.

Un morceau de cryſtal de Boheme, garni intérieurement de brins de foin.

Des *flores ferri* de Ste. Marie.

Une belle collection de cryſtalliſations quartzeuſes de Saxe, du Hartz & de Lorraine, & une autre de cryſtalliſations ſpatheuſes & feuilletées, colorées, & couvertes de Pyrites, auſſi du Hartz & de la Saxe.

Lettre de M. CHARVET, *Chanoine Régulier de St. Antoine, ſur les Cornes du Limaçon.*

Vous me demandez, Monſieur, quelle eſt mon occupation favorite dans les momens de loiſir que me laiſſent les devoirs de mon état. Je me plais à remplir ce vuide par l'étude de la physique, dont vous connoissez l'utilité & l'agrément. Mais en lisant les Auteurs qui traitent de cette belle science, j'ose quelquefois n'être pas de leur avis. En voici un exemple que je vous communique, d'autant plus volontiers, qu'il me fournit l'occasion de soumettre mes réflexions & mes expériences à vos lumieres.

Le savant Auteur du Spectacle de la Nature, dit dans son premier Volume, entretien neuvieme : Que la nature a pourvu le limaçon de quatre lunettes d'approche, pour l'informer de ce qui l'environne. Il ajoute, que ces quatre cornes sont autant de tuyaux, avec une vitre au bout, où quatre nerfs optiques, sur chacun desquels il y a un très-bel œil. Que le limaçon non seulement leve la tête pour voir de loin, mais qu'ils porte encore bien plus haut ses quatre nerfs, & les yeux qui les terminent ; qu'il les allonge & les dirige comme il veut ; que ce sont de vraies lunettes d'approche, qu'il tire & qu'il renferme selon son besoin ; enfin qu'il y a deux de ces cornes où les yeux sont faciles à appercevoir, & que peut-être les deux autres soutiennent l'organe de l'odorat.

Cette observation m'a paru, au premier coup d'œil, plus ingénieuse que solide. En supposant même qu'elle soit juste, je ne vois pas qu'on puisse qualifier de lunettes, les cornes de l'animal. La lunette d'approche n'est propre qu'à briser les rayons de la lumiere, pour les transmettre à l'œil. Or, comme l'on suppose que celui du limaçon est placé à l'extrêmité antérieure de ses cornes, il est clair que le nom de lunette ne convient pas à cet organe.

M. Pluche a tiré son observation de Lister, célebre Anatomiste, qui combat le Mémoire de M. Poupart, inféré dans le Journal des Savans, du lundi 30 Novembre 1693. Je transcris le passage de Lister.

Hæc autem exigua tubercula nigrantia, non oculos esse, sed nescio quas antlias, ut vult Franciscus Poupart, Academiæ Parisiensis, credere vix possum; nam de iis, qui suis capitellis eminent, perinde ut de humilioribus & parum exertis oculis, falsum est, quòd ait, admotâ festucâ, illam non videri aut percipi; cùm vel ex umbra injectâ, quod sæpius experius sum, cornicula illa, sive tubulos visorios retrahere soleant, modò recenter captæ vivacesque sint.

Porro ait, maculam illam nigram summis corniculorum capitellis positam, nihil aliud esse, præter nodulum quemdam, ex musculorum extremis fibris contractis complicatisque confectum. At in interioribus cochlearum terrestrium corniculis, perinde ut in hac nostra regione terrestri bestiola, (ubi non alia cornicula quàm anteriora, & ipsa immaculata, ac ejusdem planè figuræ capitatæ, & quæ eandem celerrimam contractionem habeant) maculæ illæ nigræ prorsus desunt.

Poupart avoit assuré que quelqu'objet que l'on présente au limaçon, sans le toucher, il ne donne aucun signe de son appercevance. Lister nie le fait, & prétend, au contraire, que cet animal retire ses cornes, lorsqu'on approche de lui un fétu, ou même, lorsqu'on intercepte un rayon de soleil vis-à-vis de son organe.

La curiosité me portant à examiner de quelle part se trouve la variété, j'observai un limaçon de jardin, dans le temps qu'il marchoit d'un pas grave & assuré, ayant les cornes hors de leur étui & très-hautes. Je plaçai sur sa route un caillou d'un volume assez considérable, pour être apperçu de loin & pour mettre obstacle à sa marche. Je ne doutois presque pas que l'approche de cet embarras ne l'obligeât de se détourner du droit chemin, ou de rallentir sa course. Quelle fut ma surprise, lorsque je le vis suivre sa route, avec une égale intrépidité, & donner ensuite tête baissée contre l'écueil !

Je répétai l'expérience sur plusieurs autres animaux de la même espece, comp-

tant que dans le nombre il s'en trouve-
roit quelqu'un plus avifé. La précaution
fut inutile, tous firent la meme faute.
Aucun d'eux ne fut affez habile pour appercevoir le piege que je lui avois
tendu, & pour fe détourner en confé-
quence ou à droite ou à gauche.

Vous êtes fans doute curieux de favoir
ce que ces animaux faifoient alors de
leurs cornes. J'ai remarqué que, bien-
loin de diriger ces prétendues lunettes
pour reconnoître l'objet qui leur fermoit
le paffage, ils s'en fervoient, comme
font les aveugles d'un bâton, pour dif-
cerner par le tact le corps qui les embarraf
foit, & qu'ils tâtoient ce corps en divers
points, auffi loin que leurs cornes pouvoient s'étendre.

Parmi les limaçons qui arrivoient vers
le milieu de la pierre, les uns moins cou-
rageux, après avoir fondé le terrain, fe
replioient & changeoient de route; les
autres plus hardis, graviffoient la montagne, tenant pour-lors les cornes droites
& élevées; d'autres, que le hazard avoit
conduits fur le bord de l'écueil, em-
ployoient également leurs cornes, pour
reconnoître le paffage par l'attouche-
ment; & fentant qu'il avoit une iffue par
le côté, ils fe gardoient bien de grimper
fur le caillou, mais ils tournoient cet
obftacle, pour continuer plus aifément
leur voyage.

Cette maniere de marcher à tâtons, comme les aveugles, me paroît une raison décisive en faveur de l'ancien sentiment, qui est celui de M. Poupart. C'est en vain que j'ai cherché dans les cornets du limaçon les vestiges de l'organe de la vue; j'en ai disséqué plusieurs, & je n'y ai trouvé, de même que M. Poupart, qu'une espece de nerf continu tirant sur le noir, dont l'extrêmité, qui ressemble au pommeau d'une canne, est enduite d'une gomme qui le rend impénétrable à l'humidité, sans rien ôter à la délicatesse de sa sensation.

C'est par-là que la nature, qui se plaît à varier ses productions, supplée au défaut de la vue, qu'elle refuse à ces animaux. Elle leur donne quatre cornes d'une souplesse extrême, qui ne sont que l'étui d'un nerf, qu'ils dirigent en tout sens avec beaucoup de vîtesse & d'agilité, & qui, touchant immédiatement les objets extérieurs, produit dans l'animal un sentiment vif & prompt, par le moyen duquel il évite les dangers qui l'environnent.

Il étoit à propos que le limaçon rampât sur la terre fort lentement; s'il avoit des pieds & un mouvement plus facile, ses cornes seroient exposées à se froisser. La coque, qui lui sert d'asyle, paroîtroit même hors d'œuvre, s'il avoit des yeux comme les autres animaux.

Mais le limaçon trouvera-t-il sa substance sans le secours de la vue ? Pourquoi non ? L'odorat peut lui servir de guide dans la recherche des mets qui lui conviennent. On sait que ce sens, plus subtil dans la plûpart des bêtes que dans l'homme même, devient souvent nécessaire à leur conservation. C'est l'odorat qui apprend au Bœuf à discerner les herbes venimeuses qui se rencontrent dans les pâturages. Le sanglier flaire de loin un chasseur embusqué au bord de la forêt. Le loup sent sa proie plutôt qu'il ne l'apperçoit, ce qui lui épargne de longues courses. Je passe sous silence l'exemple du chien & de tant d'autres animaux qui ont le nez excellent. Ce que j'ai dit, prouve suffisamment que la vue n'est pas nécessaire au limaçon pour chercher sa nourriture. Au reste, je n'examine point la construction méchanique des cornes de cet animal. M. Poupart dit là-dessus des choses très-curieuses, que l'on peut lire dans le Mémoire que j'ai cité.

A Metz le 5 Mai 1751.

Remarques sur le Coq de Bruyeres, tirées du Journal Économique.

Avril 1753.

LE Coq de Bruyeres, en latin, *Urogallus, Gallus sylvestris*, est un des plus gros Oiseaux & de la taille à-peu-près d'un Coq d'Inde, pesant dix à onze livres. Il paroît noir de loin ; mais en le regardant de près, on voit que ses plumes, noires pour la plûpart, sont entremêlées de toutes sortes de couleurs, comme de blanc, de rouge, de jaune, de verd & de bleu. Au dessus des yeux & du côté des oreilles il y a de petites plumes rouges ; le cou est garni de plumes vertes-bleues ; & les deux ailes, aussi-bien que la queue, sont traversées d'une bande blanche, qui représente un beau cercle blanc, quand l'Oiseau étale sa queue, comme font le Paon & le Coq d'Inde. Ses pattes sont nues & grisâtres ; mais les ongles sont comme veloutées.

Le Coq de Bruyeres se plaît beaucoup dans les bois écartés, dont le terrain est marécageux & couvert de beaucoup de mousse. Parmi les arbres il s'attache principalement aux chênes & aux pins, & les pommes de ces derniers lui servent de nourriture. Cependant il fait du choix entre les pins, & il dépouille quelquefois un arbre de toutes ses pommes, pendant qu'il ne touche pas à celles d'un autre. Il mange aussi des œufs de Fourmis, des mûres sauvages, de la faîne, fruit du hêtre, & l'on trouve dans son estomac des petits cailloux blancs, ainsi que dans celui de la Volaille domestique, qui servent à la trituration & digestion des alimens.

Ce que cet Oiseau, selon moi, a de plus singulier, est le temps où il entre en chaleur, & sa façon de se joindre à sa femelle. Cette chaleur commence à naître vers les premiers jours de Février ; elle se manifeste dans toute sa force vers la fin de Mars, & elle continue de même jusqu'à ce que les feuilles poussent aux arbres.

Pendant tout ce temps on voit le Coq de Bruyeres, à la pointe du jour & quand le soleil se couche, se promener, en allant & venant sur un gros tronc de pin ou d'un autre arbre, ayant la queue étalée en rond, les ailes baissées, le cou tendu en avant & la tête enflée, & se mettant dans toutes sortes de postures extraordinaires. Son cri est d'abord une espece de coup, ou forte explosion, qui devient ensuite un son semblable au bruit d'une faux que l'on aiguise, ou de forces de Jardinier qui sont rouillées ; cette voix cesse & recommence alternativement, & après avoir ainsi continué pendant environ une heure, elle finit par une explosion semblable à la premiere. Aussitôt que le Coq de Bruyeres fait entendre sa voix, & pendant tout le temps qu'il continue à crier, il est sourd & ne prend garde à rien, quelque bruit qu'on fasse, ni même quand on tire sur lui ; au lieu que dans tout autre temps il a l'ouie si subtile, que le moindre bruit l'effarou-

T

che. C'est pourquoi on choisit pour le tirer, le temps où il crie ; & lorsqu'il a fini son singulier ramage, un Chasseur habile se garde bien de faire aucun bruit, parce qu'alors il entend extrêmement clair & fait attention à tout.

Chaque Coq de Bruyeres, pendant sa chaleur, se tient dans un certain canton, d'où il ne sort point, & souvent dans les forêts ils se trouvent si près les uns des autres, que d'un même endroit on en entend plusieurs à la fois. Le Coq est d'abord seul ; mais aussi-tôt que les Poules l'entendent, elles lui répondent, s'approchent & l'attendent sous l'arbre : chaque Coq a plusieurs Poules, comme le Coq domestique ; il descend à la fin de l'arbre, les couvre & féconde ainsi leurs œufs. C'est un conte fait à plaisir que de dire qu'il laisse tomber sa semence de l'arbre, & que la Poule la mange pour se féconder.

La Poule de Bruyeres est beaucoup plus petite que le Coq, à peu près de la taille d'une petite Oie, & elle ressemble par son plumage à la Perdrix. Ses œufs, dont elle fait cinq, huit, ou tout au plus neuf, sont blancs marquetés de jaune, & à peu près de la grosseur d'un œuf de Poule ordinaire. Elle les pond dans la mousse, en un lieu sec, & les couve seul sans le Coq. Lorsqu'en les couvant elle est obligée d'aller chercher sa nourriture, elle les couvre si bien avec de la mousse & des feuilles, qu'il est très-difficile de les découvrir. Au reste, quelque farouche & craintive que soit cette Poule dans d'autres occasions, elle est alors extrêmement privée & tranquille, & l'on a de la peine à les lui faire quitter. Dès que les petits sont éclos, on les voit courir avec une agilité surprenante, quoique souvent la coquille de l'œuf leur tienne encore au corps. La mere les promene dans le bois, où ils se nourrissent d'œufs de fourmis & de mûres sauvages, jusqu'à ce que devenus plus forts, ils s'accoutument à manger des pommes de pin.

On s'imagineroit que l'espece devroit se multiplier considérablement, puisque la Poule couve tant d'œufs à la fois; mais leur nombre diminue beaucoup, soit par des accidens, soit par la voracité des Oiseaux de proie, des Renards & de quelques autres animaux.

Enfin le Coq de Bruyeres n'est rien moins qu'un Oiseau de proie; c'est l'animal le plus paisible du monde, qui n'offense pas le moindre insecte, & ne fait aucun dommage ni aux champs ni aux prés.

EXTRAIT, de l'Essai sur les Duchés de Lorraine & de Bar, par CHARLES-ANDREU DE BILISTEIN.

REGNE ANIMAL.

Sous le Règne Animal, est compris tout ce qui respire sur la terre, dans l'air & dans les eaux; les Reptiles & les Insectes. Il fournit (en Lorraine) aux exportations suivantes:

1°. Des Draps de toutes qualités & de tout prix.

2°. Des Ratines, Serges, Flanelles, Callemandres & toutes étoffes de pure laine.

3°. Des Tapisseries de laine pure & mêlée.

4°. Des Couvertures pour Lits, Chevaux & Mulets.

5°. Tous ouvrages de Bonneterie au métier & au tricot.

6°. Des Chevaux de Selle, de Carrosse & de Traits.

7°. Des Bestiaux engraissés.

8°. Des Viandes salées & fumées.

9°. Des Cuirs d'Animaux privés & sauvages.

10°. Tout Ouvrage de Tannerie & de Pelleterie.

11°. Des Chapeaux moyens & grossiers.

12°. Du Crin de Cheval, Poil de Vaches & Soie de Cochons.

13°. Des Fromages de Vosges, dits Cumins.

14°. Du Miel, des Bougies & Flambeaux.

15°. Les Cornes & Os des Animaux.

16°. La Colle qui se fait de leurs Boyaux & parties mucilagineuses.

MÉMOIRE INSTRUCTIF

Sur la Maniere d'arranger les différens Animaux, pour les mettre en état d'être préparés & de servir à l'ornement des Cabinets d'Histoire Naturelle;

Par le Sieur BECŒUR, *Apothicaire à Metz.*

LE goût pour l'Histoire Naturelle s'est trop étendu depuis nombre d'années, & son utilité pour d'autres Sciences est trop connue, pour entreprendre d'en faire l'éloge dans ce petit Mémoire, qui n'a pour objet que la traite des Animaux.

Le sieur Becœur, Apothicaire à Metz, s'est singuliérement occupé des Animaux depuis vingt ans; le grand nombre d'observations qu'il a faites sur chaque genre, l'a mis en état d'en faire l'Histoire, de les préparer & de les conserver dans une position telle, qu'on peut dire qu'il leur donne une nouvelle vie.

Les Amateurs de l'Histoire Naturelle ont conservé à grands frais toute sorte d'animaux dans l'esprit de vin, qui les décolore au bout de quelque temps. On en a conservé d'autres sous des verres; ce qui augmente la dépense, sans les mettre à l'abri de la destruction par les insectes. La difficulté d'avoir des verres assez grands, la dépense qu'ils occasionnent & le peu de fruits qu'en retirent les Amateurs, jettent dans le découragement, & le progrès de l'Histoire Naturelle est rallenti. Le sieur Becœur est parvenu par ses expériences à la découverte d'un Préservatif qui rend les Animaux, pour ainsi dire, incorruptibles. Il y a vingt ans qu'il tient des Quadrupedes & des Oiseaux à l'air libre, à l'abri de la pluie seulement, ils y subsistent intacts. S'ils se sont conservés pendant un si long-temps sans la moindre altération, pourquoi ne se conserveroient-ils pas de même pendant un siecle & au delà?

Le succès du sieur Becœur augmente son zèle pour l'Histoire Naturelle; mais comme il a besoin d'être aidé pour une collection un peu complete de toute sorte d'Animaux, il invite les Amateurs, qui ont des relations dans les autres continens, de lui procurer ce qu'on pourra d'Animaux de tout genre, à la charge de rembourser les frais. Ce qu'il espere recevoir de leur part, le mettra à même de faire de nouvelles observations, qui pourront le conduire à quelques découvertes aussi essentielles que celle qu'il a déja faite; car elle est aussi utile à la conservation de pelleteries, qu'elle l'est à l'Histoire Naturelle.

Mais pour ne pas rendre infructueux les services qu'il pourroit recevoir des Personnes zélées pour cette partie, il va leur indiquer la Méthode de conserver en sûreté ce qu'on voudra bien lui faire parvenir.

Pour les Oiseaux. Il faut avoir des Oiseaux de toute espece, bien entiers & avec leurs plumes, les vuider tout frais & proprement; laver avec de l'eau les saletés & les taches du sang, s'ils en ont; les coudre dans du linge afin d'assujettir leurs membres, & les mettre dans un pot de gray ou de verre avec de l'eau-de-vie ou tafia, &c. que l'on bouchera bien d'un parchemin, & que l'on tiendra à la cave, jusqu'à ce qu'on ait assez de pieces pour en remplir un baril : plusieurs pots peuvent être employés à cet effet.

Le hazard procure souvent des Oiseaux qu'on ne revoit plus de long-temps. Les Chasseurs sont priés de ne rien négliger de ce qui leur paroîtra de rare ; il y a des Oiseaux qui résident, d'autres qui ne font que passer. Toutes ces circonstaces doivent rendre un peu surveillans ceux qui s'occupent de cette recherche.

Deux paires d'Oiseaux de toute espece, gros, moyens ou petits, suffisent pour un envoi. Comme leurs noms varient suivant les différens pays, je ne désignerai pas ceux qu'il convient d'envoyer ; je prie seulement qu'on n'omette aucune espece, à moins qu'elle ne soit évidemment commune en Europe ; encore seroit-il à propos d'y joindre des échantillons de celles qui sont douteuses : on recommande surtout aux Chasseurs d'appliquer aussi-tôt sur les plaies de l'amadoue ou du papier gris, pour en absorber le sang, qui, en colorant l'eau-de-vie, donne une teinte étragere aux plumes.

Les Oiseaux pris aux pieges, comme filets, rejets, &c. qui ne font ni mutilés, ni ensanglantés, doivent être préférés à ceux que le fusil a trop défigurés;

ces derniers ne doivent pas être envoyés, à moins qu'ils ne soient bien rares.

Si l'on prend des Oiseaux vivans, on les fera périr en leur perçant le derriere de la tête avec une épingle, dont la grosseur sera proportionnée à celle de l'Oiseau : on la remuera pour mettre la cervelle en boulie, & on évitera de leur comprimer le bec & le cou ; cela les meurtrit & les plumes s'en détachent.

Les petits Oiseaux, comme les nombreuses especes de Tangaras, Grimpereaux, Momots, Colibris, Oiseaux-mouches, &c. peuvent être envoyés par douzaine, parce qu'ils sont difficiles à préparer, & que d'ailleurs ils tiennent peu de place : on peut en loger dans le ventre des gros.

Lorsqu'on ouvrira un pot, pour y ajouter de nouveaux Oiseaux, on mouillera le parchemin, afin qu'il ne déchire pas. Si quelques grandes plumes excedent le linge qui sert d'enveloppe, on leur fera faire le circuit du vase, pour qu'elles ne soient pas brisées. Lorsqu'on aura une certaine quantité d'Oiseaux, on prendra un baril solide, on le défoncera, on y rangera chaque piece, de maniere que les grandes plumes ne prennent pas de mauvais plis ; on remettra le fond, & on achevera de le remplir par le bondon avec de la forte eau-de-vie ou du tafia ; le tenant toujours au frais jusqu'au départ. Alors on aura soin de le remplir avec de l'eau-de-vie, s'il en manque; on le mettra à l'abri du soleil, & l'on recommandera à quelqu'un d'y ajouter de temps en temps de la liqueur, s'il en est besoin.

Il n'est pas possible d'écrire à côté de l'Oiseau le nom qu'il porte dans le pays; mais pour y suppléer, je propose d'attacher des fils aux pieds de chaque espèce, qui indiquent la première, la seconde espèces, &c. de façon qu'à la première il y aura un fil, à la seconde on en mettra deux, à la troisieme trois, ainsi de suite. On tiendra une liste qui marquera que tel Oiseau, qui a tel nombre de fil, a tel nom, & cette liste suivra l'envoi; il est nécessaire qu'il en reste une copie dans le pays pour la correspondance. Pour l'exactitude de cette recherche, il seroit bon de joindre à ces listes les habitudes réelles & connues de chaque espece d'Oiseaux : je dis réelles, afin qu'on ne mêle pas le fabuleux au vrai. On a dit autrefois du Coucou, qu'il passoit les hivers nud dans sa dépouille, cela n'est pas : on a ajouté qu'il se regénéroit, sans s'embarrasser des soucis du ménage, c'est une vérité dans notre pays. Mais ne seroit-on pas charmé de savoir si les différentes sortes de Coucous ont les mêmes mœurs dans les différens pays.

Des œufs & de la maniere de les vuider. Les œufs sont des objets inséparables de l'Histoire des Oiseaux. La variété de leur couleur, leur grosseur, &c. plaît infiniment dans une collection; il ne s'agit que de les vuider.

Il faut savoir, dès qu'on les trouve, s'ils sont frais ou s'ils ont été couvés; cela se distingue à la transparence, ou à l'opacité, ou bien en les sondant avec une aiguille, dont on perce une des extrémités. S'ils sont couvés, ou que le petit animal soit formé, on fait un trou au flanc pour en tirer l'embryon; s'il reste des saletés, on lave l'intérieur. Il faut prendre garde à la fragilité des petits œufs.

On étiquetera ces œufs du nom de l'Oiseau auquel ils appartiendront, du lieu de la ponte, du nombre des œufs de la couvée. Si les habitudes de l'Oiseau sont détaillées sur la liste, on y appliquera le n°. seulement.

Pour les envoyer en sûreté, il faut les placer dans des boîtes, dans des cases garnies de coton, formées par des travers en sautoir, qui aient pour hauteur l'épaisseur des œufs; la boîte peut être profonde & contenir plusieurs divisions; on mettra les gros au fond du coton & une planchette par dessus, qui, soutenue par le sautoir, sera propre à recevoir une seconde division, celle-ci une troisieme, ainsi de suite, jusqu'à ce que la boîte soit remplie. On ne négligera rien, pour que toutes ces divisions soient bien affermies.

Il y a des Oiseaux qui font des copieuses couvées ; d'autres qui ne pondent que deux & même qu'un œuf : il suffira d'envoyer six ou huit des premiers & ce qu'on pourra des autres.

Quelques Oiseaux ne construisent pas des nids, quelques autres en font de très-simples ; mais il y en a qui en forment de très-singuliers, qui méritent d'être connus. On est prié d'envoyer de ces derniers, lorsqu'ils sont propres à être transportés, & de dire seulement comment les autres sont construits.

Des Quadrupedes. Cette recherche est du ressort des Chasseurs, qui doivent avoir l'attention d'apporter en ce genre les especes qui sont entre la taille du Renard & celle de la Souris. On n'omettra pas les Singes, les Ecureuils volans, ni les Chauves-souris.

Si la taille naturelle d'un Quadrupede excede celle du Renard, on n'enverra que les petits, ou leurs enfans, & on indiquera sur la liste la grandeur de ceux qui leur auront donné l'être.

Ces animaux, soit terrestres, soit aquatiques, doivent être vuidés, numérotés & inscrits sur une liste, comme les Oiseaux conservés & envoyés de même, mais dans une eau-de-vie plus forte, ou à laquelle on ait ajouté de l'esprit de vin.

Des Poissons, Reptiles & Quadrupedes ovipares. Tous les moyens & petits Poissons, singuliers par leur figure, par leur couleur, & qui n'excedent pas le poids de six livres, seront vuidés, cousus dans du linge, & mis dans de l'eau-de-vie, plus forte encore que pour les Quadrupedes. Deux paires de chaque espece suffisent.

Les Serpens, Couleuvres, Lézards, Caméléons, Salamandres, Crapauds, Grenouilles, &c. seront vuidés, enveloppés & envoyés dans le baril des Poissons. On mettra à part ceux de ces animaux qui habitent les eaux d'avec ceux qui vivent sur la terre.

Des Insectes & de la façon de les prendre. On trouve des Insectes par-tout, dans les maisons, en plein air, sur la terre, au dedans de la terre, dans les eaux, sur les plantes & dans leur intérieur; on en trouve dans les fumiers, dans les excrémens, sur-tout dans ceux du bétail; il en sort beaucoup des bois de charpente, de chauffage, la poussiere des maisons en nourrit même plusieurs.

Les habitans de la campagne de toute sorte d'état sont plus à portée de suivre cette collection; les enfans sur-tout, qui sont plus curieux que les grandes personnes, ne laissent rien échapper de ce qui peut leur procurer de l'amusement;

ils le trouvent dans un Insecte vivant, ils ont du plaisir à le saisir; il n'y a que l'aversion qu'on leur inspire mal-à-propos, qui fomente un préjugé, qui n'est que trop commun par la crainte mal fondée de ce qu'on ne le connoît pas. Les Insectes à craindre ont leur utilité; les Abeilles le sont beaucoup, nous ne laissons pas de les cultiver. Pourquoi n'apprendroit-on pas de bonne heure aux enfans à user de précaution contre toute chose ?

On doit amasser le laid comme le beau, tout ce qui a apparence de vie, d'être l'ouvrage ou la dépouille d'un animal; on ne doit pas mépriser ce qu'il y a de plus petit, pas même les Tiques, les Mites, les Pucerons, &c. ni ce qu'il y a de plus dégoûtant : comme les Araignées, les Scorpions, &c.

Il y a quelques Insectes qui peuvent tromper; quelques polypes ont l'air de plantes, les Gallinsectes femelles s'attachent aux plantes, ressemblent à des vraies galles, tandis que le mâle est ailé, beau & agile. Le Naturaliste voudroit réunir toutes les nuances; tout lui paroît précieux, il n'y a pas jusqu'aux loges de la plûpart des Insectes qu'il n'admire, soit que la nature les aide à les former, comme dans la noix de galle, soit qu'ils les construisent eux-mêmes, comme font les Abeilles, les Guêpes.

On prie en conséquence de faire des envois en ce genre.

Huit ou dix Insectes de chaque espece suffisent. Cependant on ne pourra pas trop envoyer de ceux dont les ailes ou les étuis joignent à une couleur quelconque le brillant de l'or, du cuivre poli ou de l'azur, quoiqu'ils soient de la même espece.

Les plus beaux Insectes, sans contredit, sont les Papillons; mais leur charmante parure ne consiste que dans les écailles brillantes, ou pour ainsi dire, une poussiere colorée, qui s'efface au moindre froissement. Il faut les prendre, sans les manier, avec le filet indiqué par M. de Réaumur. Il sert à prendre les Papillons au vol, à les couvrir lorsqu'ils reposent.

Lorsqu'on a un Papillon sous le filet, on passe une épingle ou une aiguille à travers les mailles; on perce le corcelet de l'animal, pour l'ôter de dessous le filet, sans toucher les ailes avec les doigts. On l'enferme tout de suite dans un papier plié triangulairement, de façon que deux côtés ou rebords puissent se plier pour l'enfermer.

On s'approvisionne de ces sortes de papiers de différentes grandeurs, avant de faire la chasse, pour qu'il ne s'agisse plus que de les choisir, selon la taille des Papillons, & de les enfermer. L'aiguille qu'on retire de leur corps sert à ranger tout de suite les pieds & les antennes. Il faut se munir d'une boîte pour les y serrer & les conserver sans les écraser.

Tous ces Papillons ainsi enveloppés, doivent être mis dans un vase de verre, qu'on bouche d'un liege ou d'une vessie, après y avoir suspendu une éponge imbibée d'esprit de vin. Deux jours après on s'assure de la bonne position des petits membres de ces animaux dans leur papier, & tout de suite on les range dans une boîte entre les feuilles de coton ; on tient cette boîte éloignée des Insectes rongeurs & au sec : lorsqu'elle est remplie, on la lute avec du papier, & on fait entrer dans la colle des drogues ameres, comme de l'aloës, de la coloquinte ; on la met dans le four, lorsque le pain est tiré, pour faire périr les Insectes qui s'y seroient introduits, ou les œufs qu'ils y auroient déposés.

Il y a des familles de Papillons qui volent rarement de jour ; plusieurs d'entr'eux ont des heures déterminées pour voler ; leur corps est plus gros que celui des Papillons ordinaires, on leur donne le nom de Phalenes, ou vulgairement de Papillons de nuit. On les trouve dans les lieux obscurs, appliqués contre les murs ou dans les arbres creux. Si la position de quelques-uns de ces Papillons ne permet pas de se servir du filet pour le prendre,

Pour les envoyer en fûreté, il faut les placer dans des boîtes, dans des cafes garnies de coton, formées par des travers en fautoir, qui aient pour hauteur l'épaiffeur des œufs; la boîte peut être profonde & contenir plufieurs divifions; on mettra les gros au fond du coton & une planchette par deffus, qui, foutenue par le fautoir, fera propre à recevoir une feconde divifion, celle-ci une

prendre, on couvre l'animal d'une boîte ou d'un gobelet fec, on gliffe un papier entre la boîte & l'endroit où le Papillon eft appliqué, on force l'infecte à s'enfermer dans cette prifon, on le retire couvert du papier; alors on pofe la boîte fur une table, on recouvre le tout d'un filet, on culbute la boîte, on perce le Papillon avec l'aiguille, on le fixe tout de fuite fur un liege ou un carton qui puiffe entrer dans le vafe où il doit être étouffé au moyen de l'éponge & de l'efprit de vin.

Après leur mort on les attache, avec la même épingle, fur un carton coupé d'égale largeur que le fond de la boîte dans laquelle on veut les envoyer; on en range plufieurs à côté les uns des autres, fur le même carton, & on a foin d'étendre leurs ailes fans les toucher avec les doigts.

Lorfqu'on a plufieurs de ces cartons garnis, on les pofe les uns fur les autres dans la boîte, ils y font foutenus par les épingles, qui les empêchent de froiffer ces animaux; on les fixe avec des pointes qui percent les côtés de la boîte & vont s'enfoncer dans les cartons, on y colle des bandes de papier pour les affujettir mieux.

On ne fe procure jamais de plus beaux Papillons, que lorfqu'on nourrit les chenilles pour en avoir les chryfalides, ou lorsqu'on fait amasser de ces chryfalides.

Il n'y a guère de Cultivateur qui n'en rencontre, foit qu'il laboure, qu'il creufe ou qu'il releve des foffés, foit qu'il défriche ou arrache des plantes, &c. Il y en a auffi qui s'attachent aux aiffelles des arbres & aux murs des jardins; elles font ou enveloppées ou nues: elles donnent toutes des Papillons, excepté lorfqu'elles font bleffées. Les chryfalides des Papillons de jour font la plûpart triangulaires & nues.

Pour voir développer ces animaux, on tient les chryfalides dans des boîtes fpacieufes, couvertes de canevas ou de gaze; on pofe fur de la terre celles qui ont été trouvées dans la terre, & on les couvre de mouffe, que l'on humecte de temps en temps.

Lorfque le Papillon eft forti de fa chryfalide, il faut lui laiffer le temps d'allonger & d'affermir fes ailes; & lorfqu'il eft bien conformé, on le faifit avec l'épingle pour le fixer fur le carton, ou l'enfermer dans un papier plié en triangle, felon qu'il a le corps gros ou petit; il faut faire cette opération dans un lieu clos, pour ne pas perdre le Papillon s'il s'échappe.

Les chryfalides que l'on trouve dans nos climats aux mois de Septembre, d'Octobre, &c. ne donnent guère leurs

Papillons qu'au printemps suivant ; il en doit être de même dans tous les lieux de même température : ainsi le temps le plus propre à les transporter, doit être l'hiver ; on doit les envoyer dans des boîtes entre des lits de coton, qu'elles ne puissent pas balotter, & qu'elles ne soient pas trop serrées, de peur de les blesser.

On prie ceux qui feront une collection de chenilles, d'en faire une liste, de les désigner par leurs noms ou par celui de la plante dont elles se nourrissent ; on y attachera un fil avant de les jetter dans l'eau-de-vie, avec des nœuds dont le nombre distinguera le rang que chaque chenille occupe sur la liste ; ainsi telle chenille où l'on trouvera un fil qui aura quatre nœuds, sera la quatrieme sur la liste, sous le nom de telle ou telle plante.

On prend les Mouches, sur-tout celles qui piquent, à la maniere des Papillons, avec le filet, on les pique avec une épingle, qui donne l'aisance de les enfermer dans des cornets de papier.

On peut avoir beaucoup d'insectes sans se donner de la peine, en enfonçant à fleur de terre des pots vernissés en dedans, dans lesquels on met un peu d'eau ; les animaux qui courent la nuit s'y précipitent, & on les en retire le matin ; on peut en mettre dans les prés, dans les bois & dans les jardins ; un peu de viande corrompue, suspendue au haut du vase, attire les insectes carnaciers.

Tous les insectes à ailes dures, comme le Scarabé, le Foulon, &c. doivent être enveloppés dans du papier double, de façon qu'ils ne puissent pas remuer. Leurs membres doivent néanmoins être rangés le long du corps dans la position la moins gênée.

Les Mouches, & généralement tout insecte à ailes molles, doivent au contraire entrer aisément, chacun à part, dans des cornets qu'on forme sur des rouleaux proportionnés à leur grosseur.

Tous ces petits animaux seront mis avec leur enveloppe dans un vase, pour y être suffoqués avec l'éponge imbibée d'esprit de vin, puis développés & rangés dans une boîte entre des lits de coton.

On passera ces boîtes au four, comme on a dit pour les Papillons.

Les insectes mols, comme les Vers, les Limaçons, les Chenilles, Araignées de terre, &c. doivent être jettés pêle-mêle dans une bouteille avec de l'eau-de-vie, & lorsqu'on voudra envoyer cette bouteille, on la remplira exactement, puis on cousera du linge autour & on l'introduira dans un des barils.

Les Crabes, Langoutes, Cancres, Etoiles, Araignées de mer, & tous les infectes dont les membres sont fragiles, seront assujettis & cousus dans du linge, mis dans un sac, & après dans un baril.

On apperçoit, par ce qui vient d'être dit, que l'on a eu plus en vue les productions des Isles & des autres continens, que du nôtre. On ne refuse cependant point pour cela les Aigles, Vautours, Pélicans, Cormorans & autres oiseaux de note qu'on trouve en Europe, non plus que les animaux étrangers nourris par les Curieux, & que la mort leur enleve, tels que les Aras & toute sorte de Perroquets, les Sapajous & autres Singes, &c. On peut faire recueillir ces animaux morts, s'ils sont encore propres & frais, & les envoyer.

Si le trajet est court & la saison froide, on se contentera de leur ôter les entrailles, de nettoyer bien le dedans & les plaies, en ménageant les plumes, de fourrer dans le corps & dans les plaies du papier gris trempé d'esprit de vin ; par le bec, & au moyen d'une baguette, on introduira le long du cou un rouleau de papier gris qu'on humectera après, en y versant de l'esprit de vin petit à petit ; on en répandra aussi sur les yeux, pour qu'ils ne pourrissent pas ; on enveloppera enfin de papier gris la tête de l'oiseau, & tout le corps sera assujetti & cousu dans un linge. Ces animaux mis ensuite dans un panier qui puisse transmettre l'air, la place qui leur convient en route est sous la voiture, le panier y sera à l'abri de la pluie, du soleil, & profitera du courant d'air. S'il fait chaud & que le transport doive excéder huitaine, on aura recours à l'immersion indiquée.

F I N.

TABLE
des Noms génériques.

A

Acarus, 1104-1108.
Accipiter, 77-80.
Acrydium, 702-707.
Alauda, 171-177.
Alburnus, 337.
Altica, 545-555.
Anas, 307-308. 313-315. 321-322.
Anaspis, 649.
Anguilla, 338.
Anguis, 325.
Anser, 303-304.
Anthrenus, 408-409.
Anthribus, 643-644.
Aphis, 787-800.
Apiaster, 221.
Apis, 1038-1044.
Aranea, 1110-1113.
Ardea, 259-263.
Ardeola, 267.
Asellus, 1117.
Asilus, 190. 1054-1058.
Asio, 98.
Astur, 76.
Attelabus, 391-393.
Avocetta, 324.

B

Bebé, 2.
Bernicla, 306.
Bibio, 1092-1093.
Blatta, 697-698.
Bonasa, 69.
Bos, 6-7.
Boschas, 309-310.
Botaurus, 264-266.
Bruchus, 463-464.
Bubo, 97.
Buccinum, 1136.
Bupreſtis, 434-462.
Buteo, 82-83.
Byrrhus, 405-407.

C

Calendula, 202.
Calidris, 250.
Cama, 1138.
Cancer, 1115.
Canis, 15-17. 24-25.
Cantharis, 663-665.
Capra, 11-12.
Caprimulgus, 138.
Carduelis, 159.

Cassida, 645-648.
Cenchramus, 167.
Certhia, 210-211.
Cerambix, 487-495.
Cerocoma, 676.
Cervus, 20-21.
Chelifer, 1102-1103.
Chermes, 801-811.
Chloris, 157.
Chrysomela, 563-583.
Cicada, 711-728.
Cicania, 256-257.
Cicindela, 466-475.
Cimex, 729-773.
Cinclus, 241.
Cistella, 410-411.
Clangula, 312.
Clerus, 640-642.
Clupea, 339.
Cobitis, 340.
Coccinella, 650-661.
Coccothraustes, 161.
Coccus, 812-813.
Coluber, 326.
Columba, 49-52, 54.
Collurio, 119.
Colymbus, 278-282.
Copris, 383-390.
Corixa, 777.
Cornix, 105, 107.
Corracia, 112.
Corvus, 104, 106.
Cottus, 341.
Coturnix, 73.
Crabro, 988-989.
Crioceris, 539-544.
Cryptocephalus, 526-538.
Cucujus, 418-422.
Cuculus, 219.

Culex, 1094.
Curculio, 598-639.
Curruca, 182-188.
Cyanecula, 201.
Cygnus, 305.
Cynips, 999-1011.
Cyprinus, 342-346.

D

Dermestes, 394-404.
Diplolepis, 1012-1014.
Dyticus, 479-481.

E

Elater, 423-433.
Emberiza, 162-164.
Ephemera, 976-980.
Equus, 3-4.
Erinaceus, 41.
Esox, 347.

F

Falco, 92.
Felis, 18-19.
Forbicina, 1100.
Forficula, 694-695.
Formica, 1045-1046.
Formicaleo, 986.
Fringilla, 155, 160.
Fulica, 275-277.

G

Galeruca, 556-562.
Gallinago, 235-238.
Gallinula, 272-274.
Gallo pavo, 65.

Gallus, 58-64.
Garrulus, 111.
Gavia, 288-292.
Glareola, 252-253.
Glaucium, 316-317.
Globosa, 1129, 1137.
Gobius, 348.
Grus, 258.
Gryllus, 701-702.
Gyrfalco, 89.
Gyrinus, 482.

H

Haliatus, 94.
Hemorobius, 985.
Hepa, 778-779.
Hippobosca, 1083-1084.
Hirudo, 1120.
Hirundo, 135-137.
Homo, 1.
Hortulanus, 165-166.
Hydrophilus, 477-478.

I

Ichneumon, 1015-1029.
Ispida, 220.
Iulus, 1119.

L

Lacerta, 327-331.
Lampetra, 349.
Lampyris, 465.
Lanarius, 87-88.
Lanius, 115-118.
Larus, 285-287.
Leptura, 496-513.

Lepus, 22-23, 1130.
Libellula, 957-970.
Ligurinus, 140.
Limax, 1123-1127, 1131-1132.
Limosa, 239-240.
Linaria, 148-154.
Lithofalco, 90.
Locusta, 708-710.
Loxia, 170.
Lumbrici, 1121.
Luperus, 525.
Luscinia, 180.

M

Marvetta, 232.
Meleagris, 66.
Meloë, 696.
Melolontha, 483-486.
Merganser, 298-302.
Mergus, 283.
Merula, 124-128, 242.
Milvus, 84-86.
Monedula, 108-109.
Monoculus, 1114.
Montifringilla, 156.
Mordella, 673-674.
Mulus, 5.
Mus, 35-40, 46-47.
Musca, 1060-1078.
Muscicapa, 130.
Musculus, 1139-1141.
Mustella, 28-33.
Mylabris, 584-586.

N

Naucauris, 774.

Necydalus, 693.
Nemotalus, 1081.
Nerita, 1133-1134.
Nicticorax, 268.
Noctua, 100-103.
Notonecta, 775-776.
Notoxus, 675.
Nucifraga, 113.
Numenius, 254-255.

O

Œstrus, 1047-1049.
Omalisus, 476.
Oniscus, 1116.
Oriolus, 129.
Otis, 226-227.
Ovis, 9-10.

P

Palumbus, 53.
Panorpa, 987.
Papilio, 814-859.
Parus, 203-208.
Passer, 141-147.
Pavo, 75.
Pediculus, 1095-1096.
Peltis, 412-417.
Penelope, 311.
Perca, 350.
Perdrix, 70-72.
Perla, 971-974.
Phalacrocorax, 323.
Phœnicurus, 179.
Phalæna, 871-937.
Phalangium, 1109.
Phasianus, 74.
Phryganea, 981-984.

Pica, 110.
Picus, 213-218.
Pigargus, 95.
Platycerus, 353-357.
Pluvialis, 222-225.
Podura, 1097-1099.
Porphyrio, 269-271.
Procellaria, 284.
Psylla, 780-786.
Pterophorus, 868-870.
Ptilinus, 358-359.
Pulex, 1101.
Pyrochroa, 662.

Q

Querquedula, 318-320.

R

Rallus, 230-231.
Rana, 332-336.
Raphidia, 975.
Regulus, 189.
Rhinomacer, 587-597.
Rubecula, 178.
Rubetra, 196.
Rubicola, 197.
Ruticilla, 181.

S

Salmo, 351-352.
Scarabæus, 361-382.
Scathopse, 1082.
Serinus, 158-160.
Sphinx, 860-867.
Sciurus, 34.
Scolopax, 233-234.

Scolopendra, 1118.
Scops, 99.
Sitta, 209.
Sorex, 42.
Staphylinus, 677. 692.
Stenocorus, 514-524.
Sterna, 293-297.
Stomoxys, 1079.
Stratiomys, 1059.
Sturnus, 131-133.
Sus, 13-14.

T

Tabanus, 1050-1053.
Talpa, 43.
Tenebrio, 666-672.
Tenthredo, 991-998.
Thrips, 699-700.
Tinea, 938-956.
Tinnunculus, 81.
Tipula, 1085-1091.
Torquilla, 212.
Totanus, 245-249.
Tringa, 243.
Turbo, 1128-1135.
Turdus, 120-124.
Turtur, 55-57.

V

Vacca, 8.
Vanellus, 228. 229.
Vermes, 1122.
Vespa, 1030-1037.
Vespertilio, 44-45.
Vitiflora, 198-200.
Volucella, 1080.
Upupa, 134.
Urocerus, 990.
Urogallus, 67-68.
Ursus, 26-27.

Fin de la Table des Noms génériques.

TABLE
des Noms synonymes.

A

Alauda, 171, 175-177.
Alexon, 220.
Alosa, 339.
Alveo, 101.
Anas, 305, 308, 311-313, 315-320, 322.
Anser, 303-304.
Aper, 14.
Ardea, 256-259, 262, 264, 268.
Aries, 9.
Asinus, 4.

B

Brama, 345.
Bufo, 332.

C

Caballus, 4.
Cœnas, 54.
Canis, 15-17.
Capra, 21.
Capreolus, 21.
Caprimulgus, 138.
Carduelis, 139.
Cariocatactes, 113.
Certhia, 210.
Charadrius, 222, 224, 225.
Circus, 85.
Citrinella, 162.
Collurio, 115.
Colymbus, 279-280.
Columba, 55-56.
Corax, 104.
Cornix, 105-106.
Corvus, 107.
Cuculus, 219.
Cuniculus, 23.
Cyprinus, 343.

E

Elaphus, 20.
Epops, 134.
Esox, 347.

F

Falco, 76, 77, 82-84, 88-89, 91, 94, 96.
Felis, 18.
Fringilla, 139-141, 145, 150-151, 154-158, 165-167.
Fulica, 276.

G

Gallinago, 238.
Gallus, 58, 64.
Glandarius, 111.
Gobius, 348.

H

Hircus, 11.
Hirundo, 135-137.

L

Lacerta, 331.
Lacertus, 328.
Lampetra, 349.
Lanius, 116-117.
Larus, 291.
Lepus, 22.
Linaria, 147, 149, 154.
Loxia, 161, 168, 170.
Lupus, 24.
Lutra, 28.
Lynx, 19.

M

Meles, 27.
Merganser, 302.
Mergus, 300.
Merops, 221.
Merula, 128.
Motacilla, 178-183, 185-193, 197-198, 201.
Mus, 35-39, 42, 47.
Mustella, 32-33.

N

Nævia, 128.
Numenius, 233, 236, 239-240, 245, 255.

O

Opus mirificum, 1.
Oriolus, 129.
Otis, 226-227.
Otus, 98.

P

Parus, 202, 205-207.
Passerina, 103.
Pavo, 75.
Perca, 350.
Perdrix, 70.
Phasianus, 74.
Phalæna, 873.
Picus, 213, 216, 218.
Porcus, 13.
Procellaria, 284.
Pusillus, 62.
Putorius, 31.

R

Rallus, 230.
Rana, 333-336.

S

Salamandra, 327, 330.
Salica, 272.
Salmo, 351.

Sciurus, 34.
Sitta, 209.
Sterna, 293-295.
Sturnus, 131.

T

Talpa, 43.
Taurus, 6.
Totanus, 246, 249.
Tringa, 229, 243-244.

Truitta, 352.
Turdus, 120-123, 127.
Tyrannus, 130.

V

Vespertilio, 44-45.
Ulula, 100, 102.
Urogallus, 67.
Ursus, 26.
Vulpes, 25.

Fin de la Table des Noms synonymes.

TABLE
Des Noms François.

A

Abeille, 1038-1044.
Ablette, 337.
Agasse, 110.
Agathe, 899.
Aigle, 93-94, 96.
Aigrette, 263.
Aile-brune, 922.
Alose, 339.
Alouette, 171-177, 241.
Altise, 546-553.
Amaryllis, 831.
Amélie, 959.
Aminthe, 966.
Amourette, 409.
Anaspe, 649.
Ane, 4.
Anguille, 338.
Anthrene, 408.
Antribe, 643-644.
Apparent, 890.
Araignée, 854, 1084, 1110-1113.
Argus, 841-845.
Arlequin, 373, 377.
Aselle, 1117.
Asile, 1055-1058.
Avocette, 324.
Aurore, 855.
Autour, 76.

B

Babillarde, 182, 184.
Bacchante, 828.
Bande-noire, 848.
Barbeau, 342.
Barbet, 17.
Barbue, 207.
Barge, 239-240.
Basson, 275.
Bécasse, 233-234, 239.
Bécasseau, 243.
Bécassine, 235-236, 238.
Bec-croisé, 170.
Becfigue, 193.
Becmare, 587-596.
Bedeau, 374, 818.
Bedeaude, 998.
Belette, 32.
Bélier, 9, 867.
Belle-Dame, 820.
Bergeronette, 192.
Bernache, 306.
Bibion, 1092-1093.
Biche, 354-355.
Bichon, 1054.
Bihoreau, 268.
Biset, 54.
Bievre, 301.
Blaireau, 27.
Blanc-pendart, 115.

Blatte, 697-698.
Blongios, 267.
Bœuf, 7.
Bois-veiné, 898.
Bondrée, 82.
Bordure, 905.
Boubou, 134.
Bouc, 11.
Bouclier, 412-416.
Bousier-capucin, 383, 385-390.
Bouvreuil, 168-169.
Brebis, 10.
Brême, 346.
Brocatellé, 912-913.
Brochet, 347.
Bronzé, 846.
Bruant, 162-163.
Bruche, 463-464.
Bupreste, 434-462.
Busard, 85.
Buse, 83.
Butor, 264-266.

C

Cabaret, 153.
Cacile, 970.
Caille, 73.
Came, 1138.
Campagnol, 40.
Canard, 307-313, 315.
Caniard, 285.
Cannepetiere, 227.
Cantharide, 663-665.
Capricorne, 487-495.
Cardinale, 662.
Caroline, 969.
Carpe, 343.

Casse-noix, 113.
Casside, 645-648.
Castaigneux, 282.
Céladon, 911.
Céphale, 833.
Cerf, 20.
Cerf-volant, 353.
Cérocome, 676.
Chabot, 341.
Chantre, 190.
Chappe, 935-936.
Charanson, 598-632, 634-639.
Charbonniere, 203.
Chardonneret, 139.
Chat, 18-19.
Chataigne, 544.
Chat-huant, 101.
Chauve-souris, 44.
Cheveche, 103.
Cheval, 3.
Chevalier, 245-249, 448.
Chevre, 12.
Chevrette, 356-357.
Chevreuil, 21.
Chien, 15.
Choucas, 108.
Chouette, 100,103,888.
Chrysomele, 563-572, 574, 576, 578-583.
Cicindele, 466-475.
Cicogne, 256-257.
Cigale, 711-718, 723-728,
Cigne, 305.
Cinips, 999-1011.
Ciron, 1105-1106.
Cistelle, 410-411.
Citron, 858.

Clairon,

Clairon, 640-642
Cloporte, 1116.
Coccinelle, 650-661.
Cochenille, 812-813.
Cochon, 13.
Colin, 285.
Collier argenté, 824.
Coq, 58-64.
Coq-de-Bruyeres, 67-68.
Coquille d'or, 947.
Corbeau, 104.
Corife, 777.
Cormoran, 323.
Corneille, 105-108, 112.
Cornet-de-St.-Hubert, 1132.
Corracias, 112.
Corydon, 839.
Coffus, 875.
Coucou, 219.
Courlieu, 255.
Courlis, 254-255.
Courtiliere, 701.
Coufin, 1094.
Crapaud, 138, 332.
Crecerelle, 81.
Crête-de-coq, 883.
Criocere, 539-543.
Criquet, 703-707.
Croix-de-Chevalier, 943.
Cueulle, 675.
Cujelier, 177.
Cul blanc, 136, 198, 200, 243.

D

Dame, 278.
Damier, 633, 825.

Découpure, 895.
Demi-deuil, 857.
Demi-paon, 860.
Dent-de-fcie, 930.
Dermeste, 394-405.
Deuil, 856.
Diable, 719-721.
Diable-de-mer, 275.
Dindon, 65.
Dipholepe, 1012-1014.
Dorothée, 960.
Double omega, 896.
Double point, 900.
Drap mortuaire, 371.
Dytique, 479-481.

E

Ecaille, 877-881.
Ecailleux, 370.
Ecorcheur, 118-119.
Ecréviffe, 1115.
Ecrivain, 527.
Ecureuil, 34.
Effraie, 101.
Eleonore, 963.
Emeraudine, 363.
Empereur, 202.
Enfanglantée, 903.
Epervier, 77-80.
Ephemere, 977-980.
Escarbot, 391-393.
Etoilée, 893.
Etourneau, 131-132.

F

Faifan, 74.
Farloufe, 176.

X

Faucheur, 1109.
Faucon, 90-92.
Fauvette, 182-183, 186-188.
Feuille-morte, 882.
Flambe, 835.
Forbicine, 1100.
Fouille-merde, 367.
Fouine, 29.
Foulque, 275-276.
Fourmis, 1045-1046.
Fourmilion, 987.
Françoise, 962.
Franche-bigarrée, 931.
Frêlon, 988-989, 1030.
Fresaie, 101.
Frigane, 981-984.

G

Galeruque, 556-562.
Gasé, 854.
Geai, 111, 114, 134.
Gelinotte, 69.
Gerfaut, 89.
Gobe-mouche, 130.
Goiland, 285-287.
Gorge-bleue, 201.
Goujon, 348.
Gouttiere, 417.
Grand-Duc, 97.
Gravelotte, 223.
Grenouille, 333, 335-336.
Grepe, 278-282.
Gribouri, 526-527, 529-538.
Grillon, 702.
Grimpereau, 210, 211.

Grisaille, 908.
Grisard, 285.
Grisette, 850.
Gris-pendart, 119.
Grive, 120-122.
Grivette, 122.
Gros-bec, 161.
Groulard, 196.
Grue, 258.
Guêpe, 1030-1037.
Guêpier, 221.
Guignard, 225.
Guignette, 244.

H

Hanneton, 361, 365-366.
Harle, 298-302.
Hérisson, 41.
Hermine, 33.
Héron, 259-263.
Hibou, 98, 918.
Hirondelle, 135-136.
Hirondelle-de-mer, 293-297.
Hoche-queue, 191.
Homme, 1.
Hottentot, 384.
Hulotte, 102.
Hupe, 134.
Hydrophile, 477-478.

J

Ichneumon, 1015-1029.
Jean-le-blanc, 95.
Jodelle, 276.
Joudarde, 276.
Iota, 927.

Iule, 119.
Julie, 968.
Justine, 967.

K

Kermes, 801-811.

L

Laiteuse, 907.
Lambda, 925.
Lamproie, 349.
Lanier, 87-88.
Lapin, 23.
Lavandiere, 191.
Lepture, 456-513.
Lerot, 46.
Lettre hébraïque, 991.
Lézard, 328-329, 331.
Lievre, 22.
Likenée, 920.
Limace, 1123-1124.
Limaçon, 1131.
Linotte, 148-152, 154.
Lion des pucerons, 985.
Litorne, 123.
Livrée, 372, 887.
Loche, 340.
Loriot, 129.
Losange, 945.
Louise, 957.
Loup, 24.
Loutre, 28.
Lunule, 897.
Lupere, 525.

M

Maçon, 209.
Macreuse, 321-322.
Macroule, 275.
Marouette, 232.
Mars, 840.
Marte, 30.
Martinet, 136-137.
Martin-Pêcheur, 220.
Matelot, 136.
Maubeche, 250-251.
Mauvis, 122.
Meloloute, 483-486.
Merle, 125-129, 243.
Mésange, 203-206, 208.
Méticuleuse, 921.
Meûnier, 346.
Milan, 84, 86.
Millouin, 311.
Minime, 884.
Miroir, 847.
Mitte, 1108.
Moine, 360.
Moineau, 141-146.
Monocle, 1114.
Mordelle, 673-674.
Morille, 275-277.
Morillon, 316-317.
Morio, 814.
Moro-sphinx, 863.
Morpion, 1096.
Moteux, 198-200.
Mouche, 1059-1078.
Mouche à chien, 1083.
Mouche à scie, 992-998.
Mouchet, 187.
Mouchetée, 910.

Mouette, 288-292.
Moule, 1139-1141.
Mousse en haie, 182.
Moustache, 206.
Moutardier, 137.
Moyen-Duc, 98.
Mulet, 5.
Musaraigne, 42.
Muscadin, 47.
Mulot, 37.
Mylabre, 584-586.

N

Nacré, 822-823.
Naucore, 774.
Nécydale, 693.
Némotale, 1081.
Nerite, 1133-1134.
Nonette, 205.

O

Oestre, 1047-1049.
Ofraie, 94.
Oie, 303-304.
Omalise, 476.
Omicron, 914, 926.
Orfraie, 94.
Ortolan, 165-166.
Ours, 26.
Outarde, 226-227.

P

Paillette, 555.
Panache, 358-359.
Paon, 75, 815, 871-872.
Papillon, 814-858.
Passebuse, 187.
Patelle, 1130.
Patte étendue, 886.
Perce-oreille, 694-695.
Perche, 350.
Perdrix, 70-72, 252-253.
Perle, 380, 971-974.
Petit chêne, 147.
Petit doré, 202.
Petit-Duc, 99.
Petite grise, 184.
Petrel, 284.
Phalene, 871-937.
Philinte, 964.
Pie, 110, 213-218.
Pie-grieche, 115-117.
Pierrot, 284.
Pigeon, 48-52.
Pillulaire, 367-368.
Pince, 1103.
Pinçon, 155-156, 193.
Pintade, 66.
Piquebois, 213.
Plain-chant, 849.
Plaque dorée, 932.
Plongeon, 283.
Plutus, 554.
Pluvier, 222-224, 229.
Podure, 1097-1099.
Porte-queue, 836-839.
Pouce, 1101.
Poule, 58-64.
Poule d'eau, 272-274.
Poule-Sultane, 269-271.
Pouliot, 190.
Procris, 832.
Proscarabé, 696.
Proyer, 167.

Pfi, 924.
Pfylle, 780-786.
Ptérophore, 868-870.
Puceron, 787-800.
Punaife, 729-773, 775-776.
Puput, 134.
Putois, 31.

Q

Quadrille, 933.
Queue de fenouil, 834.
Queue fourchue, 876.
Queue jaune, 909.

R

Raine, 336.
Ralley, 230-232.
Ramier, 53.
Raphidie, 975.
Rat, 35.
Rat d'eau, 39.
Rat des champs, 38.
Renard, 25.
Rhinoceros, 360.
Richard, 418-422.
Robert-le-Diable, 818.
Rochie, 90.
Roi des cailles, 230.
Roitelet, 189.
Rollier, 114.
Rofelet, 33.
Roffignol, 124, 180-181.
Rouge-aile, 122.
Rouge-gorge, 178-179.
Rousserole, 124.

Rouffette, 185.
Rutan, 157.

S

Salamandre, 327, 330.
Sanglier, 14.
Sangfue, 1120.
Sarcelle, 318-320.
Saumon, 351.
Sauterelle, 708-710.
Scarabé, 369, 374-375, 377-379, 381-382.
Scatopfe, 1082.
Scolopendre, 1118.
Scorpion araignée, 1102.
Scorpion d'eau, 778-779.
Semetro, 196.
Serant, 162.
Serin, 158-160.
Sidiritinchop, 190.
Silene, 826.
Sifin, 147.
Sophie, 961.
Souchet, 314.
Souci, 202, 859.
Sourde, 238.
Souris, 36.
Sphinx, 860-867.
Staphylin, 677-692.
Stencore, 514-524.
Stomoxe, 1079.
Strié, 928.
Sylvie, 965.

T

Tabac d'Efpagne, 821.

Tange, 344.
Taon, 1050-1053.
Tarier, 196-197.
Tarin, 140.
Taupe, 43.
Taupe grillon, 701.
Taupet, 906.
Taupin, 423-433.
Taureau, 6.
Teigne, 938-956.
Ténébrion, 666-672.
Terin, 140.
Tête-armée, 376.
Tête chevre, 138.
Tête écorchée, 597.
Tigre, 892
Tipule, 1085-1091.
Tique, 1104.
Tircis, 829.
Tonne, 1129, 1137.
Torchepot, 209.
Torcou, 212.
Torits, 167
Tortcou, 212.
Tortue, 816-817.
Tourdelle, 123.
Tourniquet, 482.
Tourterelle, 55-57.
Traquet, 67, 193-197.
Trips, 699 700.

Tristan, 827.
Truite, 352.

V

Vache, 8.
Vanneau, 228-229.
Velours, 451, 528.
Verdet, 564.
Verdier, 157.
Verdiere, 162.
Verdun, 157.
Vers de terre, 1121-1122.
Vers à soie, 889.
Vertubleu, 573, 575.
Vis, 1128, 1135.
Vitrec, 198.
Ulrique, 958.
Vrillette, 406 407.
Volant doré, 929.
Volucelle, 1080.
Urocere, 990.
Vulcain, 819.

Z

Zic-zag, 885.
Zone, 904.

Fin de la Table des Noms François.

TABLE

Des Noms des Villes & Villages.

A

Ardennes, 8, 10, 157.
Ars, 326.

B

Bourmont, 178.
Bruyeres, 67, 1141.

C

Châté, 326.
Chavigny, 27.
Chaumont, 326.
Commercy, 23.
Custine, 306, 416.

D

Delme, 96.
Donon, 128.

E

Epinal, 352.
Etang-S. Jean, 1132, 1139.

F

Friscati, 305.

G

Gorze, 94, 326.

J

Juffy, 713.

L

Lorraine, 19-21, 23, 24, 39, 53, 56, 69, 159, 194, 327, 331, 333, 354.
Lunéville, 23, 305.

M

Malzéville, 23.
Mangiennes, 30.
Marbache, 27.
Maron, 349.
Meffein, 27.
Metz, 22, 81, 91, 124, 130, 165, 178, 351, 416, 734.

Meuse, 28.
Mirecourt, 10.
Mogéville, 278, 293.
Moselle, 337-338, 342, 351, 1138.

N

Nancy, 23, 27, 96, 130, 178, 201.
Nied, 321.

O

Orne, 338.

P

Pays Messin, 24.

R

Rochepierre, 128.

S

Ste. Catherine, 27.

Ste Géneviève, 27.
S. Hubert, 97.
Sarre, 1115.
Sarrebourg, 72, 154, 194.
Sexey-aux-Forges, 349.
Seille, 338, 1115, 1130, 1134, 1138.

T

Thionville, 351.
Tomblaine, 96.
Toul, 178.
Trois-Evêchés, 56, 354.

V

Vologne, 1141.
Vaux, 718.
Verdun, 165, 178.
Verdunois, 20, 21, 24, 30, 278, 293.
Vosges, 8, 26, 67, 69.

Fin de la Table des Villes & Villages.

TABLE GÉNÉRALE.

Préface,	iij
Catalogue des Animaux,	1
Classe I. *Des Quadrupedes*,	25
Classe II. *Des Oiseaux*,	30
Ordre I.	37
Ordre II.	40
Section I.	42
Section II.	48
Ordre III.	51
Section I.	53
Section II.	57
Ordre IV.	59
Section I.	60
Section II.	62
Ordre V.	63
Ordre VI.	67
Ordre VII.	68
Ordre VIII.	69
Ordre IX.	72
Section I.	74
Section II.	79
Section III.	80
Ordre X.	ibid.
Section I.	82
Section II.	89
Ordre XI.	90
Ordre XII.	91
Ordre XIII.	92
Section I.	93
Section II.	95
Section III.	ibid.
Ordre XIV.	96
Section I.	ibid.

Section II.	97
Ordre XV.	ibid.
Section I.	ibid.
Section II.	98
Ordre XVI.	ibid.
Section I.	99
Section II.	100
Section III.	101
Section IV.	ibid.
Section V.	104
Section VI.	ibid.
Section VII.	105
Ordre XVII.	107
Section I.	108
Section II.	ibid.
Ordre XVIII.	109
Ordre XIX.	110
Ordre XX.	111
Section I.	ibid.
Section II.	112
Ordre XXI.	113
Section I.	114
Section II.	115
Ordre XXII.	116
Ordre XXIII.	120
	ibid.
Classe III. Des Amphibies, Reptiles, Serpens,	121
Classe IV. Des Poissons,	125
Classe V. Des Insectes,	129
Section I. Des Coleopteres,	131
Section II. Des Hemipteres,	176
Section III. Des Tétrapteres à ailes farineuses,	188
Section IV. Des Tétrapteres à ailes noires,	210
Section V. Des Insectes à deux ailes,	222
Section VI. Des Insectes apteres,	229
Classe VI. Des Vermisseaux, Limaçons & Coquillages,	233
Section I. Des Vermisseaux,	ibid.
Section II. Des Limaçons,	234
Section III. Des Coquillages terrestres,	235

Section IV. Des Coquillages fluviatils, 236
Observation sur le Regne Animal, 238

PREMIERE PARTIE.

Observation sur l'Anatomie, 239
Fondateurs d'Anatomie en Lorraine, 240
Professeurs, 241
Amateurs, 242
Morceaux d'Anatomie, 244
Mémoire sur la Famille des Fleuriots, ibid.
Lettre de M. Morand sur cette même Famille, 251
Dénombrement des Habitans de Nancy, 252

SECONDE PARTIE.

Observation sur les Brutes, 262
Cabinets d'Animaux embaumés, 263
Lettre sur les cornes de Limaçons, 277
Remarques sur le Coq-de-Bruyeres, 283
Regne Animal de Lorraine, 288
Mémoire instructif sur les Animaux envoyés de loin pour embaumer, 289
Table des Noms génériques, 307
Table des Noms synonymes, 312
Table des Noms François, 315
Table des Noms des Villages, 323

Fin de la Table générale.

APPROBATION.

J'Ai examiné, par ordre de Monseigneur le Chancelier, un Manuscrit intitulé: *Aldrovandus Lotharingiæ*; Par M. P. J. BUC'HOZ. Je n'y ai rien vu qui puisse en empêcher l'impression. Par cet Ouvrage M. BUC'HOZ complete ses Observations d'Histoire Naturelle de la Lorraine. Le Public jouit déja de celles qu'il a faites & recueillies sur les Plantes & les Pierres. A Paris, ce 5 Mai 1770. Signé, GUETTARD.

PRIVILEGE DU ROI.

LOUIS, par la grace de Dieu, Roi de France & de Navarre: A nos amés & féaux Conseillers, les Gens tenans nos Cours de Parlement, Maîtres des Requêtes ordinaires de notre Hôtel, Grand-Conseil, Prévôt de Paris, Baillifs, Sénéchaux, leurs Lieutenans Civils, & autres nos Justiciers qu'il appartiendra. SALUT: Notre amé le sieur BUC'HOZ Nous a fait exposer qu'il desireroit faire imprimer & donner au Public un Ouvrage de sa composition, qui a pour titre: *Aldrovandus Lotharingiæ, ou Catalogue des Animaux de la Lorraine*. S'il nous plaisoit lui accorder nos Lettres de Permission pour ce nécessaires. A CES CAUSES, voulant favorablement traiter l'Exposant, Nous lui avons permis & permettons, par ces Présentes, de faire imprimer ledit Ouvrage autant de fois que bon lui semblera, & de le faire vendre & débiter par-tout notre Royaume pendant le temps de trois années consécutives, à compter du jour de la date des Présentes. Faisons défenses à tous Imprimeurs, Libraires, & autres personnes, de quelque qualité & condition qu'elles soient, d'en introduire d'impression étrangere dans aucun lieu de notre obéissance. A la charge que ces Présentes seront enrégistrées tout au long sur le Régistre de la Communauté des Imprimeurs & Libraires de Paris, dans trois mois de la date d'icelles, que l'impression dudit Ouvrage sera faite dans notre Royaume, & non ailleurs, en bon papier & beaux caracteres; que l'Impétrant se conformera en tout aux Réglemens de la Librairie, & notamment à celui du 10 Avril 1725, à peine de déchéance de la présente Permission; qu'avant de l'exposer en vente, le Manuscrit, qui aura servi de copie à l'impression dudit Ouvrage, sera remis dans le même état où l'Approbation y aura été donnée, ès mains de notre très-cher & féal Chevalier, Chancelier Garde des Sceaux de France, le Sieur de Maupeou; qu'il en sera ensuite remis deux Exemplaires dans notre Bibliotheque publique, un dans celle de notre Château du Louvre, & un dans celle dudit Sieur de Maupeou; le tout à peine de nullité des Présentes. Du contenu desquelles vous mandons & enjoignons de faire jouir ledit Exposant & ses ayans causes, pleinement & paisiblement, sans souffrir qu'il leur soit fait aucun trouble ou empêchement. Voulons qu'à la copie des Présentes, qui sera imprimée tout au long au commencement ou à la fin dudit Ouvrage, foi soit ajoutée comme à l'original. Commandons au premier notre Huissier ou Sergent sur ce requis, de faire, pour l'exécution d'icelles, tous actes requis & nécessaires, sans demander autre permission; & nonobstant clameur de haro, charte normande, & lettres à ce contraires: Car tel est notre plaisir. Donné à Paris, le sixieme jour du mois d'Avril l'an mil sept cent soixante dix, & de notre regne le cinquante-cinquieme. *Par le Roi en son Conseil.*

LE BEGUE.

Régistré sur le Régistre XVIII. de la Chambre Royale & Syndicale des Libraires & Imprimeurs de Paris, n°. 963. fol 186. A Paris ce 11 Juin 1770.

BRIASSON, *Syndic.*

A NANCY,

De l'Imprimerie de C. S. LAMORT,
près des RR. PP. Dominicains.

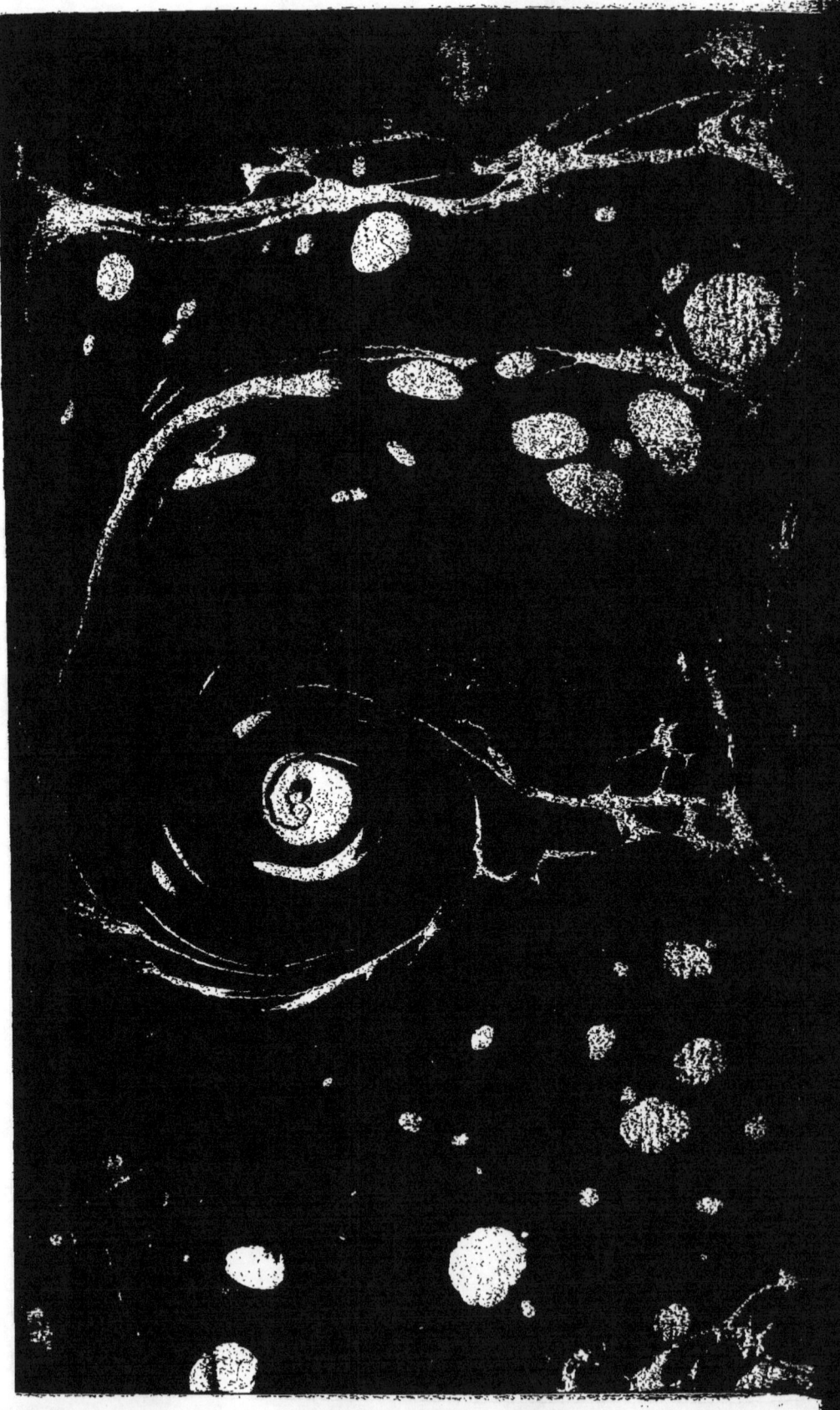

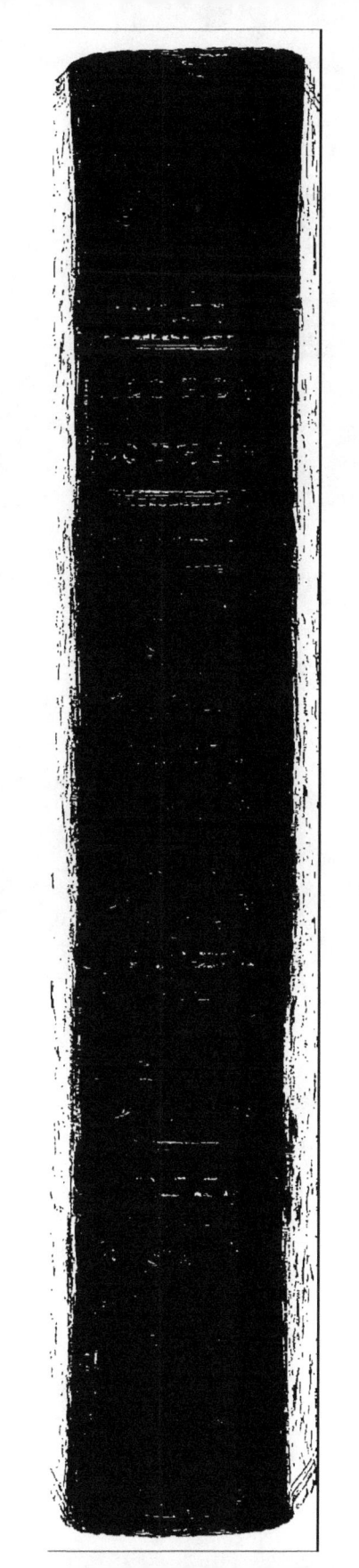

www.ingramcontent.com/pod-product-compliance
Lightning Source LLC
Chambersburg PA
CBHW070855170426
43202CB00012B/2085